Historia universal de las soluciones

José Antonio Marina

Historia universal de las soluciones

En busca del talento político

Ariel

Primera edición: febrero de 2024

© José Antonio Marina, 2024

Derechos exclusivos de edición en español:
© Editorial Planeta, S. A., 2024
Avda. Diagonal, 662-664, 08034 Barcelona
Editorial Ariel es un sello editorial de Planeta, S. A.
www.ariel.es
www.planetadelibros.com

ISBN: 978-84-344-3734-0
Depósito legal: B. 1.073-2024

Impreso en España

La lectura abre horizontes, iguala oportunidades y construye una sociedad mejor. La propiedad intelectual es clave en la creación de contenidos culturales porque sostiene el ecosistema de quienes escriben y de nuestras librerías. Al comprar este libro estarás contribuyendo a mantener dicho ecosistema vivo y en crecimiento. En **Grupo Planeta** agradecemos que nos ayudes a apoyar así la autonomía creativa de autoras y autores para que puedan seguir desempeñando su labor. Dirígete a CEDRO (Centro Español de Derechos Reprográficos) si necesitas fotocopiar o escanear algún fragmento de esta obra. Puedes contactar con CEDRO a través de la web www.conlicencia.com o por teléfono en el 91 702 19 70 / 93 272 04 47.

El papel utilizado para la impresión de este libro está calificado como **papel ecológico** y procede de bosques gestionados de manera **sostenible**.

A María

Índice

Introducción 9
Nota 15

Primera parte
EL APRENDIZAJE DE LA POLÍTICA

1. Presentación de la Academia 19
2. El enfoque heurístico de la historia 41
3. La inteligencia resuelta 53
4. Al fin, la ergometría de las soluciones 66
5. La tesis de este libro........................... 92

Segunda parte
LA ACADEMIA DEL TALENTO POLÍTICO

6. Invitación a una escuela de gobernantes 111
7. Escuela de ciudadanos.......................... 147
8. La guerra y la insuficiencia de la paz 163
9. Cataluña, ¿conflicto o problema?................. 180

Tercera parte
LA SOLUCIÓN DE LOS OCHO PROBLEMAS ÉTICOS

Introducción 205
Primer problema. El valor de la vida humana 211

Segundo problema. La relación del individuo
    con la tribu 221
Tercer problema. El poder, su titularidad
    y sus límites 233
Cuarto problema. Los bienes, la propiedad
    y su distribución 244
Quinto problema. El sexo, la procreación y la familia .. 255
Sexto problema. El trato a los enfermos, incapaces,
    ancianos, pobres, huérfanos 265
Séptimo problema. El trato con los extranjeros 277
Octavo problema. La religión, la muerte y el más allá .. 285

Epílogo 299
Notas 307

Introducción

La búsqueda perpetua, suscitada por los sueños, el deseo, el pensamiento, está en la base de nuestro destino. Son los problemas y la búsqueda de la solución lo que constituye la historia humana.

Marcel Otte,
Préhistoire des religions, 1997[1]

Nacidas entre los hombres las dificultades, surgidas las necesidades, se han agudizado los ingenios mediante la emulación de actos divinos y la adaptación de afecciones espirituales, inventado...

Giordano Bruno,
Expulsión de la bestia triunfante, 1584[2]

Poseemos una curiosidad innata con base genética y un instinto de exploración que nos hace examinar activamente nuestro medio físico y social. En ambos campos somos activos resolutores de problemas.

Karl Popper, *The Self and its Brain*
(*El yo y su cerebro*), 1977[3]

Casi todos los problemas han sido resueltos por alguien en alguna parte. El reto del siglo XXI es descubrir aquello que funciona y aplicarlo a gran escala.

Bill Clinton, 1994

Si leemos con atención un periódico, entre líneas aparece siempre la figura de Maquiavelo sonriendo.

José Antonio Marina, ahora mismo

Este es un libro megalómano que posiblemente tenga un origen biográfico remoto. Cuando era adolescente, escuché a un famoso empresario comentar: «Hoy he pasado una mañana espléndida. He resuelto un montón de problemas». Me sorprendió que no se refiriera a los negocios que había hecho o al dinero que había ganado, sino a los problemas que había solucionado. Tal vez me diera envidia, porque yo era un muchacho que se empantanaba en sí mismo con facilidad. Lo cierto es que no lo olvidé y se ha mantenido siempre en el *fond d'armoire* de mi memoria como una briosa manera de estar en el mundo.

Mi admiración por las personas resueltas, es decir, que avanzan con resolución y resuelven problemas, me ha animado a estudiarlas, y he llegado a la conclusión de que había descubierto uno de los grandes poderes de la inteligencia y que deberíamos crear una cultura de las soluciones, para aumentar nuestra capacidad de enfrentarnos con problemas personales, afectivos, sociales, económicos, políticos o éticos, en los que con facilidad naufragamos. Carecer de ella nos lleva al desastre social o a la tragedia personal. Utilizarla podría brindarnos la salvación. Como docente, he estado en contacto con adolescentes que se han suicidado, chicos y chicas que habían sucumbido a la terrible angustia de no encontrar salida a su situación. Y con personas drogadictas, de las que he aprendido que las drogas no son el problema, sino una mala solución a un problema. El ámbito de los problemas se extiende, pues, desde el más puro cielo platónico de las matemáticas hasta los más oscuros laberintos del corazón humano.

La Ciencia de la Evolución de las Culturas, en la que trabajo desde hace años, es, en realidad, una crónica de las soluciones que la humanidad ha inventado a lo largo de la historia. En este libro podría haber hecho una brillante crónica de las soluciones científicas, técnicas, artísticas, pero voy a centrarme en las que nos afectan más profundamente: las que derivan de la necesidad de buscar la felicidad en la convivencia. Por esta necesidad de vivir en sociedad, Aristóteles llamó al *sapiens zoon politikon*, 'animal político'. A las soluciones que voy a estudiar en este libro las voy a llamar también así: políticas. Son las que resuelven los problemas de los humanos que viven en la polis ('ciudad') y quieren ser felices en ella. La mención de la felicidad no es casual ni original. Es lo que preocupaba también a Aristóteles. Para él, la política era la encargada de cultivar la felicidad del ciudadano. Esta afirmación puede leerse como un tópico retórico o puede tomarse en serio. En este caso es una proclama revolucionaria. Tomarse la política en serio es recuperar el «hilo de oro» de la humanidad, la búsqueda de la felicidad por una especie inteligente y confusa que aspira a algo de lo que sabe lo suficiente para decir «no es eso, no es eso», pero no lo bastante para decir «eso es».

Este es, pues, un libro sobre política, pero no sobre esa política agitada que lucha por el poder, sino sobre la Gran Política, empeñada en la felicidad de esos seres vulnerables y agresivos, admirables y peligrosos, que constituimos la especie humana. Con ese incomprensible talento para la concisión que tiene el latín, la situación se puede expresar con tres palabras: *corruptio optimi pessima*. «Lo peor es la corrupción de lo óptimo.» En términos políticos, lo peor (la politiquería) es la corrupción de la Gran Política, de ese colosal y permanente esfuerzo por «civilizar» la especie, es decir, por introducirla en la ciudad (*civis*), por hacerla educada, no salvaje, urbana (dotada de «urbanidad», de *urbs*, 'ciudad': los modales necesarios para vivir en la ciudad). Si ahora les dijera que la política es el fundamento de la ética, considerarían que he perdido el seso. Pero creo que tengo razón, y espero convencerles.

Hace años, Thomas Homer-Dixon se preguntaba si seríamos capaces de generar el talento suficiente para resolver los grandes problemas y retos que se nos vienen encima.[4] En ese tablero se juega la partida. La respuesta no ha llegado todavía y, en vez de quedarme quieto y esperando, he pensado que podría ayudar a mejorar ese talento, a desarrollar nuestra capacidad de encontrar soluciones, nuestra capacidad heurística. Necesitamos tener buenos políticos —habitantes de la polis—, sean gobernantes o gobernados. Empecé el libro dispuesto a utilizar una ficción expositiva: la de que estaba escribiendo el programa de una fantástica Academia del Talento Político. Según iba avanzando, la idea me convencía más y más. Si queremos tener buenos navegantes, debemos formarlos. Si queremos poner en práctica la Gran Política que nos permita alcanzar la «pública felicidad», deberíamos organizar esa Academia. (La llamaré así en recuerdo del jardín en que Platón intentó también educar a los políticos.)

La Academia debería estar compuesta por dos escuelas coordinadas:

> ESCUELA DE GOBERNANTES, para aquellos que quieren dedicarse a la política, a las funciones de gobernar la cosa pública.
> ESCUELA DE GOBERNADOS, es decir, de los ciudadanos que componen la sociedad civil.

La Ciencia de la Evolución de las Culturas nos cuenta la permanente tensión entre ambas sociedades —la gobernante y la gobernada—, en especial por hacerse con el poder, un tema ubicuo que constituye el flujo vital que conecta ambas escuelas.

No he escrito un libro académico, sino «ultraacadémico». Está trabajado como si se tratara de una tesis doctoral, para después escribirlo aprovechando todos los recursos expresivos a mi disposición para que no esté dirigido solo a especialistas. Pretendo que el argumento sea riguroso, pero que a la vez implique al lector, que le comunique lo azaroso e incitante de una investigación, que le anime a leerlo con la actitud debida: curiosa, abierta y crítica. Está lleno de ejemplos, porque para comprender hace falta pasar con soltura de la anécdota a la categoría, y viceversa. Tiene, además, una finalidad práctica. Con frecuencia se ha elogiado a la filosofía por su capacidad para plantear problemas. Sin duda, eso es necesario, pero yo la valoro más por su capacidad de ofrecer soluciones. Lo otro sería como haber descubierto el mar y no saber navegar o haber excavado un pozo y no poder sacar agua. Solo sirve para tirarse a él.

Hegel dijo que la filosofía, como el búho de Minerva, levanta el vuelo al anochecer y siempre llega tarde. Tal vez tuviera razón. Pero si ese es el caso, necesitamos una filosofía madrugadora, que llegue a tiempo. El pesimismo tiene un prestigio intelectual que no merece.

Nota

En este libro hago muchas veces referencia a «mi archivo». Con ello quiero recordar que cualquier tarea creadora se urde en la memoria, y que la humana está plasmada en dos formatos: neuronal y externo. El archivo es mi memoria externa, larga sedimentación de lecturas, notas, investigaciones fragmentarias, tanteos. En él encuentro ideas que creía que se me acababan de ocurrir, y que eran trasunto de lecturas antiguas. Es, pues, el acta notarial de mis plagios no queridos, que no es más que la constatación de que el aprendizaje nos condena a la copia. La inteligencia individual trabaja sobre esos recuerdos, como lo hace la inteligencia social. Somos a la vez padres e hijos de nuestra memoria.

La memoria personal es la gran sintetizadora y la gran fuente de ocurrencias, como ya sabían los griegos, quienes hicieron a las musas hijas de Mnemósine, la memoria. Por eso la cuido y procuro «aprender las cosas de memoria», única forma de asimilar realmente lo que se estudia. Eso hace que con frecuencia las notas de mi archivo sean más herramientas de aprendizaje que documentación para una investigación académicamente impecable. En pos de la comodidad tanto mía como del lector, me gustaría escribir un libro sin notas, pero eso me parecería injusto con los autores de los que he aprendido. Por ello, recupero sus nombres, más por gratitud que por necesidad argumental o por perfección formal.

Primera parte
EL APRENDIZAJE DE LA POLÍTICA

Capítulo primero

Presentación de la Academia

> La naturaleza ha constituido al hombre de tal manera que puede desearlo todo, pero no puede conseguirlo todo y no todo le conviene [...], de modo que, siendo siempre mayor el deseo que la capacidad de conseguir, resulta el descontento de lo que se posee y la insatisfacción sale a la luz.
>
> NICOLÁS MAQUIAVELO,
> *Discursos sobre la primera década de Tito Livio*

¿QUÉ ES UNA SOLUCIÓN?

Las encuestas indican que los políticos constituyen uno de los problemas que preocupan a los españoles. Es una opinión extraña, porque la tarea del político es precisamente encontrar soluciones. Es conveniente que al comienzo del curso en la Academia nos ocupemos de las soluciones y de cómo encontrarlas.

El cerebro tiene como finalidad dirigir la acción del organismo, por lo que supone estar orientado al futuro, una capacidad que en el ser humano alcanza una potencia excepcional.[1] Podemos anticipar metas, proyectar objetivos, planificar procesos, imaginar futuros alternativos, crear utopías. Esta distensión hacia el porvenir se manifiesta especialmente en dos grandes funciones de la inteligencia: la identificación y resolución de problemas, y la formulación de proyectos. Ambas tienen una estructura común. El sujeto se encuentra en un estado A, desea pasar a un estado B y necesita inventar (es decir, encontrar) el camino. Nos definen palabras que nos sacan de nuestras casillas y nos lanzan al porvenir: pro-blemas, pre-guntas, pro-yectos. También pro-pósito, pre-visión, pre-caución, pre-sagio, pre-tensión, pro-mesa. Esos insistentes prefijos (del griego *pro*, 'hacia delante', y *pre*, 'antes') nos sitúan a la espera de soluciones que satisfagan nuestras expectativas. Somos seres «expectantes», que sienten la constante presencia del futuro, travestido de *spes et metus*, 'esperanza y miedo', haz y envés de nuestra relación con el porvenir.

Designamos esta línea de fuga «hacia delante» con una palabra de la misma familia, que ha tenido una colosal importancia histórica: pro-greso, es decir, «avance». ¿Avance hacia dónde? Hacia la felicidad, meta espejeante entre la realidad y la ficción, estación final imaginada del viaje, tras muchos otros apeaderos. Un concepto vacío pero con una gigantesca fuerza movilizadora, al que voy a dar un contenido un poco prosaico: provisionalmente llamaremos «felicidad» al conjunto de las mejores soluciones posibles para nuestro proyecto vital. Sin estar proyectados hacia el futuro, anticipándolo, sin estar impulsados a sobrevivir, no tendríamos ni problemas ni inteligencia, ni aspiración a la felicidad. El sabio Spinoza llamó «*conatus*», 'ímpetu', a ese afán por mantenernos en la existencia.

Plantear problemas, preguntar, proyectar son actividades de búsqueda. Por eso, no me parece excesivo describir al *sapiens* como una inteligencia impulsada a buscar. *Homo quaerens, Homo peregrinus, Homo itinerans* son apelativos con solera. La creatividad, a la que damos tanta importancia, no es más que la búsqueda de soluciones nuevas y brillantes a proyectos no rutinarios. La riqueza de las actividades de búsqueda nos permite jerarquizar a los seres vivos. Los árboles buscan la luz, pero permanecen enraizados. La capacidad de buscar del zorro es mayor que la de la almeja, y el ser humano los supera a todos. Xavier Zubiri decía que la búsqueda es la esencia de la razón. Creo que es más cierto decir que es la esencia de la inteligencia humana al completo, la cual, en vez de limitarse a responder a los estímulos, los busca, los crea o los recrea, se seduce a sí misma desde lejos. Vivimos en una especie de disparadero inquisitivo.

La resolución de problemas y la realización de proyectos utilizan una poderosa herramienta mental —la pregunta— que me sigue intrigando después de llevar estudiándola muchos años.[2] Me parece prodigioso que todos los niños espontáneamente las hagan a partir de una edad muy temprana. Es una maravillosa pulsión innata. Las preguntas dirigen la búsqueda de soluciones; son, pues, puramente instrumentales, pero no es posible avanzar sin saber formular las adecuadas. Si no sé hacia dónde dirigir un telescopio, no podré estudiar la parte del universo que deseo. Un papel parecido ejerce la pregunta. Como señaló Kant: «La realidad solo se nos manifiesta cuando la interrogamos, como un juez que obliga a sus testigos a contestar a las preguntas que les hace». Kant identificó tres cuestiones fundamentales: ¿qué puedo saber?, ¿qué debo hacer? y ¿qué puedo esperar?

Me sorprende que hayamos dedicado más tiempo a analizar lo que es un problema que a definir lo que es una solución, que es lo que realmente nos interesa. En el uso cotidiano definimos «solución» de forma muy laxa. Es todo aquello que permite alcanzar un objetivo, que abre paso a la acción, que resuelve un conflicto. Pero un análisis más riguroso muestra que las sedicentes soluciones pueden ser malas soluciones, es decir no-soluciones, y que podemos interpretar la evolución de las culturas como el proceso de ir buscando —con más o menos éxito— las mejores. El robo con violencia fue un procedimiento de acceso a la propiedad aceptado durante siglos, lo mismo que el rapto como forma de conseguir esposa. Ahora no lo admitimos como solución. Acabo de leer que el recurso elegido para paliar la soledad y el aburrimiento de los ancianos es atiborrarles de tranquilizantes. Tampoco es la solución óptima. Y tampoco lo es matar al opositor para hacerse con el poder, aunque haya sido a lo largo de los siglos un método frecuentemente usado (basta comprobar la cantidad de emperadores romanos que murieron asesinados). De la misma manera que en el campo cognitivo el conocimiento verdadero va expulsando los errores, o en el económico el buen dinero desplaza al mal dinero, en el campo de la acción las buenas soluciones deberían acabar desplazando a las malas. Ya no expongo este hecho en indicativo, que es el modo verbal de la realidad, sino en condicional, que es el modo de lo deseable y lo posible, porque muchas veces somos recalcitrantes en mantener malas soluciones, como, por ejemplo, la guerra. Gandhi acuñó la palabra *satyagraha* (de *satya*, 'verdad', y *agraha*, 'fuerza perseverante') para expresar su confianza en que la verdad desplaza a la falsedad por su propia fuerza iluminadora. Si es una utopía es, al menos, una bella utopía.

Esta posibilidad deseable de que las buenas soluciones desplacen a las malas plantea el problema de cómo distinguirlas. Es fácil reconocerlas en el campo de las matemáticas, la ciencia o la tecnología. Un problema matemático se resuelve cuando sabemos encontrar las incógnitas buscadas, los procedimientos para calcular variables o para demostrar teoremas. La solución a un problema médico es la curación. La ciencia alcanza sus objetivos cuando puede fundamentar racional y experimentalmente una teoría que cumpla los criterios de verdad científica, y la ingeniería, cuando sus proyectos funcionan. Pero en el ámbito de los comportamientos humanos, sean individuales o sociales, no es tan fácil reconocer la solución más potente. ¿Es mejor la monogamia que la poligamia, el matrimonio indisoluble que la posibilidad de divorcio, el Estado poderoso que el Estado mínimo? En el ámbito privado, ¿cuál de las alternativas de Hamlet es más deseable? ¿Ser o no ser? Decidir es una tarea difícil, casi cruenta, no en balde deriva de *caedere*, 'cortar'. Para realizarla inteligentemente necesitamos disponer de una «ergometría de las soluciones», que nos permita medir su energía solucionadora y legitime nuestras decisiones; de lo contrario nos hundimos en el pantano de las equivalencias.

A pesar de los múltiples intentos llevados a cabo, no creo que ese criterio de evaluación pueda elaborarse deductivamente, en modo geométrico. Tenemos que elaborarlo desde la humildad, por tanteo, estudiando las diferentes propuestas que se han hecho, comparando sus resultados, observando cuidadosamente lo que eligen los *sapiens* cuando están en buenas condiciones para elegir. En asuntos sociopolíticos, el modo de hacerlo es acudiendo a la historia, porque se trata del banco de pruebas de la humanidad. En ella podemos revisitar los éxitos y los fracasos; ambos son elementos que tenemos que estudiar en nuestra Academia. Por mi afición a la arquitectura, me enteré de un famoso fracaso arquitectónico que me sorprendió. El 15 de julio de 1972 caía dinamitado el proyecto urbanístico de Pruitt-Igoe, en San Luis, Misuri. Consistía en 33 bloques de viviendas de 11 pisos, diseñados por el famoso arquitecto Minoru Yamasaki, autor también de las Torres Gemelas de Nueva York. Formaban parte de un ambicioso plan público para mejorar la calidad de vida de una zona deprimida. El caso es que la gente no quiso vivir en esos bloques, que fueron deteriorándose hasta que el municipio ordenó su demolición. ¿Por qué? El objetivo de la Ciencia de la Evolución de las Culturas, de la psicohistoria, es precisamente estudiar esos éxitos y fracasos. Su meta no es conocer la historia —de eso se ocupan los historiadores—, sino aprender de ella, aplicando a su comprensión lo que sabemos de psicología. No se trata, por cierto, de una influencia unidireccional. La psicología nos ayuda a comprender la historia, pero la historia permite a la psicología ampliar sus conocimientos, como demuestran la psicología evolucionista o la psicología cultural.[3]

Los resultados de esta investigación son aplicables a todas las actividades de la inteligencia humana. Como explicaré después, todas ellas resultan clarificadas cuando se las estudia como el dinamismo que desde el deseo impulsa la resolución de los problemas. La política y la ética, también. La experiencia es nuestra única fuente de conocimiento. La psicología, la antropología, la política, la moral, tienen una base experiencial, inductiva. Hans Küng, a pesar de su profesión de teólogo, escribe, hablando de ética:

> Los hombres no han podido encontrarla sencillamente como soluciones fijas venidas del cielo y tampoco han podido deducirla de una supuesta naturaleza del hombre. [...] El hombre hubo de encontrar, experimentar y comprobar determinadas reglas de comportamiento y convivencia.[4]

¿Por dónde debemos comenzar la historia de las soluciones? Por lo que pone en marcha el proceso: la historia de los problemas. Pero no olvidemos que estamos dentro de la Academia del Talento Político, y que nuestra hoja de ruta debe llevarnos hacia el gran proyecto humano: crear una política que incluye la ética como gran solucionadora.

La índole problemática de la vida

> La mayoría de las cosas que hacemos tienen que ver de algún modo con la resolución de problemas.
>
> Daron Acemoglu y Simon Johnson,
> *Poder y progreso*, 2023[5]

La materia inerte no tiene problemas, porque no tiene necesidades ni deseos ni aspiraciones. Los astros, las montañas, los mares no se mueven con ningún propósito. Son meros resultados de fuerzas en acción. Pero con la vida aparece un dinamismo que necesita actuar para conservarse. Ha de mantener la homeostasis, adaptarse al entorno, librarse de los enemigos, reproducirse. Problemas, problemas y más problemas. Los fines están claros, pero los medios son inciertos. Tiene razón Popper cuando dice «*All life is problem solving*» («La vida consiste en resolver problemas»).[6]

La vida humana amplía el repertorio de problemas, porque a los objetivos comunes a todos los seres vivos añade otro más ambicioso y vago, que podemos llamar «búsqueda de la felicidad», el gran motor de la historia humana, como mostré en *El deseo interminable*, un impulso expansivo que nos ha hecho inventar cosas sin parar.[7] Cada deseo que satisfacemos, cada meta que alcanzamos, cada problema que resolvemos es una pálida participación de la felicidad, que sería esa satisfacción llevada al límite, la solución definitiva y plena, el «incentivo total». El premio gordo de la lotería vital.

La evolución ha creado órganos para solucionar los problemas del ser vivo. «Nuestros sentidos son, desde un punto de vista teórico-evolutivo, herramientas que se han desarrollado para resolver determinados *problemas* biológicos», dice Popper. Por ejemplo, para ayudar a la supervivencia la evolución inventó al menos seis veces el ojo, es decir, un modo de captar información del entorno. Llamamos «evolución» a los mecanismos biológicos de resolución de problemas. Los humanos hemos aumentado portentosamente esa capacidad creando herramientas para ampliar nuestras posibilidades, y soluciones para satisfacer nuestros deseos. Vivimos en una realidad humanizada por la cultura, que es un conjunto de soluciones inventadas por otros. Aupados en soluciones buscamos otras soluciones. No exagero. Estoy escribiendo en mi despacho. El ordenador que uso es un sofisticado y eficaz instrumento al servicio de nuestro deseo de escribir y de manejar información, el final provisional de una tradición que comienza con las tablillas de arcilla mesopotámicas. Está sobre una mesa, que es una eficiente solución al problema de mantener los objetos a una altura cómoda. El balcón, los cristales, la terraza, las casas de enfrente, los automóviles, son asimismo soluciones. Y también lo son el lenguaje, las instituciones, los códigos, las costumbres. ¿Qué son las morales sino herramientas sociales para solucionar los problemas que surgen de la convivencia? Para comprender el significado de todo lo que nos rodea tenemos que remontarnos al problema que han querido resolver. Por eso me parece necesario escribir una historia de las soluciones, una historia heurística. Esta última palabra acabará resultándoles familiar, porque voy a utilizarla continuamente. Tiene la misma raíz que «eureka», que significa «he hallado». Arquímedes la gritó entusiasmado en su bañera al descubrir la relación entre el volumen de un cuerpo sumergido y la fuerza de flotación que experimenta. ¡Qué bella utopía la de una ciencia de las soluciones, de una heurística! Sería una ciencia de la liberación, porque «resolver» procede de *solvere*, que significaba «liberarse», «soltarse de una atadura», «escaparse de un cepo», y ese sentimiento triunfal y eufórico forma parte de la marcha de la inteligencia.

A veces, las soluciones se pueden olvidar. Se producen procesos descivilizatorios, como señaló Norbert Elias.[8] Eso ya lo sabían los historiadores de la técnica. Los tasmanos olvidaron cómo se fabricaban las hachas de piedra. El hormigón desempeñó un papel fundamental en la arquitectura romana, pero con la caída del Imperio se olvidó, y durante siglos la humanidad no pudo usarlo.[9] Un caso que ronda la comicidad lo proporcionó en 2007 el Gobierno estadounidense cuando descubrió, durante un examen rutinario de sus cabezas nucleares W76, que había olvidado cómo se construyeron esas armas. Hoy día es imposible fabricar uno de sus componentes fundamentales, el *fogbank* (cuya función exacta sigue siendo un secreto), porque ya no queda nadie que sepa hacerlo.[10]

La Ciencia de las Soluciones

La Ciencia de las Soluciones debería ser un curso introductorio en nuestra Academia del Talento Político, donde después se pasaría a estudiar el modo de resolver los problemas políticos. Ese curso tendría tres partes:

1. La identificación crítica de los problemas.
2. La búsqueda de soluciones.
3. La evaluación de esas soluciones.

1. *La identificación crítica de los problemas*

> Puede decirse que los problemas derivados de robos, asesinatos, débitos impagados, violaciones sexuales, crímenes pasionales e ira incontrolada tienen una proyección universal, puesto que no hay una sociedad que esté libre de ellos.
>
> Laura Nader y Harry F. Todd,
> *The Disputing Process*[11]

¿De dónde vienen los problemas? Algunos problemas se nos imponen. La necesidad de nutrirse plantea la necesidad de buscar alimento. No tengo opción. O como o muero. Otras veces, proceden de nuestros sentimientos: ¿cómo conseguir que la persona a la que quiero me quiera? ¿Cómo vengarme de mi enemigo? En el horizonte de cada problema hay algo valioso que se quiere conseguir, pero en ocasiones solo resulta valioso para quien lo siente. Nuestra relación con la realidad se da a través de dos canales. Uno es informativo («Esto es verde») y otro evaluativo («Me apetece comérmelo»). Los humanos somos inseguros evaluadores, y podemos considerar un bien lo que puede ser un contravalor, un mal. En ese caso, la sedicente solución tal vez sea la consumación de una atrocidad o un suicidio camuflado. La «solución final» del nazismo pretendía resolver un problema ignominioso: cómo eliminar a todos los judíos. La adicción a las drogas es un falso camino a la felicidad y un camino cierto a la servidumbre. Esta posibilidad de equivocarse nos obliga a hacer una crítica de los problemas atendiendo al valor que tiene el objetivo buscado.

No reconocer que se tiene un problema cierra el paso a la solución. Personas y sociedades pueden padecerlo. Un drogadicto puede tardar en reconocer que su adicción es un problema. Una sociedad puede padecer el síndrome de inmunodeficiencia política cuando no puede reconocer los antígenos sociales, es decir, agentes patógenos como la corrupción o la violencia, o los reconoce pero es incapaz de producir anticuerpos para anularlos.[12] Los neurólogos hablan de «anosognosia», una enfermedad que impide al enfermo reconocer que lo está, aunque sea una enfermedad tan evidente como la ceguera. Jared Diamond, un fisiólogo que se pasó a la sociología y después a la historia, se pregunta: «¿Por qué las naciones toman decisiones catastróficas?». Y señala tres razones: no ver venir el problema, ver venir el problema pero no poner soluciones, o ponerlas pero de forma equivocada. Los habitantes de la isla de Pascua se extinguieron porque no se percataron de que el consumo que hacían de los recursos naturales no era sostenible.[13] Es posible que en este momento no estemos percibiendo que vivimos una situación análoga. La habituación acaba naturalizando cualquier disparate. Como tendremos ocasión de ver, una de las funciones de la inteligencia es saber «problematizar», es decir, identificar los problemas, no para lamentarse, sino para poder encontrar la solución.

Esta es una precisión terminológica esencial para mi argumento. «Problema» y «solución» son términos correlativos, como «madre» e «hijo»: si no hay hijos, no hay maternidad. Con «enseñar» y «aprender» sucede lo mismo. Si nadie aprende, no hay verdadera enseñanza; habrá otra cosa —exposición, declaración, muestra, explicación—, pero no enseñanza. Lo mismo ocurre con «problema». No toda dificultad, conflicto, frustración o ansia es un problema. Lo son cuando son formulados cognitivamente para incitar a una solución. «Problematizar» no es quejarse o rumiar una preocupación, sino el ímpetu para buscar la salida y su elaboración cognitiva. Durante milenios, nadie se preocupó de los dolores del parto. Eran algo natural; incluso algunos veían en la Biblia su justificación: era un castigo divino por el pecado de nuestros primeros padres. No se planteaba, pues, el problema de su alivio y, por lo tanto, no se aliviaron. La técnica del avestruz —que los humanos aplicamos con irresponsable tenacidad— no es muy inteligente. Durante milenios las desigualdades sociales no se han considerado un problema, sino un aspecto de la realidad tal vez molesto, pero inevitable, como el dolor o la muerte. Una ceguera parecida impidió percibir durante siglos lo injusto de la esclavitud o de la discriminación femenina. Paul Rozin llama «moralización» al proceso de dar valor moral a algo que no lo tenía antes.[14] Forma parte del proceso de «problematización». Ha sido constante. Por ejemplo, el dolor de los animales no ha sido tenido en cuenta hasta recientemente, lo que ha planteado el problema de cómo evitarlo en mataderos o en granjas intensivas.[15] Todas las culturas han considerado que la obediencia era la principal virtud política y religiosa, la urdimbre básica de la sociedad, hasta que se empezó a problematizar y apareció la rebeldía. Hanno Sauer, en *La invención del bien y del mal,* se refiere a la moralización como fenómeno psicológico: «No consiste en que una persona cambie su juicio moral y juzgue una acción concreta de forma más estricta o más indulgente, sino de que una acción se perciba por primera vez como un asunto de relevancia moral».[16]

Así pues, un hecho se convierte en problema cuando activa la búsqueda de una solución. Si durante una autopsia se descubre un cáncer, eso es un hecho. Lo único que se puede hacer es constatarlo. Pero si ese cáncer se detecta en un ser vivo, es un problema, porque hay que intentar curarlo para preservar la vida del enfermo. La ciencia también funciona problematizando. Todo el mundo era consciente de que las cosas se caían, pero hasta que no se convirtió ese hecho cotidiano en un problema no se le buscó explicación. Las generalizaciones apocalípticas —el mundo es un desastre— son meros lamentos mientras no se precisen cuáles son los problemas.

Identificar y definir el problema es un paso esencial y difícil, porque es probable que distintas personas problematicen una misma situación de forma diferente. Donde unos ven un riesgo, otros ven un reto o una oportunidad. Donde unos ven una agresión, otros ven una reivindicación. ¿Qué problema plantea el aborto? Para unos se trata del derecho de la mujer a disponer de su cuerpo como quiera. Para otros, de defender una vida que no consideran mera parte del organismo materno. Para otros, en fin, la cuestión práctica de evitar la muerte de mujeres por abortos en malas condiciones. Los diferentes planteamientos del problema impiden llegar a una solución aceptada por todos. Los procesos de mediación intentan poner de acuerdo a las partes en la definición del problema. Pensemos en el «problema de Cataluña», que tomaré varias veces como ejemplo. Lo que para los independentistas es la reclamación de un derecho es para los no independentistas una conculcación del derecho. «Cuando equivocadamente —escribe Beth Simone Noveck— defendemos un método o una solución basados en una percepción inexacta de lo que el problema es en realidad, terminamos resolviendo el problema equivocado y reducimos las probabilidades de desarrollar soluciones que realmente funcionen.»[17] En el siglo XVIII apareció en Londres la Gin Craze, la «locura de la ginebra», una epidemia de alcoholismo entre la clase trabajadora. Intentar eliminar esta adicción directamente era inútil, porque solo era el efecto de las penosas condiciones de vida del proletariado. La ginebra era otro «opio del pueblo», un remedio para soportar la miseria.

2. La búsqueda de soluciones

Una vez definido el problema, ha llegado el momento de buscar soluciones. Es la segunda parte de la heurística. A veces, se trata de elegir entre las soluciones que tenemos a nuestra disposición. George Pólya, en su clásico libro *Cómo plantear y resolver problemas*,[18] dice que lo primero que hay que hacer al enfrentarse con un problema matemático es comprobar si se parece a alguno que ya hayamos resuelto.[19] Genrich Altshuller elaboró en la Unión Soviética una «teoría de la resolución inventiva de problemas» (*teoriya resheniya izobretatelskikh zadatch*, o TRIZ). Este ingeniero analizó 200.000 patentes. De ellas, solo unas 40.000 implicaban algún tipo de invención y no una simple mejora de lo existente. Se percató de que, a pesar de que resolvían problemas muy diferentes, en campos también muy distintos, las soluciones aplicadas podían obtenerse a partir de un conjunto relativamente reducido de ideas básicas o principios de invención generales. Identificó cuarenta operaciones básicas, de tal manera que para solucionar un problema bastaba con ir tanteando las diferentes posibilidades.[20]

Es cierto que las operaciones intelectuales son limitadas, y que ese método funciona muchas veces. Einstein decía que «la formulación de un problema es a menudo más importante que su solución, que puede ser simplemente una cuestión de habilidad matemática o experimental». Pero el método de Altshuller se refiere a soluciones técnicas, que resultan fáciles de evaluar: o funcionan o no. Aunque en nuestra Academia nos interesan en especial los problemas y las soluciones de la Gran Política, este ejemplo nos ha servido para identificar la segunda parte de la heurística: la invención de soluciones. El éxito de la democracia puede atribuirse a su mayor capacidad heurística, es decir, a su potencia para detectar problemas y proponer soluciones. Cuando esta falla, cuando no cumple estas expectativas, comienza su descrédito.

3. *La evaluación de esas soluciones*

Las soluciones encontradas deben evaluarse para comprobar su eficacia. No solo deben permitirnos «salir del paso» —no son meros armisticios—, sino que debemos asegurarnos de que lo hagan bien, no sea que vaya a ser peor el remedio que la enfermedad. De ello se ocupa, como he dicho, la ergometría de las soluciones, tercera parte de la heurística. La solución que dio Platón al problema del conocimiento (la ascensión al mundo de las ideas) no es compatible con la solución que dio Kant (la función apriorística del sujeto). Como parte de la historia de la experiencia filosófica, Platón es de una grandeza admirable, pero su teoría del conocimiento es inferior a la kantiana. La brillantez de Nietzsche es espectacular, pero su teoría del eterno retorno no deja de ser una ocurrencia no fundamentada. La evaluación de los resultados es indispensable para conocer si progresamos o retrocedemos. Negarse a aplicar este criterio a la filosofía ha llevado a la conclusión de que en ella no hay progreso alguno, que se parece más a la poesía que a la ciencia. Es verdad que llamamos «filósofo» a quien cuenta su biografía conceptualmente, pero prefiero no llamar «filosofía» a esas interesantes subjetividades explicadas, sino «autobiografía conceptual» o «poesía conceptual».

Ante varias propuestas debemos elegir la mejor o suspender nuestro juicio hasta que sepamos cuál es. Seguiré con los ejemplos. Hay dos teorías sobre el papel del Estado: la liberal considera que el Estado debe reducirse al mínimo para que no amenace la libertad. La socialista, que el Estado debe ser grande para poder asegurar la igualdad del ciudadano y proporcionarle los servicios necesarios. La primera piensa que el mercado puede resolver los problemas. La segunda, que el mercado no tiene esa capacidad y que, por ende, necesita una regulación. La postura liberal cree que bajando los impuestos puede aumentarse la recaudación, de acuerdo con la curva de Laffer. La socialista, que para poder proporcionar prestaciones sociales justas es preciso subir los impuestos. Son dos soluciones al problema de la prosperidad de una nación. Según la heurística, se trata de comprobar cuál de esas soluciones es la más eficiente. Para asegurar un mínimo de seguridad y de bienestar en un mundo laboral y económicamente confuso se ha propuesto el «sistema de renta básica universal». Otros, en cambio, proponen un «impuesto negativo sobre la renta», de modo que por debajo de un ingreso mínimo garantizado el Gobierno complementa los ingresos, y si la renta es superior a dicho umbral, solo entonces se empiezan a pagar impuestos.[21] No son misterios insondables que haya que aceptar por fe, sino asuntos mensurables que se pueden evaluar. En otros casos la evaluación es más compleja. ¿Qué protege más a los hijos pequeños, la indisolubilidad del matrimonio o la posibilidad de divorcio? ¿Qué protege más la dignidad de la persona, la eutanasia o la prolongación de la vida en cualquier circunstancia?

En ocasiones, presuntas soluciones deben rechazarse porque son falsas soluciones o soluciones a un falso problema. La tortura fue admitida como procedimiento judicial probatorio hasta principios del siglo XIX. Era una solución abominable —y falsa— a un problema que preocupaba a los moralistas. Para que la sentencia de un juez fuera impecable solo había dos posibilidades: que el reo hubiera sido cogido infraganti, o que confesara. Si lo primero no había sucedido, solo quedaba la segunda vía para conseguir la sentencia perfecta. Y en caso de que el reo no confesara voluntariamente, había que «animarle» a ello mediante la tortura. Lo más llamativo es que ese procedimiento fue autorizado por Inocencio IV, que rigió los destinos de la Iglesia romana entre 1243 y 1254. El uso del tormento como recurso procesal en los tribunales inquisitoriales —no solo españoles, sino de toda la cristiandad católica— siguió siendo legal hasta el año 1816, en que el papa Pío VI lo prohibió de forma definitiva.[22]

Por otra parte, lo que funciona en unas situaciones puede no funcionar en otras. Street UK copió la idea de préstamo de microcréditos de la que fue pionero el Banco Grameen de Bangladesh y que, posteriormente, replicó el Fundusz Mikro de Polonia. Pero lo que tuvo tanto éxito en esos países fracasó en el Reino Unido.[23] A veces resulta útil plantear el problema desde otro enfoque. En el laboratorio de Eric Schadt del hospital Mount Sinai de Nueva York, no se pregunta por qué una persona está enferma, sino por qué una persona con un ADN doble recesivo para una determinada enfermedad no lo está. Lanzaron el Proyecto Resiliencia para curar 170 enfermedades infantiles raras. Observar estos casos permite comprenderlos mejor.[24] Como apasionado por el funcionamiento de la inteligencia, me interesa mucho el fenómeno denominado «reserva cognitiva». Hay personas que padecen anatómicamente la enfermedad de Alzheimer, pero, sin embargo, no presentan síntoma alguno. ¿Por qué? Una respuesta provisional dice que tienen una «reserva cognitiva» que suple las carencias producidas por la enfermedad.[25]

La necesidad de una heurística y de sus tres niveles —identificación crítica de los problemas, búsqueda de soluciones y evaluación— parece evidente. También su dificultad. No soy tan insensato como para considerarme capaz de emprender una tarea tan colosal. Solo estoy poniendo los cimientos para la Academia del Talento Político.

Ventajas de enfocar la historia como una búsqueda de soluciones

Altshuller elaboró su teoría de las soluciones a partir del estudio de casos particulares. Pienso que algo parecido, aunque más complejo, puede intentarse con los problemas personales, sociales, políticos, y que, para ello, la historia puede servirnos como gigantesco banco de datos. En una ocasión, como todavía no existía nuestra Academia, un joven que quería ser político le preguntó a Churchill qué debía estudiar: «Historia —le respondió—. En la historia está todo lo que sabemos sobre gobernar». En efecto, en nuestra Academia la historia va a tener un papel esencial, pero una historia especial, iluminada con rayos gamma. Esta expresión es una metáfora tomada de la astronomía. Los astrónomos pueden observar el universo con telescopios iluminados con luz natural. Entonces ven un cielo ordenado y geométrico, donde los planetas giran educadamente en sus órbitas. Pero pueden también observarlos con telescopios iluminados por rayos gamma, y entonces solo perciben flujos de energía, explosiones, ráfagas, un universo inquieto. Si observamos la historia con luz natural, incluso una batalla puede ser un objeto estable, con un comienzo, un final y unas cifras contables. A mí, en cambio, me interesa observarla con rayos gamma, es decir, atendiendo a las pasiones que la han movido. Esta historia es la que vamos a estudiar en nuestra Academia. A pesar de su apariencia serena, comedida y formal, un código jurídico es el resultado de un juego de intereses y fuerzas. La política trata de pasiones, y los políticos —que somos todos los habitantes de la polis, seamos gobernantes o gobernados— debemos conocer todas las posibilidades y servidumbres de nuestra vida emocional, y los intentos de la inteligencia para aprovechar su energía sin que se desmande. Bienvenidos a la psicohistoria.[26]

Ese dinamismo es el que plantea y resuelve problemas. El poderoso quiere dominar; el súbdito, no ser dominado.

El comerciante, aumentar su beneficio; el comprador, conseguir lo que necesita al menor precio. El científico desea conocer y el ingeniero, diseñar. Estudiar las soluciones ofrece una visión optimista aunque cautelosa de la especie humana. A su luz precisamente pueden comprenderse los fracasos, que son el resultado de no haber identificado bien los problemas, de haberlos planteado mal o de no haber encontrado la buena solución. Arnold J. Toynbee también presentó la historia como una sucesión de retos y soluciones. Las culturas se van separando por las soluciones que eligen. Todas las ciudades Estado griegas tuvieron que enfrentarse a la presión de la población sobre los medios de subsistencia. Cada Estado intentó resolverlo a su manera. Algunos, como Corinto y Calcis, conquistando y colonizando territorios en ultramar: en Sicilia, Italia meridional, Tracia. Esparta satisfizo el hambre de tierra de sus ciudadanos atacando y conquistando a sus vecinos griegos más próximos. Atenas buscó la solución de modo diferente. Especializó su producción agrícola y creó productos para la exportación, y para facilitarlo fundó instituciones políticas y educativas nuevas.[27] Las distintas soluciones dadas impusieron cambios en la manera de vivir de esas ciudades. También Lucien Febvre, el iniciador de la escuela francesa de Annales, defendía una «historia-problema»:

> La historia-problema consiste en buscar en el inmenso campo del pasado respuestas a las cuestiones que el hombre se plantea, cuestiones estrechamente solidarias del saber en general, que es una función de la vida, es decir, de la acción de los hombres bregando con los datos de la condición humana o de la condición social del hombre.[28]

Todos los seres humanos se enfrentan a los mismos problemas fundamentales, pero cada cultura los resuelve a su manera.[29] Eso hace que, por muy diferentes que sean, todas las culturas resulten comprensibles. Un mismo problema alumbra diferentes soluciones. Para buscar la estabilidad de los grupos se han propuesto distintos sistemas de organización del poder. La familia es una institución universal, pero no así las maneras de configurarla. Puede basarse en la poliandria, la poligamia, la monogamia permanente o la monogamia sucesiva. Últimamente, la tecnología ha aumentado las posibilidades. Pero, hasta donde conozco, no ha habido ninguna sociedad donde el nacimiento de los hijos no haya tenido algún tipo de regulación.

La analogía de los problemas nos permite comparar las diferentes respuestas, una vez que hayamos elaborado la ergometría de las soluciones. ¿Qué es mejor solución para la tuberculosis, el exorcismo o los antibióticos? ¿Qué es mejor solución para el bienestar de los ciudadanos, la tiranía o la democracia? ¿Qué favorece más el intercambio de bienes, el trueque o el dinero? ¿Qué favorece mejor el cálculo aritmético, la base diez o la base doce? ¿Qué estimula más la economía, un Estado neoliberal mínimo con bajos impuestos o un Estado keynesiano con grandes inversiones públicas? ¿Qué satisface mejor las expectativas humanas, la exaltación de los deseos en las sociedades consumistas o la ausencia de deseos de la espiritualidad budista? Oswald Spengler, el famoso autor de *La decadencia de Occidente*, reclamaba la utilización de un método comparativo para estudiar la historia.[30] Tenía razón. Las comparaciones nos permiten considerarla como la experiencia de la humanidad, su banco de pruebas, y aprender de ella, seleccionando las mejores soluciones.

Estudiar de esta manera la historia no es solo importante para comprenderla, sino que tiene una excepcional eficacia educativa. No debemos dejarnos llevar por una idea platónica del conocimiento como contemplación de la verdad. La tarea verdaderamente importante es la solución de los problemas. John Dewey basó en esta idea su teoría pedagógica. El «aprendizaje basado en problemas» (*Problem-based Learning*) ha demostrado su eficacia.[31] Martha Nussbaum señala con razón la necesidad de enseñar a pensar en función de problemas humanos comunes, de esferas de la vida en las que los seres humanos, sin importar donde vivan, tienen que elegir. Comenzar a hacer una comparación intercultural de estos problemas comunes nos permitirá reconocer una humanidad compartida y, al mismo tiempo, reparar en las considerables diferencias en los modos en que las diferentes culturas e individuos se han enfrentado entre sí.[32]

Esto es especialmente necesario en nuestra Academia. Beth Simone Noveck, experta en resolución de problemas políticos, insiste en la necesidad de que formemos a los políticos en esta disciplina. Francis Fukuyama ya se había quejado hacía tiempo de que en las facultades de Ciencias Políticas no se enseñaba a enfrentarse con problemas reales, lo que hacía que los conocimientos impartidos tuvieran poca utilidad práctica.[33]

Una nota sobre las aporías

La historia de la filosofía recoge otro concepto relacionado con lo que estamos tratando: «aporía». En griego significaba la ausencia de salida, la oclusión total, sin poro alguno. De ahí pasó a significar, en el terreno de la lógica, «lo que no tiene solución». Nicolai Hartmann recuperó la palabra. En su opinión, hay problemas inevitables que se oponen a nosotros «con independencia de que sean solubles o insolubles»: es «el resto irresoluble de los problemas».[34] Theodor Viehweg también introdujo el concepto en su teoría del derecho. Recordaba a un jurista demasiado tranquilo que el término «aporía» designa precisamente una cuestión que es acuciante e ineludible, la «falta de un camino» cuando se quiere avanzar, la situación de un problema que no es posible apartar. Se preguntaba «de dónde procede la inquietante constancia o permanencia del problema», pues hay casos en los que «no es posible liquidar totalmente la problemática que se quiere dominar, y esta reaparece por doquier con una forma nueva». Entonces el hombre de leyes «se ve continuamente perturbado por el problema y no se libera de él».[35] Los éxitos nunca lo eliminan, sino que «en el mejor de los casos, se las arreglarán para empujarla aún más hacia el trasfondo».[36]

La palabra «aporía» designa pues aquellos problemas a los que no podemos dejar de enfrentarnos, pero que no tienen una solución definitiva, sino asintótica, de acercamiento permanente. La ciencia también trabaja así. No hay conocimiento total, sino «búsqueda sin término», como titula Karl Popper su autobiografía intelectual. La felicidad y la justicia son asimismo dos irrenunciables aporías: el objetivo de una permanente búsqueda. Martha Nussbaum explicó elocuentemente en *La fragilidad del bien* que la esencia de la tragedia griega es la constatación de que no todos los problemas humanos tienen una solución perfecta. Es también una búsqueda interminable.

Es fácil ver que la felicidad es la aporía fundamental del ser humano, y que todas sus creaciones, incluido el derecho, van dirigidas a solucionarla. La aporía es una meta inalcanzable, pero que anima permanentemente a ser alcanzada. No paraliza, sino que espolea al pensamiento y la acción. Para Viehweg, el derecho se manifiesta como «técnica al servicio de una aporía». El problema de la justicia es nada menos que la *grundaporie*, la aporía fundamental del derecho. Nos permite avanzar si somos capaces de formular problemas dirigidos a abrir un camino interminable, como quien excava un túnel cuya salida se demora.

El objetivo político de conseguir una participación justa en el poder es también una aporía. Hasta ahora lo hemos resuelto mediante la democrática «ley de las mayorías», lo que plantea el problema de proteger los derechos de las minorías. Cuando se habla del «rodillo político» se está mencionando la capacidad de las mayorías para aplastar a las minorías. Una democracia ideal debería atender todas las pretensiones legítimas, pero estas pueden entrar en contradicción, lo que dificulta la solución. ¿Es posible coordinar esas contradicciones? ¿Qué ocurre cuando una democracia, como la estadounidense o la española, está dividida en dos fracciones casi idénticas y visceralmente opuestas?

Jacques Derrida consideró una aporía el intento de unificar política y ética. En muchas ocasiones la única solución es la del mal menor, que es una claudicación parcial de la ética. La justicia es también una aporía, porque la solución perfecta de todos los casos es imposible y las leyes siempre son imperfectas porque tienen que generalizar. A pesar de ello, el «exceso de la justicia sobre el derecho [...] no puede y no debe servir de excusa para ausentarse de las luchas jurídico-políticas en el interior de una institución o de un Estado».[37]

Una aporía lacerante se manifiesta en la llamada «justicia transaccional». Naciones Unidas la ha definido como

> toda la variedad de procesos y mecanismos asociados con los intentos de una sociedad por resolver los problemas derivados de un pasado de abusos a gran escala, a fin de que los responsables rindan cuentas de sus actos, servir a la justicia y lograr la reconciliación.

Lograr la reconciliación supone muchas veces obligar a las víctimas a un perdón que voluntariamente no querrían dar. Puede suponer, como ocurre en las naciones iberoamericanas que soportaron crueles dictaduras, tener que convivir con torturadores o asesinos de seres queridos.[38]

Aun así, la heurística tiene que encargarse de «problematizar» —es decir, de elaborar en formato «problema»— no solo los conflictos, sino también las aporías.

Capítulo segundo

El enfoque heurístico de la historia

> La cultura es un gigantesco dispositivo que permite al hombre afrontar los problemas concretos que se le plantean.
>
> Bronislaw Malinowski[1]

> Los primeros estados se fundaron para «solucionar» los múltiples problemas que se creaban en estas comunidades tan densamente pobladas.
>
> David Christian, *Mapas del tiempo*[2]

Creo que deberíamos fomentar una «actitud heurística», un talento para resolver problemas. No se trata de un pragmatismo de vía estrecha, sino de un impulso expansivo y ascendente. Para animar a ese cambio de actitud, en este capítulo quiero demostrar que todas nuestras actividades, incluidas las más creadoras, se comprenden mejor cuando se detecta en ellas un esquema común: un problema bloquea el impulso hacia una meta y el agente busca una salida, una solución. De esto se ocupa el enfoque heurístico de la historia. Comenzar nuestro curso en la Academia con esta introducción sirve para situar la Gran Política (ya saben, la que incluye la ética, es decir, la que se preocupa de la felicidad pública y personal) dentro del campo de las actividades creadoras.

La historia del arte como ejemplo

Al parecer, la obra de arte es el resultado de la espontaneidad creadora del autor. Afirman que Picasso dijo: «No busco, encuentro», pero creo que se comprende mejor esa actividad si se la considera una permanente resolución de problemas. Intenté este enfoque embrionariamente en la *Historia de la pintura*, que escribí con Antonio Mingote. Quería contarla como el despliegue de una «pulsión por crear imágenes» más bellas, más expresivas, más nuevas, más poderosas, lo que lleva al pintor a aprender del pasado para prolongarlo, aunque sea rechazando lo anterior. En su ya clásica *La historia del arte*, E. H. Gombrich expresa la misma idea: el autor siempre encuentra problemas «en la solución de los cuales puede desplegar su maestría, incluido el problema de cómo ser original».[3]

Los artistas también actúan movidos por un fin. ¿Qué pretendían los *sapiens* que pintaron las grutas prehistóricas? No pintaron para que sus obras se vieran, porque con frecuencia se encuentran en cuevas de muy difícil acceso. Debieron de tener un significado mágico, tal vez propiciatorio de la caza. En este caso, el problema sería cómo conseguir esos fines. Getzels y Csikszentmihalyi escribieron *The Creative Vision: A Longitudinal Study of Problem Finding in Art*,[4] donde resaltan la importancia que tiene para un artista encontrar el problema al que quiere enfrentarse. Saco de mi archivo textos de un libro que me impresionó cuando lo leí, a principios de los noventa, mientras escribía *Teoría de la inteligencia creadora*. Me refiero a *Modelos de intención* de Michael Baxandall.[5] Estos son los textos que había copiado:

Digamos que el creador de un cuadro u otro artefacto histórico es un hombre que aborda un problema cuya solución concreta y terminada es el producto. Para entenderlo intentaremos reconstruir tanto el problema específico, para cuya solución estaba diseñado, como las circunstancias específicas a partir de las cuales lo habrá abordado.

El autor estudia desde este punto de vista tres obras: *Dama tomando el té*, de Jean Siméon Chardin; *El bautismo de Cristo*, de Piero della Francesca, y el *Retrato de D. H. Kahnweiler*, de Picasso. Luego, cita un texto del libro que escribió Kahnweiler sobre el pintor:

> ¡El comienzo del cubismo! El primer ataque. Desesperada lucha titánica con todos los problemas a la vez. ¿Con qué problemas? Con los problemas fundamentales de la pintura: la representación de la tridimensionalidad y de lo coloreado sobre la superficie plana, y su comprensión dentro de la unidad de esa superficie plana. Pero «representación» y «comprensión» en el sentido más estricto, más alto [...]. Osadamente, Picasso empieza a intentar resolver todos los problemas a la vez.[6]

La historia de la pintura debe contar esos problemas. Unos son técnicos: cómo conseguir reproducir más fielmente la realidad, cómo independizar la pintura de esa misma realidad, cómo ampliar los confines del arte. O bien, cómo conseguir los colores, o los aceites para fijarlos, asunto que interesó mucho a Velázquez. Otros problemas son personales: cómo diferenciarse de sus colegas y sobresalir entre ellos, cómo conseguir medios económicos para poder crear, cómo ser original, cómo vencer el desánimo o la envidia, etc. Esa historia heurística habría de contar la conquista de la perspectiva, el interés impresionista por pintar el juego de la luz sobre el objeto, el deseo de los cubistas de resolver el problema de representar un objeto tridimensional sobre una superficie plana. Van Gogh cuenta a su hermano Theo sus esfuerzos por conseguir resolver el problema que le preocupa:

> En mis nuevos dibujos comienzo las figuras por el torso y me parece que así adquieren más amplitud y grandor: en el caso de que cincuenta no bastaran, dibujaré cien, y si esto no fuera suficiente todavía, haré más aún, hasta que obtenga plenamente lo que deseo, es decir, que todo sea redondo y no haya de ningún modo ni principio ni fin en la forma, sino que haya un conjunto armonioso de vida.

¿Cómo debería, pues, ser una historia heurística de la Gran Política?

La creación literaria y los problemas

Concebir la creación como la solución a un problema es válido en todas las artes. García Márquez contó que, mientras escribía *Cien años de soledad,* se encontró con el problema de hacer desaparecer a Remedios la Bella, que ya había cumplido su papel en la narración. Al oír contar que la abuela de una muchacha que había huido con un carabinero decía que había subido al cielo, García Márquez pensó que era una buena solución. Remedios la Bella subiría al cielo. Esto le planteaba otro problema: ¿cómo contar esa ascensión? Plinio Apuleyo Mendoza, en la entrevista a García Márquez que publicó con el título «El olor de la guayaba», le dice: «Has contado en alguna parte que no fue fácil hacerla subir». El escritor contesta:

> No, no subía. Yo estaba desesperado porque no había manera de hacerla subir. Un día, pensando en ese problema, salí al patio de mi casa. Hacía mucho viento. Una negra muy grande y muy bella que venía a lavar la ropa estaba tratando de tender sábanas en una cuerda. No podía, el viento se las lleva-

ba. Entonces tuve una iluminación. «Ya está», pensé. Remedios la Bella necesitaba sábanas para subir al cielo.[7]

Un proceso parecido vemos en la redacción de *El otoño del patriarca*. A finales de enero de 1958, estando en Venezuela, García Márquez asistió a la huida del dictador Pérez Jiménez. Pocos días después le vino la idea de escribir la novela del dictador latinoamericano. Este proyecto planteaba el problema de cómo definirlo y resolverlo. García Márquez comenzó dos veces *El otoño del patriarca*.

> Durante muchos años —comenta— tuve problemas de estructura. Una noche en La Habana, mientras juzgaban a Sosa Blanco, me pareció que la estructura útil era el largo monólogo del viejo dictador sentenciado a muerte. Pero no, en primer lugar, era antihistórico: los dictadores aquellos se morían de viejos o los mataban o se fugaban. Pero no los juzgaban. En segundo término, el monólogo me hubiera restringido al único punto de vista del dictador y a su propio lenguaje.

No era una buena solución. En 1962 suspendió la narración cuando llevaba escritas trescientas páginas, porque «no sabía aún cómo era y, por consiguiente, no conseguía meterme a fondo». Seis años después la retomó, pero volvió a suspenderla.

> Como dos años después, compré un libro sobre cacerías en África, porque me interesaba el prólogo escrito por Hemingway. El prólogo no valía nada, pero seguí leyendo el capítulo sobre los elefantes, y allí estaba la solución de mi novela. La moral del dictador se explicaba muy bien por ciertas costumbres de los elefantes.

Para Paul Valéry, un gran poeta francés que estudió muy perspicazmente la creación poética, la poesía también es una heurística, una búsqueda de soluciones.

El proyecto de un poema suscita las operaciones de búsqueda: es un «esquema vacío». Por ejemplo, el poema «El cementerio marino» no fue al principio más que una figura rítmica vacía, o llena de sílabas vanas que me obsesionó durante algún tiempo.

Esto es un claro ejemplo de lo que se denominan «problemas mal definidos» (*ill problems*), es decir, cuando ni el inicio ni el fin están bien definidos.

Quizá lo más extraordinario del trabajo artístico —continúa Valéry— es ser un trabajo esencialmente indeterminado. Se es de tal forma libre que la parte más laboriosa de la tarea es prescribirla de tal y tal manera: crear el problema mucho más que resolverlo.

Es lo más importante no en sí mismo, sino porque va a dirigir la búsqueda de la solución. Un ejemplo. En un momento del poema, escribe:

> *En la fuente del llanto larvas hilan*
> *gritos, entre cosquillas, de muchachas,*
> *sangre que brilla en labios que se rinden.*

Estos versos le parecen «sensuales y demasiado humanos», y se le plantea el problema de «compensarlo con una tonalidad metafísica que, además, determine con más precisión la persona que habla: un aficionado a las abstracciones». La solución que encuentra es introducir un verso famoso y extravagante, que no viene a cuento:

> *¡Zenón, cruel Zenón, Zenón de Elea!*

Este verso no tiene ningún sentido si no se conoce el problema que intentaba resolver.[8]

Podría multiplicar los ejemplos, pero creo que con esto basta para justificar mi afirmación de que la creación literaria es una continua solución de problemas y que para descifrar una obra debemos hacer lo mismo que Baxandall aplicaba a la pintura: reconocer los problemas a los que el artista se enfrenta.

Repetiré, como si fuera un estribillo, la misma pregunta. ¿Cómo debería, pues, ser una historia heurística de la Gran Política?

Los problemas y el derecho

Continúo mi búsqueda para confirmar la hipótesis de que el enfoque problemático nos permite comprender mejor las creaciones humanas. Karl Popper pensaba lo mismo.

> Para comprender una teoría —escribe— primero hemos de comprender el problema en vista de cuya solución se ha inventado la teoría, a fin de ver si esta funciona mejor que cualquiera de las soluciones más obvias.

Siempre me interesó su obra, pero volví a repasarla en 1997 cuando escribí la introducción a la edición que hizo Paidós de su libro *El cuerpo y la mente: escritos inéditos acerca del conocimiento y el problema cuerpo-mente*. De esa época hay en mi archivo muchas notas sobre el tema que nos ocupa. Popper pensaba que la vida de los organismos es una constante búsqueda de soluciones a los problemas; tal es el sentido de sobrevivir:

> De la ameba a Einstein, el desarrollo del conocimiento es siempre el mismo; intentamos resolver nuestros problemas, así como obtener, mediante un proceso de eliminación, algo que se aproxime a la adecuación en nuestras soluciones provisionales.[9]

En *La sociedad abierta y sus enemigos*, señala que los sistemas morales son ante todo soluciones. Lo mismo sucede con el derecho. Desde su aparición, trató de resolver mediante leyes los conflictos, problemas y aporías de la convivencia humana.[10] Reviso en mi archivo las notas recientes sobre el libro de Fernanda Pirie *Ordenar el mundo: cómo 4.000 años de leyes dieron forma a la civilización*. La enorme pluralidad de leyes y de sistemas jurídicos tienen, sin embargo, un elemento común.

> Las leyes —escribe— proporcionan los medios para ordenar la vida social. Los sistemas legales de todo el mundo castigan el asesinato, establecen indemnizaciones por daños, regulan los matrimonios y las herencias, ayudan a los acreedores y contemplan la manutención de los niños. Son problemas que surgen siempre que la gente vive junta.[11]

Los códigos son gigantescos breviarios de soluciones. Rudolf von Ihering lo explicó brillantemente en dos obras que me fascinaron y que incitaron mi acercamiento al derecho: *El espíritu del derecho romano* y *El fin del derecho*. La tenacidad y sutileza en la resolución de los infinitos problemas que pueden surgir muestran la brillantez de la inteligencia humana. Copiaré un caso, como ejemplo, de lo que entiendo como esfuerzo por encontrar una solución justa.

> Alguien ha utilizado en la construcción de los cimientos de su casa piedras ajenas que tomó por suyas. Después de estar la casa terminada, el propietario de las piedras las reivindica. ¿Cómo ha de proceder el juez? Si se hubiese de dejar libre curso a las consecuencias de la propiedad, tendría que destruir toda la casa para extraer las piedras en litigio; o el acusado habría de tratar de llegar a un acuerdo con el acusador, pagando quizá mil veces el valor de las piedras en consideración a la situación de fuerza. Según el derecho romano, el juez falla a favor del acusador el doble del valor de las piedras; incluso si el acusado ha robado las piedras, no reconoce el juez la restitución, sino una indemnización más crecida.[12]

Aunque la finalidad heurística (solucionadora) del derecho ha sido conocida siempre, según mis notas fue Theodor Viehweg quien, en su libro *Tópica y jurisprudencia*, elaboró una teoría más articulada sobre el tema. Según él, toda la estructura jurídica se explica por la necesidad de resolver problemas. Por eso, sus elementos constitutivos (conceptos y proposiciones) permanecen ligados a ellos, y solo a partir de los problemas podrán ser comprendidos y articulados lógicamente.[13]

Al final de este apartado no voy a repetir la pregunta «¿Cómo debería, pues, ser la historia heurística de la Gran Política?»: lo explicado aquí forma ya parte de ella.

Los problemas y las religiones

No sabemos cómo surgió la religión. Suponemos, no obstante, que es una creación espontánea de la capacidad simbólica adquirida por nuestros antepasados, que fue aceptada, perfeccionada y expandida porque proporcionaba alguna satisfacción o resolvía algún problema.[14] En primer lugar, *explicar*. No nos basta con conocer la realidad que tenemos delante: necesitamos saber de dónde viene. Pues bien, una de las tareas universalmente emprendidas por la religión ha sido inventar mitos sobre los orígenes. Otra fue intentar hacer comprensible la muerte, los sueños, las experiencias de éxtasis o de intoxicaciones, que han ocurrido siempre. También, mitigar la existencia del mal y del dolor. Ya sabemos cómo explica la Biblia la entrada del mal en el mundo: por el pecado de los primeros hombres.

La segunda gran función de las religiones es *salvar*. ¿De qué? De muchas cosas. Del terror, de la impotencia, de los poderes oscuros, del caos, del sinsentido. Las religiones han sido siempre caminos de salvación, de liberación y de consuelo. Para comprobarlo, basta hacer un rápido inventario: concepto judío de liberación del pueblo de Dios, redención cristiana del pecado, liberación budista, realización advaita de la identidad con Brahman, salvación islámica, abolición de la tiranía y la pobreza en la teología de la liberación, justificación por la fe en el protestantismo.

La tercera gran función es la de *ordenar*. Ordenar significa introducir un orden y normas. Ambas cosas hicieron los dioses y la religión. Así se evita el caos cósmico y el caos civil. El universo necesita leyes y las naciones también. Los primeros códigos eran promulgados en nombre de la divinidad. De ella recibían la fuerza que imponía su cumplimiento. Pero previamente los dioses ataron el mundo —como dice el poema de Parménides— con ajustadas cadenas, para que no se desmorone. Los hititas creían en Telepinu, un dios que desaparece, tal vez porque los hombres le habían enojado. La consecuencia de su ausencia es que el orden de las cosas comienza a quebrarse. El fuego se extingue en los hogares, los hombres se sienten abatidos, la oveja abandona al cordero y la vaca al ternero, la cebada y el trigo no maduran, y el agua no calma la sed.[15]

Hay una función que interesa especialmente a nuestro proyecto, en la que hizo énfasis Émile Durkheim: la cohesión social. En las sociedades primitivas jugó un papel decisivo a la hora de posibilitar formas de organización social más complejas. Resulta difícil imaginar cómo habrían evolucionado los seres humanos más allá de las pequeñas agrupaciones, sin la religión.[16] David Sloan Wilson, en su brillante libro *Darwin's Cathedral: Evolution, Religion, and the Nature of Society*, escribe:

> Algo tan complejo y que requiere tanto tiempo, energía y pensamiento como la religión no existiría si no tuviera una utilidad laica. Las religiones existen ante todo para que los seres humanos logren unidos lo que no pueden alcanzar de forma aislada.[17]

Y Peter Sloterdijk acaba de defender que eran ante todo sistemas prácticos para educar el comportamiento humano.[18]

Sin duda fueron necesarias pedagogías potentísimas —y posiblemente crueles— para humanizar a nuestra especie, como expliqué al hablar de la autodomesticación de los *sapiens*.[19] Al respecto, el historiador Yuval Noah Harari escribe:

> Puesto que todos los órdenes y las jerarquías sociales son imaginados, todos son frágiles, y cuanto mayor es la sociedad, más frágil es. El papel histórico de la religión ha consistido en conferir legitimidad sobrehumana a esas frágiles estructuras.[20]

Esto hace que la historia de las religiones forme parte de la historia heurística de la Gran Política. Su relación con el poder ha sido constante y enrevesada, y continúa siéndolo. La cultura laica de Occidente ha surgido de la propia evolución de las religiones, pero convirtiéndose en vástago parricida. En 2002, el Pew Forum on Religion and Public Life encontró que el 65 por ciento de los estadounidenses creían que la religión contribuía a la guerra. Los ejemplos que proporciona la historia de guerras sagradas favorece esa idea. Sin embargo, no se puede olvidar la función humanizadora y pacificadora que han tenido las religiones.[21]

La sociología y los problemas

Hay una corriente sociológica que en vez de contentarse con describir la sociedad o quejarse de sus males, intenta resolver problemas sociales. Es, pues, una sociología heurística, y como tal tiene cabida en los programas de la Academia. Por ejemplo, Peter Evans se hace una pregunta práctica: ¿cómo han conseguido algunos países muy pobres llegar a ser ricos, mientras que otros no lo han conseguido? No pierde el tiempo describiendo lo que es la pobreza, sino intentando resolverla.[22] Otro objetivo de la sociología heurística es estudiar las causas que producen los fenómenos, y proponer nuevas soluciones en vez de limitarse a criticar las anteriores. Monica Prasad considera que este enfoque puede ampliar el campo científico porque «plantea nuevas cuestiones, sugiere nuevos caminos de investigación y demanda nuevos métodos».[23]

Un caso curioso es la investigación de Margo Mahan sobre la violencia doméstica. Comenzó entrevistando a agresores que golpeaban a sus mujeres, pero al estudiar las leyes que condenaban esos malos tratos se encontró con una anomalía. Se solían atribuir las leyes contra las agresiones domésticas al auge del movimiento feminista, y, sin embargo, donde primero se habían promulgado esas leyes era en Alabama y en otros estados del sur, donde el feminismo no tenía apenas presencia. Mahan llegó a la conclusión de que, como la violencia física era más frecuente en las familias negras, castigarlas legalmente era un modo de control blanco, que podía llegar incluso a privar del voto a los afroamericanos.

Espero que la conveniencia de contemplar todas las actividades creadoras como la búsqueda de soluciones haya quedado suficientemente explicada.

Capítulo tercero

La inteligencia resuelta

> El país necesita y, salvo que me equivoque, el país exige, una experimentación audaz y persistente. Es de sentido común tomar un método y probarlo. Si falla, admitámoslo con franqueza y probemos otro.
>
> FRANKLIN D. ROOSEVELT,
> Discurso en la Universidad de Oglethorpe, 1932

Aprovechando el conocimiento que nos proporcionan la psicología personal y social, la sociología y la evolución de las culturas, podemos dibujar un mapa de las características de la inteligencia solucionadora. Son las mismas que definen la actividad creadora, como era de esperar. Al fin y al cabo, la creatividad es una parte de la heurística: la que se encarga de resolver problemas nuevos o viejos de forma novedosa. La originalidad es solo un componente de la creatividad: la eficiencia en resolver problemas y la envergadura de estos es el otro. Aprovecho por ello el análisis de la inteligencia creadora que hice hace ya muchos años.[1]

El talento creador (o heurístico en general) es una competencia que penetra la personalidad entera, en esa urdimbre fascinante que forman el temperamento innato, el carácter construido por los hábitos, y el proyecto vital elegido y trabajado. Pero es también un conjunto de actividades aprendidas que permiten resolver problemas concretos. Por ello voy a estudiar la competencia heurística en dos niveles, coincidiendo con el método puesto en práctica por Nezu y D'Zurilla: la personalidad y las habilidades.[2]

Personalidades orientadas a la solución de los problemas

Julius Kuhl, de la Universidad de Osnabrück, ha señalado la diferencia entre «personalidades orientadas a la acción» y «personalidades estadizas». Estas últimas son aquellas que prefieren permanecer en la situación en que están aunque sea desagradable, mientras que las primeras son aquellas que se enfrentan a la situación, las que son proclives a adoptar una actitud solucionadora, heurística.[3] Estos son algunos de los rasgos de ese tipo de personalidad:

Rasgo n.º 1: la actividad

Sea cual sea el tipo de problemas, la búsqueda de soluciones y su puesta en práctica exige actividad, que tiene que estar precedida por la decisión de enfrentarse. Las personas que están desmotivadas o deprimidas no disponen de la energía suficiente para actuar o para hacerlo con la tenacidad necesaria. En *El misterio de la voluntad perdida* estudié las patologías de la voluntad.[4] Como ocurre con muchas patologías mentales, son conductas normales llevadas a un límite que las hace invivibles. Hablé de las apatías, de las abulias, de la incapacidad de percibir ningún premio, de la procrastinación. Cada vez que nos preguntamos desganados «¿Y para qué voy a hacer esto?» estamos negando la visibilidad de algún aliciente. Cuando sentenciamos «No vale la pena el esfuerzo», acusamos al mundo de no ofrecernos nada que valga la pena, incluida la pena de vivir. El aburrimiento es una aniquilación cotidiana y no dramática del valor del universo. Graham Greene confiesa en su autobiografía que de joven sentía tal tedio que acabó yendo al dentista para que le sacara un diente sano, con tal de salir del aburrimiento. Simone de Beauvoir cuenta que Giacometti, el escultor, se rompió un brazo, y cuando fue a verle la saludó alborozado gritando: «¡Por fin me ha pasado algo!». La desdichada Virginia Woolf lo expresó en una frase desoladora: «Lo que la gente quiere es sentir, sea lo que sea».

Platón, en el *Menón*, ya habló de «razón perezosa» refiriéndose a aquellos que piensan que no sirve de nada pensar porque todo está ya decidido. Cicerón, en el tratado *Sobre el destino*, lo llama «razonamiento ocioso» porque lleva a la inacción. Leibniz, en sus *Ensayos de teodicea*, llama a la «razón perezosa» «*fatum mahometanum*» ('destino inexorable', más literalmente, «destino a lo turco»), porque en su época se pensaba que los turcos dejaban todo en manos de Dios. Kant la sitúa en el origen de los prejuicios. En efecto, la «inteligencia perezosa» conduce al fanatismo, los prejuicios, el pensamiento tribal, el dogmatismo, la credulidad, la superstición, la irracionalidad y otros frutos amargos. Es posible que las nuevas tecnologías la estén fomentando. Ya en 2011, Betsy Sparrow y sus colegas publicaron un artículo en *Science*, titulado «Efecto Google sobre la memoria: consecuencias cognitivas de tener la información en la punta de los dedos».[5] La inteligencia resuelta es su antídoto.

Rasgo n.º 2: el sentimiento de la propia eficacia

Martin Seligman estudió la «indefensión aprendida», es decir, el proceso por el que una persona llega al convencimiento de que es incapaz de cambiar la situación, de resolver nada.[6] Esa creencia lleva a una actitud depresiva, de retirada, de desesperanza, de pasividad. Kafka escribió: «En el bastón de paseo de Balzac se lee: "Destruyo todos los obstáculos". En el mío: "Todos los obstáculos me destruyen"».

La obra de Kafka es una descripción de un mundo sin salidas ni soluciones. Es una realidad ocluida. Seligman propone como solución el cultivo del optimismo, un componente de la actitud heurística que defiendo. Su colega Carol Dweck habla de fomentar una «actitud de crecimiento», basada en la creencia de que la inteligencia es una capacidad que se puede desarrollar.

En ambos casos se está hablando de creencias, un tema relevante para nuestra investigación. El método de Seligman para fomentar el optimismo se basa en el cambio de creencias, que es el centro de todas las terapias cognitivas. Según mi archivo, el estudioso más brillante de este tema es Aaron Beck. Es interesante su comentario acerca de cómo se dio cuenta del poder de las creencias. A su consulta acudían mujeres que habían sufrido un fracaso amoroso, en el que habían sido víctimas, y que padecían una depresión acentuada por sentimientos de culpabilidad. A Beck le extrañó este fenómeno —¿por qué se sienten culpables si son víctimas?— y decidió seguir investigando. Llegó a la conclusión de que en esas mujeres actuaba una creencia adquirida posiblemente en tiempos lejanos, de la que no eran conscientes y que podía resumirse así: «Quien da amor recibe amor», «Si eres lo suficientemente atractiva, generosa, amorosa y buena, te querrán». Cuando la realidad les decía que no eran queridas, la conclusión era evidente: «Soy culpable. Algo habré hecho mal». El descubrimiento de Beck fue comprender que la solución del problema no consistía en intentar eliminar su sentimiento de culpa, sino en erradicar las falsas creencias que lo estaban alimentando.[7]

Una de las creencias que influyen más en la actitud heurística es la idea que el sujeto tiene de su propia capacidad para enfrentarse con la dificultad. La inseguridad, la falta de autoestima, vampiriza sus capacidades reales. Un buen educador sabe que nada anima tanto a un niño como tener la experiencia de éxito merecido. Poder decir «He sido capaz» es un enorme incentivo. Por eso, el educador debe seleccionar las tareas del niño para que pueda tener esa experiencia: que no sean tan fáciles que no supongan un triunfo, y que no sean tan difíciles que las probabilidades de fracaso sean demasiado altas. Los psicoterapeutas hacen lo mismo con los adultos. La competencia heurística se va perfilando.

Rasgo n.º 3: la valentía

El miedo es uno de los virus emocionales que más profundamente destruye nuestra capacidad de respuesta. Paraliza, altera la percepción de la realidad, produce una visión en túnel incapaz de ampliar la mirada. «No me sostienen las piernas» es una metáfora física de la debilidad que el miedo produce. Una persona puede saber cuál es la solución a su problema —por ejemplo, una humillante situación en el trabajo, una situación de violencia familiar, la amenaza del matón de la clase, etc.—, y no atreverse a enfrentarla. El cambio, además, puede asustar. En la naturaleza, el miedo produce cuatro tipos de respuesta: la huida, el ataque, la inmovilidad y la sumisión. Estas dos últimas impiden enfrentarse a la situación. En ese caso, la competencia heurística se desploma. Pensemos en el bloqueo de un niño que sufre acoso escolar. Se encuentra en una situación de desesperación profunda. No ve ninguna salida, no encuentra ninguna solución. Lo mismo ocurre en los casos de violencia doméstica. La desesperación heurística le incapacita para actuar.

La inteligencia resuelta es una inteligencia valiente y por eso he dedicado mucho esfuerzo a investigar si es posible el aprendizaje de la valentía. En ella influyen las creencias de las que hablé antes —la confianza en uno mismo y en la capacidad para enfrentarse—, pero cambiar las ideas no basta: es necesario cambiar la conducta, lo que es extremadamente difícil. Los terapeutas se han percatado de que, para luchar contra el miedo, no bastan las terapias cognitivas. Son necesarias las terapias conductuales, un entrenamiento para aumentar la resistencia y la energía. Crear es un hábito, y la competencia heurística también.[8]

Rasgo n.º 4: la perseverancia

En una de las cartas a su hermano Theo, Van Gogh le dice: «Tengo la paciencia de un buey, ¡he ahí una verdadera frase de artista!». Por su parte, Rilke escribió: «En mí tengo paciencia para siglos». Los problemas tienen que madurar, como madura la fruta. Hay que darles muchas vueltas, conocer sus posibilidades y sus trampas, aumentar nuestras capacidades en esa misma brega. Cuando le preguntaron a Newton cómo conseguía resolver los problemas, respondió: «*Nocte dieque incubando*». «Pensando en ellos día y noche».

LAS HABILIDADES NECESARIAS

Hasta aquí solo he considerado uno de los factores de la competencia heurística: la personalidad. El segundo es el aprendizaje de las habilidades. Algunas son sectoriales. Las habilidades para resolver problemas matemáticos son matemáticas; las habilidades para resolver problemas constructivos las proporcionan los estudios de ingeniería y de arquitectura. En el campo individual, los pedagogos, los expertos en *management* y los terapeutas coinciden en una formación basada en la resolución de problemas. Las habilidades para poner en práctica la Gran Política deberían ser enseñadas en la Academia. En general, el proceso es siempre el mismo:

- Identificación del problema.
- Soluciones y tanteos combinatorios.

Además, cada uno de estos pasos va acompañado de una evaluación.

Identificación del problema

En la abundante literatura que he consultado sobre el modo en que la gente o las colectividades solucionan los problemas, me han interesado mucho los libros de Jared Diamond, a quien ya he mencionado. En *Colapso: por qué unas sociedades perduran y otras desaparecen*, estudia las sociedades que se extinguieron por no haber sabido reconocer y enfrentarse con problemas como la destrucción del entorno. En su libro *Crisis*, en cambio, da un curioso salto de la psicología individual a la colectiva, porque aplica la «psicología de crisis» de Erich Lindemann, elaborada originalmente para crisis personales, a siete crisis nacionales, como la dictadura de Pinochet en Chile. Señala también que para enfrentarse a los problemas hay que huir del victimismo, que echa la culpa a los demás y anima a replegarse en la impotencia. Estudia el caso de Finlandia, que sufrió la invasión de Rusia. Después de dos guerras, que el país consiguió detener pero con graves daños, Finlandia podría haberse dejado paralizar por la autocompasión, realzar su papel como víctima y echar la culpa de todo a la Unión Soviética. En lugar de reaccionar así, Finlandia asumió que estaba obligada a tratar con la nación vecina y cambió de actitud: empezó a mantener conversaciones políticas constantes con la URSS, lo que supuso grandes beneficios para Finlandia, entre ellos la posibilidad de incorporarse a la Unión Europea. En cambio, Alemania, después de la Primera Guerra Mundial, no reconoció su responsabilidad en el estallido bélico, y responsabilizó de todo a las potencias vencedoras, lo que generó una espiral de resentimiento y afán de desquite. No ocurrió así después de la Segunda Guerra Mundial:

> La reacción de Alemania podría haber estado dominada por un sentimiento de autocompasión y por una postura victimista ante los millones de alemanes fallecidos [...], ante el millón de mujeres alemanas violadas por el Ejército soviético.

Sin embargo, supo reconocer su responsabilidad y comenzar una nueva relación con sus antiguos enemigos.[9]

Además de identificar el problema, hay que analizarlo críticamente para ver si es un problema real o es un síntoma de otro problema. Cuando una persona anoréxica deja de comer porque se ve gorda, su problema no es el sobrepeso, sino un trastorno más grave que afecta a su modo de vivir la corporeidad. He repetido muchas veces que el consumo de drogas no es un problema, sino una mala solución a un problema. Es importante también recordar que los problemas psicológicos tienden a expandirse, a adueñarse del espacio mental de un individuo, y que por eso es conveniente aislarlos.

Soluciones y tanteos combinatorios

La competencia heurística —como la creativa— tiene que aplicarse a buscar soluciones. Es una búsqueda que se hace desde la memoria, que es la que tiene las claves de la indagación, y se ejecuta mediante operaciones combinatorias sobre información almacenada en la propia memoria o encontrada en otras fuentes de información: la realidad, la bibliografía, la comunicación directa con otras personas. Los grandes artistas tienen una memoria descomunal para lo relacionado con su arte. La capacidad para memorizar música de Mozart era legendaria. La importancia de la memoria en la solución de problemas y en toda la actividad mental es decisiva. Por eso el estudio de casos, el conocimiento de las soluciones que se han dado a lo largo de la historia y el entrenamiento en la resolución de problemas resultan esenciales para la competencia heurística, que, al fin y al cabo, es un hábito, como la creación. Este es, por ende, el método que adoptaremos en nuestra Academia.[10]

Sobre esas informaciones comienza un proceso de elaboración de las posibles soluciones. No se trata de rumiar, es decir, de dar vueltas sin progresar. Eso, como estudió Kuhl, es una manifestación de las personalidades estadizas. Se trata de «madurar» el problema, de ir viendo sus posibilidades, sus dificultades, formulándolo de otra manera, fragmentándolo o, al contrario, atacándolo por elevación. Paul Valéry explicó por qué la creación artística nos parece un acto misterioso:

> Un proceso muy largo de ensayos, tanteos, equivocaciones, correcciones y logros, que ha ocupado al artista tal vez durante años, se ofrece al espectador todo de una vez. Y el olvido del proceso convierte en inexplicable y milagrosa la obra contemplada.[11]

En toda la búsqueda de soluciones hay un proceso parecido, que con frecuencia descansa en procesamientos no conscientes. La frase «Consúltalo con la almohada» no es una superstición inane, sino una forma de designar la actividad no consciente que realiza nuestra inteligencia creadora.

La búsqueda de soluciones es la etapa del proceso en que la colaboración es más eficiente y necesaria. Eso lo han comprendido muy bien las grandes empresas que necesitan mejorar constantemente sus productos, su organización, sus procesos de fabricación y su relación con los clientes. Si no lo consiguen, morirán. Por eso dedican extraordinarios esfuerzos a organizar equipos capaces de resolver los problemas. En la fabricación de grandes máquinas, la cooperación es imprescindible. Esa cooperación resulta igualmente necesaria para la solución de los problemas sociales y políticos, aunque resulta más difícil organizarlo. En el plano político, por ejemplo, la colaboración ciudadana, la sabiduría de las multitudes (*crowdwisdom*), se considera esencial para la búsqueda de soluciones, pero resulta difícil saber cómo implementar esa competencia o cómo aumentarla. James Bohman ha utilizado esta perspectiva para caracterizar la democracia: «De acuerdo con una consideración pragmática, la democracia misma es una forma de investigación típica de resolución de problemas mediante la actividad social cooperativa».[12]

Para poder acercarnos a las soluciones de forma exitosa, necesitamos pasar por dos procesos:

- *Selección.* Mucha gente se extrañó cuando en *Teoría de la inteligencia creadora* afirmé que la creación más personal de un artista era su «criterio de evaluación», el cual le permitía seleccionar entre las numerosas posibilidades que cualquier proyecto le brindaba. A todos los creadores se les ocurren muchas ideas, por eso su trabajo principal es desechar, y no equivocarse al hacerlo. No creo que Sorolla fuera mejor pintor que Pradilla, el especialista en cuadros históricos: la diferencia está en lo que a cada uno le parecía interesante.

   La Gran Política necesita también elegir bien sus criterios de evaluación, porque de lo contrario puede conducir a atrocidades como el Terror de la Revolución francesa, de la época nazi, de la revolución comunista, o del Gran Salto Adelante de Mao. Nos movemos en territorio minado, y solo la Ciencia de la Evolución de las Culturas puede actuar como desactivadora.
- *Aplicación de la solución.* Con demasiada frecuencia los estudios sobre solución de problemas se detienen en el momento de encontrar la solución, en la decisión de adoptarla. Pero en todos los problemas prácticos no hay solución real hasta que se pone en práctica, lo que exige tener en cuenta las circunstancias, planificar, buscar los medios y realizarlos, soportar el esfuerzo, aguantar la frustración. Brunelleschi fue un gran solucionador no porque realizara los planos del Duomo de Milán, sino porque diseñó también las herramientas para poder construirlo, y lo construyó.

La competencia de las sociedades

Todos estos rasgos de la inteligencia heurística pueden aplicarse también a las sociedades. Uno de los componentes de las culturas es su estilo para resolver los problemas personales y sociales, así como el cambio y la innovación. Hay culturas que fomentan en sus ciudadanos una actitud exploradora, activa, resuelta; en una palabra: heurística. Y hay culturas de la sumisión, la repetición, la resignación, la pasividad. Antes dije que cada cultura transmite un modelo ideal de persona, de comportamiento y de sociedad. Los valores que impone suscitan un tipo de motivación u otro. Las sociedades individualistas fomentan las motivaciones de logro o de dominación, mientras que las sociedades más comunitarias fomentan los motivos de afiliación.[13] Por ejemplo, hay culturas que fomentaban la idea de que muchos problemas no tenían solución porque eran «la voluntad de Dios». Se trataba de un modo de conducir a la resignación, a la pasividad, a la sumisión. Fue durante siglos una virtud fundamental del cristianismo, fundamental pero equivocada, hasta tal punto que en una homilía en la plaza de San Pedro en 2017 el papa Francisco tuvo que explicar: «La resignación no es una virtud cristiana, como no es de cristianos encogerse de hombros o bajar la cabeza ante un destino que nos parece inevitable».

Hay sociedades que temen al cambio, y otras que lo favorecen. La cultura egipcia promovía una sociedad estática, protegida y enclaustrada por las tradiciones. En cambio, la cultura griega tenía la convicción de que la novedad les haría mejores. En *De prisca medicina*, uno de los libros de los *Tratados hipocráticos*, se afirma: «Descubrir cosas nuevas o rematar las investigaciones que aún no se han concluido es la ambición y tarea de la inteligencia». Aristóteles se refiere a un tal Hipodamos de Mileto que, en un proyecto de constitución, había propuesto una ley para recompensar a quienquiera que inventase algo útil para la patria. Tucídides, al principio de *La guerra del Peloponeso*, hace que un enviado corintio se dirija a los espartanos para advertirles de que sus técnicas están anticuadas en comparación con las de sus enemigos y que, por tanto, como ocurre siempre con las técnicas, fatalmente lo nuevo derrotará a lo viejo:

> Porque así como a la ciudad que tiene quietud y seguridad le conviene no mudar las leyes y costumbres antiguas, así también a la ciudad que es apremiada y maltratada por otras le conviene inventar cosas nuevas para defenderse, y esta es la razón por la que los atenienses, a causa de la mucha experiencia que tienen en estos asuntos, procuran siempre inventar novedades.

España, por el contrario, nunca ha sido amiga de novedades. En 1611, Covarrubias, en su magnífico *Tesoro de la lengua española*, define así la palabra «novedad»: «Cosa nueva y no acostumbrada. Suele ser peligrosa por traer consigo mudanza de uso antiguo». Hasta Luis Vives, tan progresista, llegó a sostener en uno de sus escritos políticos que la virtud, como hábito de conducta en lo moral y social, era enemiga de novedades. El lema propuesto por Sabino Arana para el Partido Nacionalista Vasco era «*Jaungoikoa eta lege zaharra*» ('Dios y ley antigua'). Y uno de nuestros intelectuales más eximios, Miguel de Unamuno, lanzó el exabrupto: «¡Que inventen ellos!».

Otro concepto que puede transferirse desde el campo psicológico al social es «resiliencia», la doble capacidad de resistir al estrés y de reponerse con rapidez, manteniendo un comportamiento vital positivo pese a las circunstancias difíciles.[14] La bibliografía sobre el tema se disparó sobre todo cuando Boris Cyrulnik lo puso de moda con su libro *Los patitos feos*.[15] Como señala Cyrulnik, no se trata solo de ver los problemas, sino de movilizar los recursos para soportar su embestida y resolverlos.

En la actualidad, la economía y la política han adoptado el concepto. También las sociedades y las instituciones tienen que ser resilientes, no desmoronarse ante el primer vendaval, y recuperarse después de la tormenta. En noviembre de 2021, el Consejo de Europa adoptó unas conclusiones sobre «la mejora de la preparación, la capacidad de respuesta y la resiliencia ante futuras crisis». En el informe, de hecho, se habla de «resiliencia colectiva». Las instituciones financieras, tras la mala experiencia de la crisis de 2008, tienen que someterse a test de resiliencia, para comprobar su fiabilidad. La OCDE tiene un programa llamado Ciudades Resilientes, explicándose como sigue:

> Ciudades que tienen la habilidad para absorber, recuperarse y prepararse para futuros *shocks* (económicos, ambientales, sociales e institucionales). Las «ciudades resilientes» promueven un desarrollo sostenible, bienestar y crecimiento inclusive.

Podemos, pues, añadir la resiliencia al mapa de la competencia heurística.

Elogio de la inteligencia resuelta

Sobre los temas de este libro sobrevuela una pregunta, cuya respuesta debería orientar todos los sistemas educativos: ¿a qué tipo de persona confiaría yo mi futuro?

Mi respuesta es clara: a una personalidad resuelta, decidida a enfrentarse a los problemas y a solucionarlos. ¿No sería mejor confiar en una persona moralmente buena, por ejemplo, en una persona *justa*? A lo largo de esta investigación nos encontraremos con una sorpresa que quiero anticipar. Nuestro recorrido histórico va a bajar la noción de justicia del cielo platónico a la vida real. Lo que llamamos «justicia» es la mejor solución que podemos pensar y poner en práctica para resolver los problemas que afectan a nuestra convivencia. Eso quiere decir que la realización perfecta de la personalidad resuelta es la persona justa, la que busca, encuentra y realiza las mejores soluciones. Cuando una y otra vez hablo de la nostalgia de una civilización heurística, estoy revelando en realidad mi nostalgia por una *sociedad justa*, la que proporciona las mejores soluciones.

Capítulo cuarto

Al fin, la ergometría de las soluciones

> Una civilización optimista está abierta a la innovación y no la teme, y se basa en las tradiciones y en la crítica. Sus instituciones siguen mejorando, y el conocimiento más importante que encarnan es el de cómo detectar y eliminar los errores.
>
> DAVID DEUTSCH, *El comienzo del infinito*[1]

La evaluación, fase clave

Toda la argumentación de este libro se viene abajo si no encontramos un criterio de evaluación de las soluciones. ¿Cómo debo actuar, educar, invertir, votar? Las opciones pueden ser variadas y a veces es difícil elegir. Con frecuencia las decisiones no dependen de una inspección racional, sino que primero elegimos y luego intentamos justificar nuestra elección. A mis alumnos les presento este hecho bajo el título de «La trampa de Feynman». Richard Feynman, un genial físico y un excéntrico ciudadano, dijo en una ocasión: «Con las teorías científicas sucede lo mismo que con el enamoramiento. Nos enamoramos de una persona, y cuando descubrimos sus defectos ya es demasiado tarde: no podemos dejarla porque estamos enamorados».[2]

La irracionalidad de nuestro comportamiento se manifiesta en nuestras decisiones económicas y políticas, lo cual es un fenómeno inquietante. Durante siglos se ha pensado que el *Homo economicus* actuaba utilizando la «elección racional». Según Joseph Stiglitz:

> La corriente mayoritaria de teoría económica presupone que los individuos tienen unas preferencias bien definidas y unas percepciones plenamente racionales. Los individuos saben lo que quieren.[3]

En los últimos decenios, esa creencia se ha desplomado. Ya lo había advertido Keynes, al decir que las decisiones económicas las toman los «*animal spirits*» ('espíritus animales'), es decir, las emociones. La economía conductual, premiada con el Nobel en la persona de Richard Thaler, va en la misma dirección.[4] En palabras de Akerlof, también premio Nobel, y Shiller, «mientras no seamos capaces de incorporar los "espíritus animales" al análisis económico, seremos incapaces de discernir las fuentes reales del problema».[5]

Creo que lo mismo podríamos decir de la política. Parece suficientemente comprobado que las posiciones políticas se toman por motivos afectivos, caracterológicos e incluso genéticos, más que por el análisis de los programas. Durante los años que dediqué a escribir *Biografía de la humanidad* me he tropezado una y otra vez con la irracionalidad. Sus efectos son tan terribles que me sentí obligado a escribir su historia, con la utópica idea de que pudiera servirnos como vacuna.[6] Recuerdo que hace años me impresionó un texto de *Historia de Francia*, de Pierre Goubert, hablando de la estupidez:

> La [estupidez] que empujó a Carlos VIII a jugar con Italia, a Colbert y a su amo con Holanda; a Luis XVI, adulto apenas, a suprimir las notables y últimas reformas de Luis XV; a la Revolución, a atacar Europa; a Napoleón, a ahogarse en España y

en Rusia; y a los Estados Mayores a no comprender prácticamente nada entre 1870 y 1940. ¿Quién se atreverá a escribir un ensayo sobre la estupidez como motor de la historia?[7]

El economista Carlo Maria Cipolla definió la estupidez como «causar un daño a otra persona o grupo sin obtener, al mismo tiempo, un provecho para sí, o incluso obteniendo un perjuicio».[8] Es un juego de suma negativa. En consecuencia, si la estupidez se caracteriza por hacer daño sin sacar beneficio, la racionalidad máxima puede definirse como beneficiar a los demás, sacando al mismo tiempo beneficio. Esto me ha llevado a corregir la brillante idea económica del «óptimo de Pareto». Según Pareto, «el equilibrio óptimo se da cuando una parte no puede mejorar sin perjudicar a otra». Si alguien gana más es porque alguien gana menos. Defiendo un óptimo de Pareto inverso: el dinamismo óptimo se da cuando toda mejora de una parte supone mejora de las demás. Estrategia *win-win* o fomento de las externalidades positivas. La instalación de una fábrica produce un impacto de suma positiva si además de beneficiar a sus propietarios beneficia a los trabajadores, al entorno social, al entorno natural. Si —como explicaremos dentro de unas páginas— aumenta el capital social. Un ejemplo históricamente colosal de estrategia *win-win* fue el Plan Marshall: todos los participantes resultaron beneficiados. Estados Unidos, también. Es una forma ideal de hacer política. ¿Cómo podemos saber si lo estamos consiguiendo? Mediante la aplicación de la ergometría de las soluciones.

¿Qué es la ergometría?

«Ergometría» significa «medición de la fuerza». Empecé a utilizar la palabra al estudiar el tema de la verdad científica. Tengo que animarles a hacer una breve excursión por la filosofía de la ciencia. Durante siglos, la ciencia ha ido afinando sus criterios de evaluación de las teorías. Su objetivo es conocer, pero su problema es cómo distinguir lo que es mera opinión de lo que es conocimiento verdadero. Hablar de «conocimiento verdadero» es un pleonasmo, como decir «Subí arriba» o «Lo vi con mis propios ojos». Solo el conocimiento verdadero es conocimiento.

La definición clásica de «verdad» —la adecuación del pensamiento a la cosa— es aceptable, pero vacía. Lo que le da contenido es que sepamos identificar que esa adecuación se ha producido. ¿Cómo sabemos que algo es verdad? Los creyentes contestan que porque Dios lo ha revelado. Los ingenuos, porque lo ven y eso es suficiente. Los científicos, porque lo han *verificado*. La etimología de esta palabra es iluminadora. Significa *verum facere*, 'convertir en verdad'. Lo que antes era una mera opinión, se transforma, gracias a la verificación, en «verdad».

Esa verificación no es ni instantánea ni absoluta. Es un largo e interminable proceso de corroboración, que hace progresivamente más robustas las afirmaciones. Se basa en los dos «principios del conocimiento» que enunció mi maestro Husserl. El primero dice: «Tengo que aceptar como verdadero lo que se presenta a mi conciencia como evidente». Para nuestros antepasados lejanos, que el trueno era la voz de un dios o que la epilepsia indicaba que el enfermo estaba poseído por un espíritu maligno. El segundo rebaja las pretensiones del primero: «Toda evidencia puede ser anulada por una evidencia más fuerte». La explicación física del trueno es más potente que su explicación mítica. La evidencia universal de que el Sol se mueve en el cielo de este a oeste es tachada por la evidencia científica que dice que es la Tierra la que se mueve. Cuando en un juicio el juez interroga a los testigos, estudia las pruebas, pide informes periciales, lo que está haciendo es aplicar la «ergometría de las evidencias» para dar una sentencia justa.

La fortaleza de la evidencia se comprueba por muchos caminos. Uno lo marcó Popper: tiene que resistir los intentos de demostrar su falsedad. Pero hay otros: la coherencia de una teoría con otras teorías ya demostradas, su poder explicativo de los fenómenos, la posibilidad de someterla a comprobaciones variadas, en distintos contextos y por diferentes personas, la simplicidad, la capacidad de predecir fenómenos, su eficiente utilización en proyectos prácticos, el servir de comienzo para otros programas de investigación exitosos, el que el científico haya actuado de acuerdo con las «virtudes científicas», etc. Ninguno de estos criterios asegura la verdad absoluta, pero comprueba la fuerza de las evidencias que la apoyan. «Comprobar» implica reunir las suficientes pruebas. Aquí acaba la excursión por la filosofía de la ciencia.[9]

¿Es posible una ergometría de las soluciones políticas?

La ciencia ha ido afinando su metodología, lo que le ha permitido un progreso acumulativo en sus conocimientos. La ergometría de las soluciones científicas funciona. ¿Podríamos, entonces, elaborar una «ergometría de las soluciones para los conflictos humanos», es decir, para las soluciones políticas, jurídicas y éticas? En primer lugar, ¿es posible asegurar que una solución es mejor que otra? Hay un profundo escepticismo teórico en lo relativo a esta posibilidad. Las diferencias parecen irremediables. Por ejemplo, las creencias religiosas no admiten ser evaluadas desde fuera, porque ellas —o la revelación divina en que se basan— son la fuente de la verdad y la moralidad. El camino parece cerrado.

Contribuyen a este pesimismo los descubrimientos antropológicos. Sigo desde hace mucho tiempo las investigaciones de Joseph Henrich, que han culminado en un monumental libro: *Las personas más raras del mundo*. En su título original, *The WEIRDest People in the World*, WEIRD es un acrónimo —Hanno Sauer lo ha denominado «el mejor acrónimo de todos los tiempos»— que corresponde a las iniciales de *western, educated, industrialized, rich* y *democratic* ('occidental', 'educada', 'industrializada', 'rica' y 'democrática'). Su sorprendente tesis es que nuestros textos de psicología están sesgados porque las investigaciones están hechas no sobre los humanos en general, sino sobre una especie «rara» (*weird*) que conforman los occidentales educados, industrializados, ricos y democráticos. Es decir, los alumnos de nuestras universidades. Lo más sorprendente es que entre los «raros» y los «no-raros» hay profundas diferencias en el modo de percibir la realidad, de sentirla, de pensar, de captar los problemas y de intentar resolverlos. Eso es especialmente desasosegante en los problemas morales.[10]

Voy a apostar fuerte. Creo que las soluciones a los problemas políticos, jurídicos y morales pueden evaluarse —podemos medir su capacidad heurística—, aunque reconozco que este criterio está menos trabajado que el científico, sobre todo porque durante milenios las soluciones a los conflictos humanos estaban dictadas por la divinidad, por lo que no era necesario someterlas a un criterio de evaluación. «Dios no puede ni engañarse ni engañarnos», nos hacían aprender en la catequesis. Eran normas impuestas, no soluciones encontradas. Con eso se impedía toda posibilidad de crítica, comparación y evaluación. Cada religión era —y es— su propio criterio de verdad, autorreferencial, enclaustrado y sin apelación. La comunicación entre ellas se hace difícil, lo que ha llevado, lleva y llevará a conflictos entre religiones. Fue la predicción de Samuel P. Huntington en su famosa obra *El choque de civilizaciones.* Por eso, un ferviente partidario del poder benéfico de las creencias religiosas como es Hans Küng ha repetido por todo el mundo que no habrá paz entre las naciones mientras no haya paz entre las religiones. A veces este objetivo se ha conseguido, cuando en vez de encerrarse en el formato «conflicto» han reformulado sus diferencias en el formato «problema».

Pero volvamos al intento de elaborar una ergometría de las soluciones. Para hacerlo, tenemos que hablar de la felicidad, aunque parezca que con ello nos apartamos del argumento para elevarnos al cielo de las vaguedades.

Un concepto fundamental para la Gran Política: la felicidad

Todos los problemas surgen porque algo obstaculiza la realización de nuestros deseos. La satisfacción sentida al alcanzar un fin concreto no agota nuestra capacidad de desear, por lo que tenemos que seguir proponiéndonos metas y deseando objetivos. Para designar esta permanente tensión decimos que estamos «buscando la felicidad». Esto nos permite proyectar todos los problemas sobre el esquivo horizonte de la felicidad. En la historia de la política hay un momento estelar en que esa aspiración se convierte en un derecho, como dice la Declaración de Independencia estadounidense.

Para poder coordinar nuestros proyectos personales necesitamos unas reglas de juego que eviten encontronazos. Para conseguirlo, tenemos que ponernos de acuerdo en los valores que nos parecen deseables o, mejor, imprescindibles. ¿Será eso posible?

Para poder avanzar en nuestro argumento, tenemos que distinguir entre felicidad privada y felicidad pública. No separarlas ha hecho que la palabra «felicidad» se haya convertido en un producto de consumo. La felicidad privada es un estado afectivo agradable e intenso, en el que no echo nada gravemente en falta, y que me gustaría que durara para siempre. Es, pues, un fenómeno psicológico sujeto a las peculiaridades biográficas, que pueden ser extrañísimas. En cambio, la felicidad pública es una situación en la que me siento seguro, protegido, respetado, en buenas condiciones para emprender mis proyectos privados de felicidad, y que también quiero que permanezca para siempre. Es un fenómeno objetivo, compartido y mensurable.[11] Los índices de felicidad que proliferan son inútiles cuando se centran en la felicidad personal y son fiables cuando se refieren a la felicidad pública, como el *World Happiness Report*, de Naciones Unidas, que mide diversos factores que influyen en la felicidad personal: el PIB per cápita, el apoyo social, la esperanza de vida saludable, la libertad para tomar decisiones, la generosidad y la corrupción. Asimismo, el *índice de desarrollo humano* (también de Naciones Unidas) o el *Well-Being Index* resultan instructivos.

La búsqueda de la felicidad privada choca inevitablemente con la de otras personas, de ahí nuestra índole conflictiva. Pero necesitamos convivir, cooperar, mantener la cohesión del grupo. Por esa razón, la experiencia de la humanidad ha ido seleccionando formas de resolver las contiendas que fueran cada vez más aceptables porque contentaban a las partes o mantenían la paz o dejaban a salvo valores fundamentales o podían aplicarse a casos muy diversos. Como escribe Peter Singer:

> La moral sirve a dos necesidades humanas universales. Regular los conflictos de interés entre personas, y regular los conflictos de interés de una persona derivados de diferentes impulsos y deseos que no pueden satisfacerse al mismo tiempo.[12]

Como señala Carlos Nino, comparte con el derecho la misma función de disminuir los conflictos y facilitar la cooperación, aunque lo hace a través de mecanismos distintos.[13] Al conjunto de las mejores soluciones políticas, jurídicas y éticas es a lo que denominamos «felicidad pública», que se convierte así en una condición imprescindible de la felicidad privada. Esta es la que nos mueve y aquella es la que abre nuestras posibilidades. Una persona no puede alcanzar la felicidad si vive en una situación objetivamente infeliz, sometida a una pobreza extrema, persecución, detenciones arbitrarias o marginación sistemática. La situación es parecida a la que ocurre en el campo sanitario. La salud individual solo puede mantenerse en un ambiente salubre, donde el aire, el agua o los alimentos no estén contaminados. Pero la salubridad depende también de la acción de los ciudadanos. Este carácter de condición para la felicidad individual es lo que hace prioritaria la búsqueda de la felicidad pública.

Para aclarar la terminología, prefiero decir que de la felicidad subjetiva, de cómo buscarla y de cómo resolver los conflictos íntimos, se encarga la psicología de la felicidad, que coincide con la llamada «psicología positiva».[14] Sin embargo, esto no resulta suficiente porque no todos los enfrentamientos se resuelven apelando a la psicología. Es preciso conseguir la felicidad pública, y esto sobrepasa su campo. Es necesario establecer sistemas normativos y morales, y es tarea de, como he explicado, la política, que se encarga de marcar el campo de juego de los deseos personales. La política se convierte así en fuente de las morales, señalando las mejores soluciones, es decir, las más justas, para conseguir la felicidad pública (lo que tradicionalmente se denominaba «bien común»).[15] Las morales son una creación social, por eso derivan de la política, y la justicia es el hilo de oro que une la felicidad privada con la pública.[16]

Pero hasta aquí nos movemos todavía en el campo cerrado de las diferentes culturas, cada una de las cuales con su idea de felicidad y sus normas. No hemos salido del dominio de la tribu, y eso no es bastante, porque una tribu acabará enfrentándose a otra o teniendo que convivir con otra. Para resolver los contenciosos entre tribus, debemos encontrar un conjunto de soluciones universales. El genio jurídico de los romanos lo plasmó en el denominado «derecho de gentes». En el plano moral, se trata de construir una «moral transcultural», un sistema de normas universal, al que podemos llamar ética. De elaborarla se encarga la Gran Política, que tiene también que superar los límites de la tribu. Recojo así lo fundamental de la tradición aristotélica, que ponía en la cima del entendimiento práctico la política:

> Pues aunque sea el mismo el bien del individuo y el de la ciudad, es evidente que es mucho más grande y más perfecto

alcanzar y salvaguardar el de la ciudad; porque procurar el bien de una persona es algo deseable, pero es más hermoso y divino conseguirlo para un pueblo y para ciudades [*Et. Nic.* 1094b-10].

Queda así completo el mapa léxico. Por recapitular, de la felicidad privada se encarga la psicología, pero la conducta no solo debe guiarse por motivaciones propias, sino por deberes impuestos por la necesidad de asegurar la felicidad pública, como condición de posibilidad de la dicha individual. Esta es la tarea de la política. La necesidad de buscar soluciones más potentes y universales ha conducido a elaborar una moral transcultural, la ética, de cuya defensa se ocupa la Gran Política.

Esta distribución de competencias hace que algunas veces la ética pueda oponerse a la moral de una sociedad o poner límites a una religión, por ejemplo, piensen en el caso de la mutilación genital femenina, o en la discriminación de la mujer.[17] También tendremos que tratar la separación de la política de la moral que se ha dado siempre. En el mundo antiguo lo representaría la «paradoja de Ashoka», el emperador indio que quiso establecer la paz en el universo, y se dio cuenta de que para ello debía tener un gran ejército. En el mundo moderno, lo representa la «herida maquiavélica»: la política —la *realpolitik*— se independiza de la moral, con lo cual rompe su relación con la felicidad del ciudadano y adopta una lógica autorreferente —la razón de Estado—, que la hace peligrosa. La Gran Política deberá ser capaz de curar esa herida.

PRIMER CRITERIO DE EVALUACIÓN: LA CORROBORACIÓN HISTÓRICA

La Ciencia de la Evolución de las Culturas nos permite asistir a los sucesivos intentos de resolver un problema social. Por ejemplo, el de la violencia dentro de la ciudad. Una ofensa incita a la venganza, pero la venganza puede dar lugar a una escalada violenta que comprometa cada vez a más personas, rompiendo la paz de la comunidad o incluso destruyéndola. Por eso, todas las culturas han intentado regularla por medios muy diversos: limitando su alcance, proponiendo otro tipo de compensaciones, imponiendo sistemas de protección o, finalmente, encomendando al Estado que se encargase de aplicar el castigo. También la propiedad de los bienes ha sido siempre una fuente de conflictos, que se ha pretendido solucionar de muchas formas, desde la apropiación por la fuerza hasta el reconocimiento del derecho y su protección por la sociedad. En la tercera parte de este libro desarrollaré la historia de los intentos de solución de los ocho grandes problemas sociales.

He contado muchas veces que presté atención a este criterio histórico por primera vez al leer a un filósofo tomista de estricta observancia, Jacques Maritain. Formó parte de uno de los comités de redacción de la Declaración de los Derechos Humanos de 1948, y le resultó intelectualmente incómodo que sus miembros se pusieran de acuerdo en los derechos bajo la condición de que no intentaran fundamentarlos. El consenso en el reconocimiento de los valores deseables era posible, pero al pretender darles un fundamento —Dios, la razón, la naturaleza— surgían enfrentamientos irreconciliables. Maritain señaló la paradoja de que «la justificación racional es *indispensable* y al mismo tiempo *impotente* para crear el acuerdo entre los hombres». Al pronunciar el discurso de inauguración de la Asamblea Mundial de la Unesco, propuso una solución que me parece convincente: los sistemas teóricos antagónicos pueden coincidir en las soluciones prácticas.

> Hay una especie de desarrollo moral del conocimiento y del sentimiento que es independiente de los sistemas filosóficos. Por tanto, desde un punto de vista sociológico, el factor más importante en el progreso moral de la humanidad es

el desarrollo experimental del conocimiento que se registra al margen de los sistemas.[18]

La Ciencia de la Evolución de las Culturas se encarga de seguir el desarrollo de ese conocimiento experimental, que es, como habrán reconocido, la inteligencia heurística, es decir, la inteligencia aplicada a resolver problemas. Es la línea más profunda y vital de la historia humana.

De lo que el hombre tenía que responder como individuo, como tribu o como pueblo no era de reflexiones teóricas, sino de *necesidades vitales* totalmente *prácticas* en orden a la supervivencia y a la convivencia. En otras palabras: dondequiera que —en defensa de la vida, el matrimonio, la propiedad— surgieran necesidades y problemas urgentes, se imponían con el tiempo en el comportamiento humano orientaciones de la actuación, prioridades, convenciones, leyes, costumbres y, en definitiva, normas. Transcurridos ciertos periodos de comprobación y adaptación, se llegaba finalmente al reconocimiento general de las normas experimentadas.[19]

La historia sirve como «experimento natural» de las soluciones. Es su banco de pruebas. Incluso los diez mandamientos de Dios —escribe Hans Küng— se fueron decantando en el transcurso de la historia.

Hubieron de transcurrir largos siglos de experiencia, perfeccionamiento y confirmación hasta que el decálogo fuera dictado en contenido y forma de un modo tan universal y conciso que apareciera como expresión suficiente de la voluntad de Yahvé.[20]

En el *Informe de la Comisión Mundial de Cultura y Desarrollo* de la Unesco,[21] se reconoce la necesidad de una ética global: «La idea es que los valores y principios de una ética global han de constituir puntos comunes de referencia para una *orien-*

tación moral mínima que debe ser tenida en cuenta por el mundo en sus múltiples esfuerzos por resolver los problemas globales».[22] Las fuentes deberían ser «los recursos culturales, las ideas, las experiencias emocionales, los recuerdos históricos y las orientaciones espirituales de los pueblos».[23] La primera fuente la constituyen «las grandes tradiciones culturales», especialmente «la idea de la vulnerabilidad humana y el consiguiente impulso ético de mitigar el sufrimiento, en la medida de lo posible, y de garantizar en lo posible su seguridad». Junto estas tradiciones, reconocen también la «cultura civil global».[24]

Esto no quiere decir que lo existente sea racional (Hegel) o que cualquier orden establecido sea legítimo por el solo hecho de existir (en cierto sentido, Friedrich Hayek), sino que las propias necesidades humanas pueden acabar perfeccionando la misma experiencia, mediante un proceso crítico práctico, de tanteo y error.

Esta creación común anónima —que se da también en la invención de las lenguas o en el establecimiento de los mercados— es lo que Hayek llamó «evolución espontánea».[25] Miríadas de experiencias comunes han ido inventando, afinando, comprobando, rechazando soluciones previas, unas veces impulsadas por la acción de maestros espirituales y pensadores, otras por la protesta de las víctimas, otras por la compasión, o por la necesidad de eliminar disonancias cognitivas. Es posible encontrar líneas de convergencia y soluciones universalmente aceptadas. El antropólogo Solomon Asch ha observado: «No conocemos sociedades en las que la valentía sea despreciada y la cobardía elevada a la categoría de cualidad honorable, donde la generosidad sea considerada un vicio y la ingratitud una virtud».[26] Martin Seligman y Jordan Peterson comprobaron que hay un acuerdo general en el reconocimiento de las virtudes principales: los desacuerdos no suelen suscitarse en torno al bien y el mal, sino alrededor de algún otro aspecto de la realidad.[27] En definitiva, ¿cómo dirimen los cristianos qué es bueno y qué es malo? Aunque consulten los textos bíblicos, la interpretación de sus lecturas dependerá de los ideales que ya hayan desarrollado partiendo de otras fuentes. Por ejemplo, la esclavitud no es condenada en la Biblia, y muchos clérigos estadounidenses consideraron que estaba establecida por un decreto divino. Los movimientos abolicionistas no tuvieron un origen teológico. La Iglesia católica aceptó en el Concilio Vaticano II la libertad religiosa, cosa que había negado secularmente. Basta leer el *Syllabus errorum complectens praecipuos nostrae aetatis errores* [Listado recopilatorio de los principales errores de nuestro tiempo], publicado por Pío IX en 1864, para ver cómo han evolucionado algunas de las posiciones cristianas. En él, por ejemplo, se condena el liberalismo, las escuelas integradas o la afirmación de que los Estados no deben ser confesionales.

¿Por qué cambian las morales?

Para que cualquier teoría de la evolución tenga consistencia, tiene que explicar los mecanismos de cambio. Una de las hipótesis con la que trabajo dice que las buenas soluciones acabarán desplazando a las peores. Así sucede en la ciencia y esa era la esperanza que Gandhi ponía en la *satyagraha*, la 'fuerza de la verdad'. Los sistemas normativos —éticos y jurídicos— evolucionan y cambian, y podemos observar si mejoran. Los países occidentales han separado las leyes religiosas de las políticas, mientras que los musulmanes mantienen todavía la *sharia*, la ley religiosa, en la legislación estatal; durante milenios, los niños eran propiedad de los padres, que podían hacer con ellos lo que quisieran: aceptarlos, matarlos o venderlos como esclavos; la sumisión legal de la mujer al marido ha sido, asimismo, la norma general. La legislación civil, la Convención sobre los Derechos del Niño o la igualdad de derechos de la mujer han supuesto un progreso, pero para comprenderlo debemos reconocer por qué se producen esos cambios morales.

Los motivos pueden ser estructurados en cuatro puntos:

1. *Dentro de la sociedad aparece un movimiento crítico acerca de las normas, del fundamento de las normas o de los celadores del orden.* Parte de las creencias sociales —por ejemplo, las religiosas o las políticas— pierden vigencia y arrastran en su caída a las morales basadas en ellas. Aparecen nuevas prácticas, la exigencia de nuevos derechos. Cambian las creencias sobre el origen del derecho. «No emanan de Dios, no proceden de la naturaleza ni de la lógica, sino de nuestra particular experiencia de la injusticia», y es más fácil ponerse de acuerdo en lo que es injusto que en lo que es justo, como es más fácil ponerse de acuerdo en lo que es la desdicha que en lo que es la dicha. La ciencia se construye a partir de los errores; las soluciones políticas, también. En ese sentido tenía razón Nietzsche: son las víctimas las que marcan el camino hacia la moral. Es la búsqueda de reconocimiento lo que mueve a los excluidos, la protesta de los «desheredados de la Tierra», quienes presionan para cambiar las creencias, porque el poder suele alejarse del pensamiento crítico.[28] Henry Kissinger, con la perspicacia que le proporcionaba su cinismo, sostenía que los políticos no aprenden nada cuando están ejerciendo el poder: lo que piensan al llegar al cargo es lo que se llevan al salir de él. Tendremos que advertir de ello a nuestros alumnos, los futuros gobernantes.
2. *Los cambios sociales o culturales plantean problemas que la anterior moral es incapaz de resolver.* Richard Thurnwald señala que la introducción del dinero en África por parte de los europeos puso en movimiento una cadena de consecuencias: un deseo generalizado de ganancias monetarias, de donde se derivaban situaciones competitivas nuevas, e incluso cambios en la institución matrimonial. La introducción del caballo entre los indios

de las llanuras americanas produjo resultados parecidos en la complejidad de su alcance. Entre los chukchis de Asia del Norte, la introducción del reno parece haber producido la adopción de la poligamia entre los grupos criadores, y este mismo hecho parece ser la razón por la que en este grupo, cuando los ancianos gozan de gran prestigio como propietarios, no se da muerte a los viejos como ocurre entre los chukchis de la costa, que llevan una vida precaria pescando y cazando focas. Como señala Francisco Rodríguez Adrados en su *Historia de la democracia*, las colonias griegas fueron un modelo para los legisladores reformistas (como en el mundo moderno, en diversas ocasiones). En ellas, las «casas tradicionales perdían poder; los que iban a las colonias solían ser los pobres y gente mezclada de varios orígenes. Se imponía la igualdad: cada cual tenía su *klêros* de tierra, no había terribles diferencias económicas».[29] En la actualidad, son las nuevas tecnologías de ingeniería genética o de inteligencia artificial las que plantean nuevos problemas.

3. *El contacto con otras morales, con otras culturas, socava la confianza en la infalibilidad de la propia.* Stephen Toulmin ha recordado una curiosa anécdota del viaje del capitán Cook a Tahití en 1769 para registrar el tránsito del planeta Venus por el disco solar. Las observaciones se llevaron a cabo desde un promontorio llamado Punta de Venus en honor del planeta. Cuando el Discovery volvió a Inglaterra en 1771, la mayor impresión no la suscitaron las mediciones astronómicas, sino las noticias sobre la vida en los mares del sur y su ignorancia de tabúes, que aquí parecían indispensables para el orden. En especial, la amabilidad de las mujeres tahitianas adquirió rápidamente fama de envidiable, y el nombre de Punta de Venus comenzó a tener nuevas asociaciones. Con todo lo cual, el importante paso que creía haberse dado al poder de-

mostrar la inmutabilidad de las conquistas humanas se acabó trocando en la aguda conciencia de su impensada variabilidad.[30]
4. *Aparecen personalidades poderosas que influyen en el modo de pensar y de sentir de la sociedad.* Los grandes maestros espirituales, los fundadores de religiones, algunos gobernantes y los pensadores, como Karl Marx, Freud o Nietzsche, han cambiado las creencias de muchas personas.

Otras fuentes de corroboración

La experiencia histórica se basa en la constatación de que los individuos, en circunstancias cognitiva y afectivamente lúcidas, pueden reconocer las mejores soluciones. Esa lucidez se ha descrito de muchas maneras. Aristóteles hizo una afirmación que extraña en un formidable lógico como él, porque parece caer en un círculo vicioso: «Justo es lo que piensa que es tal un hombre justo». Cualquier principiante sabe que lo definido no debe entrar en la definición. ¿Cómo pudo caer en tan flagrante error un experto como Aristóteles? Porque, cuando habla de un hombre justo, se está refiriendo a una persona imparcial, bien informada, prudente, capaz de ponderar los argumentos, a quien las pasiones no alteran el juicio y que buscará incansablemente la verdad y el bien. Es de este hombre de quien se fía. Basta sustituir «hombre justo» por esa descripción para librarnos de la tautología. David Hume apela a un «*judicious spectator*»; Ronald Dworkin a Ulises, un «superjuez imaginario»; Henry Sidgwick al «*point of view of the universe*»; Jürgen Habermas a un «diálogo en igualdad de condiciones de todas las partes afectadas». Especial popularidad han alcanzado la teoría del «observador imparcial» (Adam Smith) y la teoría de «la posición original y el velo de la ignorancia» (John Rawls). Según el primero, «el observador imparcial debe ser capaz de ponerse en el lugar del otro»;[31] debe ser honesto, equitativo e indiferente. Smith defiende un «sentimentalismo sofisticado», que no cae en el subjetivismo ni en el relativismo. Rawls, por su parte, apela al experimento mental de decidir sobre la justicia de un hecho sin saber cuál es mi posición: si soy esclavo o dueño de esclavos, trabajador o empresario, rico o pobre, hombre o mujer, súbdito o ciudadano.[32] ¿Preferiría estar protegido jurídicamente o estar sometido a la arbitrariedad del poder? ¿Preferiría ser discriminado o tratado equitativamente? ¿Me gustaría que el Estado decidiera si mi vida vale la pena?

Uno de los elementos de la ergometría de las evidencias científicas es la coherencia sistemática. Las leyes físicas deben ser válidas para los distintos seres materiales. No puede haber una ley de la gravedad para los planetas y otra para los mosquitos o para los cohetes. La química orgánica ha de explicar coherentemente la estructura química de todos los seres vivos. En las soluciones políticas, las soluciones han de tener también una cierta coherencia. Si pensamos que toda vida humana es valiosa, no podemos añadir «menos la de los judíos» o «menos la de los enfermos».

Hay una última fuente de corroboración a la que doy mucha importancia. La denomino *«reductio ad horrorem»*, inspirada en una prueba matemática: *reductio ad absurdum*. En ocasiones, un teorema no se puede demostrar directamente, pero se puede probar que su negación conduce a conclusiones absurdas. En el caso de las soluciones normativas (políticas, jurídicas y éticas) no es al absurdo sino al horror y la atrocidad a lo que conducen. En las dos grandes declaraciones de derechos aparece este argumento. Así comienza la Declaración francesa de 1789:

> La ignorancia, el olvido o el desprecio de los derechos del hombre son las únicas causas de las desdichas públicas y de la corrupción de los gobiernos.

Y en la Declaración Universal de los Derechos Humanos (DUDH) se dice:

> El desconocimiento y el menosprecio de los derechos humanos han originado actos de barbarie ultrajantes para la conciencia de la humanidad.

La ley del progreso ético de la humanidad

El estudio de la evolución de las morales nos permite enunciar una ley del progreso ético de la humanidad:

> Los seres humanos, cuando se liberan de la pobreza extrema, la ignorancia, el dogmatismo, el miedo al poder y la insensibilidad hacia el prójimo, evolucionan convergentemente hacia un modelo de felicidad pública que se caracteriza por el reconocimiento de derechos individuales, la racionalidad como forma de resolver problemas, la participación en el poder, el rechazo de desigualdades no justificadas, las garantías procesales y las políticas de ayuda. De esta manera se facilita la satisfacción de los tres grandes deseos que constituyen la felicidad: sobrevivir agradablemente, mantener relaciones sociales satisfactorias y ampliar nuestras posibilidades de acción.[33]

En la Academia debemos enseñar y justificar esta ley, así como mostrar el papel que asigna a cada uno de nosotros. Tengo la convicción de que recoge bien la experiencia histórica y de que su validez se vería corroborada por un test universal que animo al lector a contestar:

1. ¿Prefiere usted estar protegido por derechos o sometido a la arbitrariedad del poderoso?
2. ¿Se fiaría usted más de un juez racional o irracional?
3. ¿Le gustaría vivir bajo un poder absoluto o tener participación en ese poder?

4. ¿Le gustaría ser discriminado sin razón?
5. En caso de ser acusado, ¿preferiría estar sometido a la arbitrariedad del juez o que sus derechos estuviesen protegidos por garantías procesales?
6. ¿Es preferible contar solo con las propias fuerzas, o poder recibir la ayuda de los demás?

Creo que no es arriesgado decir que cualquiera que comprendiera las preguntas estaría de acuerdo con el modelo del progreso ético.

El lazo de unión de la felicidad pública y de la privada

La historia de la evolución de las soluciones nos proporciona una sorpresa. Siguiendo la tradición ilustrada he llamado «felicidad pública» al conjunto de las mejores soluciones que se nos han ocurrido para resolver los problemas de la convivencia. La elaboración y puesta en práctica de esas soluciones es lo que llamamos «hacer justicia» (justificar). La expresión —paralela a «hacer verdad» (verificar)— me parece muy interesante. La justicia no es un concepto platónico ni una situación ideal, sino el proceso de solucionar bien los contenciosos, es decir, de «ajustar» los intereses legítimos de una manera que colaboren a la felicidad pública. No es un modelo ya definido que haya que alcanzar, sino una actividad heurística, creadora. Como todas las sociedades sufren conflictos y quieren solucionarlos bien, todas han manejado el concepto de justicia, aunque la hayan definido de forma diferente.[34]

Unas veces, el modo de solucionar los problemas, de «hacer justicia», es la *reciprocidad*. Una medida está justificada si ha respetado la reciprocidad. Quien recibe algo tiene que corresponder. En las sociedades arcaicas, el don recibido ha de ser compensado. Los cabileños estudiados por Pierre Bourdieu tienen tan presente la idea de reciprocidad que hacer un regalo excesivo produce una ofensa tremenda, al no permitir que el otro pueda corresponder. Lo mismo ocurre en Japón: la importancia concedida a la gratitud y a la devolución de la deuda hace que el japonés sea muy puntilloso respecto a los regalos. No quiere caer en las leyes del *on*, de la deuda. Los psicólogos sociales han llegado a hablar de una «compulsión a devolver». La reciprocidad puede usarse también como norma general de comportamiento. La llamada regla de oro «No hagas a los demás lo que no quieras que te hagan a ti» es un ejemplo de validez universal.

> Zigong preguntó: «¿Hay una sola palabra que pueda guiarle a uno en la totalidad de la vida?». El maestro respondió: «¿No debería ser la reciprocidad? Lo que no quieras para ti, no lo hagas a los demás».[35]

En otras ocasiones, la solución justa es la *equilibrada*. Lo justo es pesar bien, ponderar. En latín, las palabras «compensación» y «recompensa» derivan de «pesar». La balanza es la imagen de la justicia. Lo que «justifica» una decisión o una sentencia es que está bien ponderada. En todas las culturas se rechaza con violencia al que altera los pesos. La justicia comenzó siendo una norma de comercio. En los primeros textos legales que nos han llegado, trayendo las huellas de la invención del mundo, encontramos una y otra vez el afán por precisar precios, pesos y compensaciones. Cuando el equilibrio se rompe, por ejemplo, mediante la ofensa, hay que restablecerlo cuanto antes. La venganza es uno de los medios para conseguirlo, así como la gratitud: ambos eran modos de restablecer el equilibrio perdido. Reciprocidad y equilibrio están, pues, estrechamente relacionados.

Otra de las imágenes recurrentes de la justicia es la *igualdad*. La desigualdad rompe el equilibrio y la justicia pretende restablecerlo. Los lozi de Zambia llaman a la justicia *tukelo*, 'igualdad', y eso es lo que significa también la palabra «equidad» (de *aequitas*, 'igualdad'), y, en su origen, la palabra griega *diké* ('justicia'). Para ser justo es necesario pagar lo mismo con lo mismo, devolver lo que se tomó en préstamo, valorar de la misma manera las cosas iguales, ser imparcial en el trato. La ley del talión —«Ojo por ojo y diente por diente»— es la perfecta formulación de esta justicia del equilibrio y de la igualdad. El ideal político griego no fue tanto la democracia como la isonomía, la igualdad ante la ley. Lo que «justifica» una medida es que trata a todos de la misma manera.

La noción de *orden* es otro hilo del barroco tapiz de la justicia. La idea de que el universo está regido por leyes implacables y de que lo justo consiste en ajustarse a ellas ha tenido siete vidas filosóficas y teológicas. Los *sapiens* han temido siempre al caos. Así entendida, la justicia no es un comportamiento, sino el esplendor del orden cósmico. El misterioso Parménides, que aparece en el comienzo de la filosofía griega, narra el acelerado viaje que le lleva «guiado por el derecho y la justicia» al reino de la Verdad «bien redonda», bien lograda. La justicia rige la naturaleza con mano firme. «Mantiene firmes sus cadenas, sin permitir que al relajarlas se engendren o perezcan los seres.» Las leyes que rigen el cosmos regulan todas las cosas, las animadas y las inanimadas. Solón intentó traducir en leyes la armonía original, trasponiendo a la ciudad las leyes de la naturaleza, que la soberbia del hombre se empeñaba en deshacer. Cuando una idea se repite en culturas muy distintas, debemos pensar que deriva de una experiencia digna de ser tenida en cuenta. El orden que rige todo el universo es una de ellas. Para comprobarlo, vayamos a la China antigua. Por ejemplo, el rey Yu accede al trono tras controlar una inundación. Lo curioso es cómo lo cuenta la obra confuciana *Shu-Ching*: «En los tiempos de Yu, el mundo no estaba en orden aún, las vastas aguas corrían de modo desordenado e inundaban el mundo. Se encargó a Yu ponerlas en orden. Cavó la tierra y las encauzó hacia el mar». Lao Tzu, en el 500 a. C., descubre en el *tao* la gran legalidad: hay que seguirlo, someterse a la naturaleza, no actuar, no rebelarse, discurrir por ella como por un tranquilo río. Una medida está «justificada» si protege el orden de las cosas, la adecuada jerarquía de los valores.

Aún nos queda por analizar un último sistema metafórico de la justicia. El mejor medio de resolver los problemas es actuar rectamente: la justicia es *rectitud*. Los wólof del Senegal la representan como un camino recto y bien trazado. «Regla» y «reglamento» son palabras que designan la línea recta y el modo correcto de hacer las cosas. Un camino torcido es un mal camino, una senda que extravía. De esta metáfora derivan palabras muy usadas en nuestros idiomas: *derecho, rex, regere, dirigire, directum, diritto, droit, richter, richtsteig*. En la antigua Babilonia, para nombrar la justicia, se usaba la palabra *mísaru(m)*, que significa «dirigirse directamente» (interesante pleonasmo), «corregir», «reparar». Una medida está «justificada» si no se desvía de su camino al bien.

Es evidente que cada una de estas vías de justificación es imperfecta y ha sido perfeccionada, completada o rechazada por la experiencia de la humanidad. Lo que se mantiene es su enlace con la felicidad pública.

La justicia y la felicidad pública

La importancia de la buena resolución de los conflictos hizo que los humanos conservaran las soluciones que funcionaban y pulieran cuidadosamente los métodos para la aplicación de la justicia. La costumbre fue la depositaria. En griego, el término *nomos*, que acabó designando la ley, significó al principio simplemente «costumbre». Y esta idea perduró durante muchos siglos, hasta el punto de que en muchos casos se negó al legislador su capacidad para alterar leyes antiguas: su tarea era solamente aplicarlas.

El poder pacificador, armonizador, corrector de la justicia hizo que en muchas sociedades se convirtiera en la virtud por excelencia. Ser justo es ser bueno, hacer las cosas correctamente, de acuerdo con las reglas, no solo jurídicas sino también morales. Por eso dije antes que la búsqueda de la felicidad privada conduce a la política, pero que la política, encargada de la felicidad pública, determina la búsqueda de la privada. Las elecciones personales tienen que estar «justificadas», es decir, ser justas, colaborar a la creación y consolidación de la felicidad pública, de la que después va a aprovecharse en su vida íntima. Una famosa máxima del jurista romano Celso une las dos nociones de justicia, lo bueno y lo igual: *Ius est ars boni et aequi.*

La noción de justicia se ha ampliado hasta solaparse casi con la de bondad. El pueblo hebreo amplió todavía más este dinamismo expansivo, considerando la justicia como la virtud que nos hacía más semejantes a Dios, una virtud donde no se subraya tanto la igualdad como la compasión y el cuidado. El juez no es el implacable sentenciador, sino el que busca la mejor solución a un conflicto. En hebreo, los dos términos claves para hablar de justicia son *tzedaká* y *mishpat.* La palabra *mishpat* significa la sentencia dada por un juez, la norma, el derecho, la ley. La palabra *tzedaká* se traduce mejor como «rectitud». Va más allá de la mera justicia, pues implica generosidad y compasión por los oprimidos. No es una justicia de igualdad, sino una predisposición en favor de las viudas, los huérfanos, los extranjeros, los pobres. Lo más llamativo en la obra de los profetas hebreos es el afán con que predican la «búsqueda de la justicia». Mientras que la justicia del cálculo es pasiva —espero que me den o me devuelvan—, esta es activa. El don va primero. La bondad es expansiva. No basta con respetar la justicia: hay que luchar por ella, perseguirla.

> Ya te he mostrado, oh, hombre, qué es lo bueno y qué es lo que el Señor requiere de ti. Solo hacer justicia y amar la misericordia [*jesed*, que está relacionada con *tzedaká*] y caminar humildemente con tu Dios.

Jesús de Nazaret amplió esta justicia expansiva: «Buscad el Reino de Dios y su justicia y todo lo demás se os dará por añadidura». Bueno no es quien obedece las órdenes divinas, sino quien se empeña en encontrar y poner en práctica las mejores soluciones para alcanzar la felicidad pública.

Este giro del argumento ha sido para mí una sorpresa. La justicia se ha relacionado tradicionalmente con la ley, la norma, la autoridad o Dios. Pero lo que explica realmente su existencia es su relación con la felicidad. Como dijo Hans Kelsen: «La justicia es la felicidad social, garantizada por un orden social».[36] Es la búsqueda privada de la felicidad lo que forzó a los humanos a ir creando formas de convivencia que la facilitaran. El ciudadano solo puede ser feliz si vive en una ciudad feliz. El viejo Platón ya se preocupó y ocupó con las leyes que lo conseguirían. Aristóteles también distinguió entre la felicidad individual y la felicidad pública.

Al llegar la modernidad, la noción de felicidad pública va consolidándose. Al comienzo de su obra *Discursos sobre la primera década de Tito Livio*, Maquiavelo escribe:

> Se puede llamar feliz a aquella república donde surgiera un hombre tan prudente que le proporcione leyes ordenadas de modo que pueda vivir con seguridad bajo ellas sin necesidad de corregirlas [...]. Por el contrario, tiene algún grado de infelicidad la ciudad que, no siendo trazada en un ordenamiento prudente, necesita reorganizarse por sí misma; y, de estas, es todavía más infeliz la ciudad más alejada del orden.

En el siglo XVIII aparecieron muchos libros dedicados a la felicidad pública. Kant se refiere a ella como el «fin general de lo público», afirmando que «la tarea propia de la política es estar de acuerdo con ese fin (hacer que el público esté contento con su situación)». Este fin solo es dable mediante el derecho, «pues solo en el derecho es posible la unión de los fines de todos». En efecto, se ha afirmado acertadamente que «Kant se aparta del individualismo y apuesta por la noción de que los seres humanos solo pueden ser felices en el marco de una solidaridad colectiva, garantizada por las leyes y un Estado social».[37] Terminaré esta breve antología mencionando a John Rawls, quien concibe la felicidad como la satisfacción del deseo racional, para lo cual se necesitan unas circunstancias favorables.

Si la justicia promueve la felicidad pública, la injusticia causa su desdicha, cosa que ya sabía Hesíodo. El envés de una historia de la felicidad ha de ser inevitablemente una historia de la desdicha, también de la desdicha política. La Gran Política, que se ocupa de la felicidad, tiene que ocuparse de la justicia, que es la herramienta para conseguirla.

Capítulo quinto

La tesis de este libro

> La moral no es un conjunto de regulaciones arbitrarias, dictadas por una deidad vengativa; tampoco es la costumbre de una cultura o tribu particular. Es una consecuencia del carácter intercambiable de las perspectivas y la oportunidad que el mundo proporciona para juegos de suma positiva.
>
> STEVEN PINKER, *Los ángeles que llevamos dentro*[1]

CONFLICTOS Y PROBLEMAS

En el alero de mi casa anidan todos los años unas golondrinas. El nido es un prodigio tecnológico, pero aún más prodigioso es que las golondrinas lo encuentren tras un viaje de miles de kilómetros. La evolución ha seleccionado especies que son solucionadoras perfectas. Basta pensar en la maravillosa armonía de un hormiguero, en la eficiente productividad de las abejas o en la capacidad de supervivencia de las cucarachas. Por eso no han cambiado su comportamiento durante milenios. Frente a esa perfección, las soluciones que dependen de la inteligencia humana provocan cierto desasosiego: adolecen de una imperfección excitante. La humanidad se comporta como un hormiguero que se hubiera vuelto kantiano, y en el que cada hormiga se dejara guiar por su propia conciencia. Precisamente el hecho de no haber encontrado una solución perfecta nos ha impulsado a buscar otras soluciones. El resto de los animales cambian cuando cambia el entorno. Los humanos tenemos un motor interior que nos impulsa al cambio aunque las circunstancias sean estables: la inteligencia insatisfecha. No solo cambiamos cuando cambia el entorno, sino que cambiamos el entorno para adaptarnos después a él. Basta comparar una senda en el bosque con una autopista, con sus túneles y viaductos, para entenderlo. Aquella se adapta a la orografía; esta la altera. Ortega decía con gracia que los animales, cuando no tienen estímulos, se duermen. En cambio, el hombre cuando no tiene estímulos se aburre, pero no se duerme, y entonces tiene que dedicarse a inventar cosas. La cultura nace de ese aburrimiento insomne.

Al conseguir una meta se satisface un deseo, pero no se agota la capacidad de desear, que es insaciable.[2] Los animales construyen madrigueras para protegerse. La especie humana, también. Pero la historia de sus habitáculos pasa de las cuevas a los tipis indios, o las jaimas árabes, los iglús, los chalets con jardín y piscina, los rascacielos, las colmenas humanas de las grandes ciudades o las autocaravanas. Somos seres lujosos, es decir, nos encanta lo superfluo. Durante los años que dediqué a estudiar la obra de Jean Piaget me fascinó su idea de describir el funcionamiento de la inteligencia como un proceso de equilibrios y desequilibrios que impulsaban a un nuevo equilibrio de nivel superior.[3] El desequilibrio estaba producido por un nuevo problema, que la inteligencia debía resolver. Tenía razón. También la tiene desde la neurología Antonio Damasio, cuando interpreta la creación cultural como una consecuencia de la necesidad de mantener el equilibrio interno, la homeostasis.[4] Cada nueva aspiración, proyecto o sueño produce una intranquilidad que se intenta aplacar satisfaciéndolos. Para hacerlo, la inteligencia misma tiene que evolucionar, diseñando nuevas competencias mentales y nuevas herramientas. Hay pensamientos que no se pudieron pensar hasta que no se dispuso de la escritura, o de la notación algebraica o musical, y, en este momento, de la capacidad de cómputo de los ordenadores. El deseo de resolver problemas nos fuerza a crear los medios necesarios para resolverlos. Ese es el dinamismo heurístico que quiero estudiar. En el imaginario humano estuvo siempre el ansia de volar; el sueño de Dédalo lo cumplieron los hermanos Wright.

Si la vida plantea problemas, la convivencia humana plantea *conflictos*. Las necesidades, los deseos humanos entran en colisión. Hobbes describió bien esta constante del comportamiento humano: «Si dos hombres cualesquiera desean la misma cosa, que, sin embargo, no pueden ambos gozar, devienen enemigos y se esfuerzan mutuamente por destruirse o sojuzgarse». Ya no se trata de encontrar una solución, sino de que esa solución no choque con la propuesta por otra persona o grupo. Una tribu tiene necesidad de agua y se acerca a una charca, pero si esa charca es propiedad de otra tribu, surge el conflicto. Kenneth Boulding lo define como «una situación de competición en la que cada parte desea ocupar una posición que es incompatible con los deseos de los otros».[5]

El «conflicto» se diferencia del «problema» en que en este último caso se busca una solución, es decir, un marco más amplio en que la compatibilidad sea posible. Mientras que, en el conflicto simplemente se busca la derrota del opositor. No se quiere una solución, sino una victoria. La lucha es el modo ancestral de lograrlo y la guerra su paradigma. La distinción es parecida a la que hace John W. Burton entre «*disputes*» y «*conflicts*».[6] El conflicto norirlandés que se prolongó durante tres décadas entre nacionalistas (autoidentificados como irlandeses o católicos) y unionistas (autoidentificados como británicos o protestantes) se lo denominó con la palabra «*troubles*», utilizado como sinónimo de «conflicto violento» durante siglos. En España, lo que no ha permitido la solución del problema catalán o del problema vasco es que nunca se han planteado como problemas, sino como conflictos.

La historia no solo es la sedimentación de las soluciones, sino también de las victorias. Y un avezado observador debería percibir la diferencia entre ambas. Las soluciones pacifican, las victorias solamente aplazan. Suelen ser cierres en falso de las heridas. Piensen en las victorias napoleónicas o en las guerras colonizadoras. Si contemplamos el mapa histórico de Europa, podemos rastrear los conflictos que han definido las fronteras y los Estados. En la dramática historia europea, desarrollada principalmente en formato conflicto, la creación de la Unión Europea aparece como una novedosa manera de plantear las relaciones en términos de «problema». Estos no han desaparecido entre sus miembros, pero prevalece la firme decisión de que no se conviertan en *troubles*. La Unión Europea es posiblemente el experimento de Gran Política más importante de nuestra época. Si alcanzara el éxito, demostraría que el enfrentamiento continuo entre las naciones podría solucionarse sin necesidad de llegar a un gobierno universal. Una de las tareas de nuestra Academia sería formar el talento político necesario para conseguirlo. Como veremos, los viejos políticos, intoxicados por el poder, viven mejor en el conflicto.

Es posible que se esté desarrollando otro gran experimento político: la *tianxia* china.

Tianxia: todo bajo el cielo

China —es decir, Xi Jinping y los *think-tank* que lo siguen— está haciendo a la cultura occidental una propuesta de suma positiva, *win-win*: *tianxia*, una solución a los problemas de la gobernanza global. Piensa que Occidente es una cultura agresiva y que su idea de la libertad como valor supremo lo lleva a una gresca continua. *Tianxia* forma parte del «sueño chino» enunciado por Xi:

El Sueño Chino es un deseo hacia la felicidad, similar a los sueños de la gente de otros países. El pueblo puede alcanzar la felicidad solo cuando su país y su nación prosperan. China va a prosperar solo cuando el mundo prospere. China provee energía positiva para la prosperidad y el desarrollo mundial, al mantenerse en la ruta del desarrollo pacífico.[7]

El cambio ideológico de China ha sido notable. En 2007, Amitav Acharya (Universidad de Washington) y Barry Buzan (London School of Economics) publicaron un artículo titulado «Why is there no Non-Western International Relations Theory?» [«¿Por qué no existe una teoría de las RRII [relaciones internacionales] no occidental?»], en el cual afirmaban que no había una teoría asiática sobre las relaciones internacionales. Sin embargo, diez años después retomaron la cuestión en el artículo «Why is there no Non-Western International Relations Theory? Ten years on», en el cual advertían de una gran evolución en la construcción de teorías alternativas a las occidentales.[8] China había trabajado en la elaboración de una teoría propia, basada en la tradición confuciana: la *tianxia*, un concepto elaborado durante la dinastía Zhou que significa «todo bajo el cielo». Sus principios esenciales son:

1. Los problemas de la política mundial se pueden resolver mediante la aplicación de un sistema universal.
2. Este sistema tiene que beneficiar a todos los pueblos.
3. Este sistema funcionará si se genera armonía entre todos los pueblos y el ambiente de armonía colabora con el desarrollo de la cooperación entre los miembros.

Para Feng Zhang,[9] la *tianxia* puede entenderse en tres niveles diferentes:

- El geográfico: «todo lo que está bajo el cielo», lo cual apunta a una clara escala global.
- El psicológico: como una manera de pensar(se) como comunidad global, siendo conscientes de que las decisiones son consensuadas.
- El político: marcado por una institución global que asegure el orden y la armonía.

Es fácil dar una respuesta desdeñosa a una propuesta semejante. Me recuerda al comentario de un político bienintencionado: «No sé por qué preocupa tanto el enfrentamiento entre judíos y palestinos, cuando la solución es muy sencilla: basta con que todos se comporten como buenos cristianos». Sin embargo, para nuestro análisis de las soluciones debemos tenerla presente.[10]

La tesis de este libro

Los enfrentamientos humanos son inevitables, porque las necesidades tienen que satisfacerse con recursos escasos, o porque se tienen intereses, deseos o creencias incompatibles. Esa enorme categoría de disensos, disputas, divergencias, contenciosos, litigios, pueden plantearse en dos formatos: como conflictos o como problemas. La tarea de la inteligencia resuelta es tratar de convertir los conflictos en problemas, es decir, en sustituir el afán de vencer por el deseo de solucionar. Este proceso de transformación es esencial para la inteligencia. En *Cómo pensamos,* John Dewey sostiene que reducir una cuestión a un problema solucionable representa la esencia del pensamiento complejo. Todos los estudios sobre resolución de conflictos abogan por la necesidad de reformularlos como problema, de manera que se pueda trabajar para desarrollar una solución mutuamente aceptable.[11] En esa actitud pueden aclararse las razones del enfrentamiento, los intereses legítimos; proponer diversas soluciones, y evaluarlas. En una palabra, *madurar* el problema.

Esto incluye identificar el tipo de conflicto, reformular los temas para que el conflicto se perciba como un problema mutuo que debe ser resuelto cooperativamente, mantener una escucha y una comunicación activa, distinguir entre necesidades y posiciones, reconocer y aceptar las necesidades del otro junto a las propias; conocer la perspectiva del otro, vigilar las continuas posibilidades de malentendidos de origen cultural, y ser consciente de puntos emocionalmente candentes del otro y de uno mismo. Demasiado trabajo para ambiciosos impacientes.

La distinción entre «conflicto» y «problema» plantea la cuestión más radical del libro: ¿es posible en todos los casos convertir los conflictos en problemas? ¿Podría hacerse en el conflicto entre judíos y palestinos? ¿Pueden convertirse en problemas —y, por lo tanto, en resolubles— el enfrentamiento religioso entre el catolicismo y las Iglesias reformadas, o entre el islam y el cristianismo? ¿El «choque de civilizaciones» se puede reformular como el «problema de la convivencia de culturas»? En la Academia nos interesa observar que en muchas ocasiones una de las partes quiere convertir el «conflicto» en «problema», es decir, en una búsqueda de solución. En ocasiones, para obligar a la otra parte a hacerlo, a «problematizar» la situación, se agrava el conflicto. El terrorismo es uno de los modos de hacerlo. La historia nos dice que esa táctica suele alargar dramáticamente el conflicto, pero sigue utilizándose porque en ocasiones tiene éxito, lo que causa un mal precedente. El triste ejemplo del Úlster es una buena prueba.

Como tendremos ocasión de ver, la transformación del conflicto en problema es relativamente fácil cuando lo que se oponen son intereses, porque sobre ellos se puede negociar, pero resulta más difícil hacerlo cuando lo que se enfrentan son valores, concepciones del mundo, creencias existenciales, etc. Un ejemplo escandaloso es la incapacidad de las Iglesias católica, ortodoxa y protestante para llegar a un acuerdo a pesar de considerarse todas cristianas. Cada una de ellas considera irrenunciable algún tipo de dogma. Lo mismo sucede en el islam con la escisión entre chiíes y sunitas. Todos son seguidores de Mahoma, pero irreconciliables. Cualquier negociación o cualquier cesión se interpreta como apostasía, al renegar de las creencias previas. Esto es lo que hace que las guerras de religión sean tan difíciles de acabar.

Aun así, estos conflictos se pueden reformular ascendiendo de nivel. La guerra religiosa provocada por la reforma protestante tenía las características de las «guerras sagradas», que no se pueden convertir en «problema». Por eso duró tanto tiempo. Solo pudo terminarse mediante la Paz de Augsburgo (1555), cuando Carlos V y los príncipes alemanes aceptaron que los soberanos pudieran decidir la religión de sus súbditos (*cuius regio, eius religio*). La solución era chapucera, pero, como tendremos ocasión de ver, abrió el camino para una solución más justa y profunda: el derecho a la libertad religiosa. Esto supone una subida de nivel resolutorio, porque no enfrenta a una religión contra otra, sino que resuelve el problema de la convivencia de dos religiones distintas. El conflicto pedía la aniquilación del hereje; el problema desarrolló la idea de tolerancia. Un nuevo salto se dio cuando se admitió un nivel normativo superior a las religiones, que las obligaba a todas al tiempo que las protegía a todas. Es lo que hizo la Declaración de los Derechos Humanos, una norma ética que, aunque mucha gente no lo entiende, proporcionaba una solución más potente al conflicto religioso.

¿Es posible una historia de «juegos de suma positiva»?

Llegamos a otro concepto central en mi argumento. El conflicto, tal como lo he definido, es un «juego de suma cero» (*win-lost*), en el que uno gana y los demás pierden. Esta terminología fue acuñada por John von Neumann al elaborar la «teoría de juegos». La panoplia se completa con los «juegos de suma positiva» (*win-win*), en los que todos los participantes obtienen algún beneficio, inmediato o a largo plazo, y los «juegos de suma negativa» (*lose-lose*), en los que todos salen perjudicados, y que, a mi juicio, son la mejor definición de la estupidez. Cuando el rey del apólogo preguntó a un súbdito envidioso qué premio quería recibir, advirtiéndole de que su vecino recibiría el doble, el envidioso repuso: «Que me arranquen un ojo». Así, él quedaría tuerto, pero su vecino, ciego.

Robert Wright, Steven Pinker y los «optimistas históricos» piensan que la historia es un esfuerzo por buscar e implantar soluciones de suma positiva. Uno de los objetivos de este libro es comprobar si tienen razón.[12] A la pregunta que me intriga —«¿Es posible una política de suma positiva?»— las ideologías responden de manera diferente. Los conservadores suelen pensar que el desarrollo es un juego de suma positiva, porque beneficia a todos. Los progresistas, que es de suma cero, porque solo beneficia a unos privilegiados. Los ecologistas, que es de suma negativa, porque con la destrucción del planeta perderemos todos. Los conservadores piensan que si se aumentan los derechos de unos disminuyen los de otros (suma cero); los progresistas, que la ampliación de derechos beneficia a todos (suma positiva). Los conservadores piensan que cambiar el *statu quo*, las instituciones, es bueno para unos y malo para otros (suma cero), mientras que los progresistas piensan que puede ser bueno para todos (suma positiva).

A pesar de esas diferencias, comenta Shai Davidai, los estadounidenses en general tienden a interpretar la política como un juego de suma cero, una historia de vencedores y vencidos, lo cual le parece un error. Esta suposición penetra los debates políticos. Por ejemplo, muchos americanos piensan que el descenso de los prejuicios antinegros ha provocado un aumento de los prejuicios contra los blancos, o que la protección de la mujer supone una desprotección de los hombres. En España, los movimientos de ultraderecha también lo piensan. La dificultad de tratar el tema de la migración es que se interpreta como un juego de suma cero: lo que los migrantes ganan lo pierden los nacionales. Los negociadores que asumen que sus intereses son opuestos a los de sus contrincantes con frecuencia no contemplan los acuerdos que podrían ser beneficiosos para ambos y, por lo tanto, fallan en conseguir soluciones *win-win*. La consecuencia adversa del pensamiento de suma cero especialmente prevalente en la política estadounidense es la incapacidad para reconocer la compatibilidad de los valores de los dos grandes partidos, es decir, la posibilidad de encontrar un marco en que sean compatibles posturas que a otro nivel no lo son. Resulta incomprensible, porque Estados Unidos es la cuna del pensamiento constitucionalista, y la constitución de una nación cumple esa función respecto de los partidos políticos. Si es justa, permite un juego de suma positiva.[13]

Entender la política en formato conflicto supone entenderla como un juego de suma cero. Defendió esa teoría Carl Schmitt: la oposición amigo/enemigo es el núcleo ineludible de la política. Su sorprendente éxito, sobre todo teniendo en cuenta su filiación nazi, demuestra que tocó un punto en el que mucha gente de distintas orientaciones políticas está de acuerdo.[14] Donald Trump es un paradigma de esta concepción. Según él, «mucha gente dice que un buen acuerdo es ese en el que los dos lados salen ganando. Eso es una patraña. En un buen acuerdo, sales ganando tú, no el otro lado. Se trata de aplastar al oponente y de sacar partido para nosotros».[15] (Los expertos en estos temas hablan de «conflictos intratables», los cuales tienen, según Louis Kriesberg, tres características: su persistencia, su destructividad y su resistencia a la solución. Suelen terminar en situaciones de suma negativa, *lose-lose*.[16])

La tesis principal de este libro es que conseguir el resultado de suma positiva es el objetivo de la justicia, que se vuelve así una herramienta transfiguradora. La persona justa está trabajando para que los problemas se solucionen de la mejor manera y colaborar así a la felicidad pública de la que gozará él mismo.

La segunda tesis es que para alcanzar esa felicidad tanto los políticos como la sociedad civil deben desarrollar su competencia heurística para transformar los «conflictos» en «problemas» y aprestarse a solucionarlos. No funciona así la vieja política basada en el afán de poder, porque esta pasión se satisface mejor en el conflicto, la pelea y la victoria final. En cambio, la política enfocada a los problemas tiene que ser negociadora, paciente y comprensiva de la situación, y también intolerante con quienes pretendan imponer malas soluciones o mantener la situación de conflicto.

El talento para la Gran Política debe demostrarse al convertir los conflictos en problemas. Una de las exigencias de la «civilización heurística» es la aparición de políticos *solventes*. Esta palabra significa ahora «ser capaz de pagar una deuda», pero etimológicamente designa al que es capaz de resolver algo, de buscar una solución. Necesitamos solucionadores, no pendencieros. La historia política provoca una profunda desconfianza hacia la voluntad de poder, porque vencer es su prioridad, y el deseo de solucionar viene después... cuando viene. India acaba de hacer aterrizar un artefacto en el polo sur de la Luna y ha lanzado un cohete para estudiar el Sol. Esos alardes tecnológicos se dan en un país donde una gran parte de la población no tiene asegurado el suministro eléctrico ni el agua potable. La voluntad de poder político desdeña esas necesidades diarias anuladas por la gloria nacional. Putin ha lanzado contra Ucrania los apocalípticos caballos de la guerra, para restablecer el sueño de la Gran Rusia. Este desajuste entre las soluciones elegidas por el poder y las soluciones preferidas por los súbditos constituye la gran fractura política, que tendremos que estudiar.

Excurso sobre España a modo de ejemplo

El éxito de la transición española se debió a que no se planteó como conflicto sino como problema, y se resolvió. Eso iba en contra de nuestra tradición. La historia de España revela una pobre competencia nacional para resolver problemas sociales, un déficit de «capital heurístico», por la acción combinada de la torpe actuación de los políticos y del mal funcionamiento de las instituciones. Una de sus manifestaciones, dice Paul Preston, era «la suposición tácita de que los problemas políticos y sociales podían resolverse de forma más natural mediante la violencia que mediante el debate», una creencia «firmemente arraigada en un país en el que, durante cientos de años, las luchas civiles no han sido ninguna rareza».[17] Recuerda que la abdicación de Carlos IV se hizo bajo presagios de guerra civil: «He reinado para la felicidad de mis vasallos, y no quiero dejarles la guerra civil, los motines, las juntas populares y la revolución».[18] Sin embargo, las tres guerras carlistas ensangrentaron el siglo XIX. Además, desde 1815 a 1936 España vivió 17 sublevaciones, pronunciamientos o golpes de Estado. A lo largo de ese siglo estuvieron vigentes seis constituciones (la Constitución de Cádiz, el Estatuto Real de 1834 y las constituciones de 1837, 1845, 1869 y 1876). Para completar ese desasosiego habría que añadir el Estatuto de Bayona, de 1809, aunque solo estuvo en vigor en una parte del territorio, y las constituciones de 1856 y de 1873, que no llegaron a estar vigentes. La Constitución de 1876 se «suspendió» en 1923, tras el golpe de Estado de Primo de Rivera. Restableció el orden constitucional la Constitución de 1931, que fue liquidada por el golpe de Estado de 1936. Nuestra historia se ha formulado siempre en formato conflicto, por lo que el planteamiento como problema a resolver en el momento de la transición fue una colosal novedad. En un libro titulado significativamente *España como problema*, Pedro Laín Entralgo lamentaba «la dramática inhabilidad de los españoles para resolver los problemas sociales».[19]

Es la *abulia* que Ganivet diagnosticaba, el *marasmo* que angustia a Unamuno, la *depresión enorme de la vida*, que Azorín advierte; la visión de una España «vieja y tahúr, zaragatera y triste», que asquea a Antonio Machado, o el «inconsciente suicidio lento» que con tan enorme tristeza delata Menéndez Pelayo.

Hubo una cultura de la obediencia y la pasividad que Azorín describe en su novela *La voluntad*.

Al fin, Azorín [el protagonista de la novela] se decide a marcharse de Madrid. ¿Dónde va? Geográficamente, Azorín sabe dónde encamina sus pasos; pero en cuanto a la orientación intelectual y ética su desconcierto es mayor cada día. Azorín es casi un símbolo; sus perplejidades, sus ansias, sus desconsuelos bien pueden representar toda una generación sin voluntad, sin energía, indecisa, irresoluta, una generación que no tiene ni la audacia de la generación romántica, ni la fe de afirmar de la generación naturalista.

Semejante apatía reclamaba, según el regeneracionista Joaquín Costa, la acción de un «cirujano de hierro», para imponer la verdadera solución: «escuela y despensa». «Esa política quirúrgica, repito, tiene que ser cargo personal de un cirujano de hierro, que conozca bien la anatomía del pueblo español y sienta por él una compasión infinita.»[20] La dictadura era, para Joaquín Costa, una tutela extraordinaria que ciertas naciones requerían en periodos de transformación o de crisis. Tales ideas fueron utilizadas por el dictador Primo de Rivera, que se veía a sí mismo como cirujano de hierro, y también por los ideólogos del franquismo.

La crispación y la incapacidad para convertir el conflicto en problema queda resumida en la frase de José Antonio Primo de Rivera, pidiendo que la «dialéctica de los puños y las pistolas» sustituyese a la política de los votos. «El mejor destino de las urnas es ser rotas.» Ramiro de Maeztu, un conservador nietzscheano, también soñaba con la fuerza purificadora: «Soy partidario de la moral de los fuertes y el sentimiento del perdón sugiéreme muy pocos entusiasmos. Veo en él, muy a menudo, más que la indiferencia ante la lujuria, la impotencia para el castigo. Lo juzgo inferior al placer olímpico de la venganza».[21] Su mensaje era apocalíptico:

> Es preciso castigar a mucha gente, es preciso hacer rodar muchas cabezas, es preciso que a las guerras coloniales, y a la guerra con Norteamérica, siga la guerra civil para digno remate del siglo. ¿Tenemos muertes?, ¡pues más muertes! ¿Ruinas?..., ¡pues más ruinas![22]

LA CONSTRUCCIÓN DE UNA CIVILIZACIÓN HEURÍSTICA

La construcción de una civilización heurística debería ser un objetivo prioritario, en el que se vean implicadas todas las grandes aspiraciones humanas. En su búsqueda de la felicidad, los *sapiens* tienen que ir eligiendo metas y resolviendo problemas. Los conflictos íntimos, los estilos emocionales, las relaciones interpersonales, familiares, vecinales o laborales, los enfrentamientos sociales o los conflictos internacionales marcan una continua expansión de nuestro ámbito de problemas. El talento para resolverlos necesita una expansión análoga y pasar del uso privado de la inteligencia a su uso compartido y público. La inteligencia es siempre individual, pero está penetrada y configurada por la cultura, que la estimula o la bloquea. Podríamos por ello hacer un test de inteligencia de las personas y un test de inteligencia de las sociedades. ¿Cómo las evaluaríamos? Por su capacidad heurística para identificar bien los problemas y resolverlos adecuadamente. Cuando hablamos de «Estados fallidos» estamos hablando de sociedades que no han sabido hacerlo.

El estudio de la evolución de las culturas nos ofrece una verdad de Perogrullo: conviene fomentar una civilización heurística, dedicada a identificar críticamente los problemas —tanto a nivel individual como a nivel social— y a buscar las mejores soluciones. Sería claro síntoma de estupidez elegir las peores, lo que sin embargo ha sucedido con desoladora frecuencia a lo largo de la historia. Barbara W. Tuchman, que ya contó el disparatado inicio de la Primera Guerra Mundial en *Los cañones de agosto,* ha dedicado un libro al sinsentido político, a las decisiones tomadas a pesar de saberse que eran perjudiciales y a la incapacidad de aprender de la experiencia.

> Luis XIV, considerado un gran monarca, agotó los recursos económicos y humanos de Francia con sus incesantes guerras y su costo en deuda nacional, bajas, hambre y enfermedad, e impulsó a Francia hacia el desplome que solo podía conducir, como ocurrió dos reinados después, a la caída de la monarquía absoluta, razón de ser de los Borbones.[23]

Una decisión como la revocación del Edicto de Nantes, en 1685, que cancelaba el decreto de tolerancia de su abuelo y reanudaba la persecución de los hugonotes, era un disparate, motivado por la tozudez del rey. «Luis —escribe Tuchman— había contraído la enfermedad de la misión divina, frecuentemente desastrosa para los gobernantes.» Estudia como casos de insensatez el modo en que los papas renacentistas provocaron la secesión protestante (1470-1530), la pérdida de Estados Unidos por los ingleses, y el empantanamiento de Estados Unidos en la guerra del Vietnam. La lista podría continuar.

No solo los políticos deben mejorar su competencia; también los ciudadanos. Por eso nuestra Academia está compuesta por dos escuelas: la de los gobernantes y la de los gobernados. Ezra Klein ha escrito un artículo cuyo escandaloso título copio: «Cómo la política nos hace estúpidos».[24] Se basa en las investigaciones de Dan Kahan (Universidad de Yale), que demuestra que todo partidismo político ciega para ciertas evidencias.[25] Comentándolo Paul Krugman, nobel de Economía, sostiene que los prejuicios ciegan más a los conservadores que a los progresistas. Los conservadores, claro, dicen lo contrario. Jonathan Haidt subtitula su gran libro *La mente de los justos*: «Por qué la política y la religión dividen a la gente sensata». Piensa que la política se ha convertido en un juego maniqueo, porque cada partido se encierra en su «mentalidad tribal», demoniza al otro y utiliza el «razonamiento motivado», que no busca la verdad sino justificar la propia opinión.[26] Resulta difícil confiar en ella mientras esté sometida a tales restricciones. No es alentador que la democracia tenga los pies de barro y la cabeza de dipsómanos del poder.

Para evitarlo estamos, precisamente, construyendo la Academia del Talento Político.

Segunda parte
LA ACADEMIA DEL TALENTO POLÍTICO

Capítulo sexto

Invitación a una escuela de gobernantes

> Mientras que todas las demás ciencias han avanzado, el gobierno está estancado; apenas se lo practica mejor hoy que hace tres mil o cuatro mil años.
>
> John Adams,
segundo presidente de Estados Unidos

> Podemos tener una democracia o podemos tener la riqueza concentrada en manos de unos pocos, pero no podemos tener ambas.
>
> Louis Brandeis, magistrado del
Tribunal Supremo de Estados Unidos

> Parecieron a Fernando estrechos sus hereditarios reinos de Aragón para sus dilatados deseos y así anheló siempre a la grandeza y anchura de Castilla y de allí a la monarquía de toda España y aun a la universal de entrambos mundos.
>
> Baltasar Gracián, *El político*[1]

Me reafirmo en la idea de que necesitamos mejorar nuestra inteligencia resuelta, nuestra potencia heurística, nuestra capacidad para resolver bien los problemas, nuestro talento político. Al comienzo de curso, me parece importante explicar a nuestros alumnos —futuros gobernantes o responsables ciudadanos— la superioridad de la inteligencia práctica sobre la inteligencia teórica, y también de la Gran Política como culminación de la inteligencia práctica.

¿Por qué sitúo la inteligencia práctica por encima de la inteligencia teórica, cuando nuestra herencia platónica nos dice lo contrario? Por la complejidad y trascendencia de los problemas que trata. La inteligencia teórica se ocupa de resolver los problemas teóricos, es decir, aquellos que quedan resueltos cuando se conoce la solución. Los matemáticos, por ejemplo. En cambio, la inteligencia práctica se ocupa de los problemas prácticos, que no se resuelven cuando se conoce la solución sino cuando esta se pone en práctica, que puede ser lo más difícil. La función de la inteligencia no es conocer, sino dirigir bien el comportamiento, lo que exige, además de conocimiento, motivación, sentimientos, decisión, tenacidad, aguante y muchas cosas más. De una persona que sabe perfectamente lo que hay que hacer y cómo hacerlo, pero no lo hace por pereza o miedo, ¿podríamos decir que es una persona inteligente? La verdad —objeto del conocimiento— se comprende mejor si se la concibe como un valor. Es decir, el concepto de «valor» —como aquello que incita y dirige la acción— es más universal y poderoso que el concepto de verdad. El científico busca denodadamente la verdad porque le parece valiosa. La inteligencia práctica tiene como objeto principal el valor (y los bienes en que se encarna) como principio y fin de la acción, por eso tiene una superior jerarquía.

¿Por qué sitúo la Gran Política en la cima de la inteligencia práctica? Porque incluye la felicidad privada (ética) y la felicidad pública (política). Es una idea parecida a la que sostuvieron los grandes pensadores chinos, de la época de las Cien Escuelas, no solo Confucio. Aunque se les puede considerar como pensadores religiosos, o filósofos moralistas, su interés principal era político.[2]

Volvamos a los ejemplos para ver la articulación de la inteligencia teórica y la práctica. La bomba atómica fue un alarde científico y técnico prodigioso, de acuerdo con los criterios científicos y técnicos de evaluación. Mientras se mantiene en el plano teórico, podemos considerarlo el juicio definitivo, pero la cosa cambia cuando la bomba se utiliza. La inserción de la teoría en la realidad exige otro criterio de evaluación. Fue una decisión política. Se basó en la concepción ancestral de la política como ejercicio del poder, en la *realpolitik*, que, como estudiaremos después, se sitúa fuera de la órbita moral. Es decir, niega la Gran Política: no hay —según dicha teoría— manera de integrar política y ética porque tampoco hay posibilidad de integrar sociedad política y sociedad civil. Sin embargo, sí que se afirma que esa integración puede intentarse en la política interior; al fin y al cabo, es el objetivo de la democracia. Pero no en la política exterior, que es un simple juego de poder, guiado por políticos arcaicos, que se camuflan detrás de una persona ficticia, como es el Estado, Leviatán, y lo lanzan a la batalla, como si eso no significase llevar al matadero a los ciudadanos. Resulta escandaloso que un famoso filósofo como Max Scheler se dejase sugestionar por esa gigantesca ceremonia de la confusión y acabase defendiendo que en las guerras combaten los Estados, no los individuos. En el curso sobre la guerra que impartiremos en la Academia, y del que les hablaré en el capítulo 8, explicaremos a gobernantes y gobernados este cruel despropósito.

La política ancestral, la vieja política, la política del conflicto y no de las soluciones, se sitúa al margen de la ética. ¿Es una buena solución? Todo político tendrá que posicionarse sobre la condición amoral de la *realpolitik*, lo que Walter Duranty, apologista de Stalin, resumió en una frase: «No se puede hacer una tortilla sin romper los huevos». Dejemos aquí el problema, para que nuestros alumnos no se asusten. Tendrán que estudiarlo cuando ya estén haciendo los cursos de doctorado.

He revisado los tratados sobre la formación de los gobernantes en todos los tiempos y en culturas variadas. Una cualidad destaca permanentemente: la *prudencia*. La descripción que hace Tomás de Aquino me parece de gran perspicacia. Prudencia, dice, es la «recta razón de los negocios humanos», que se encarga de dirigir la acción del político, porque le proporciona la «verdad ejecutable» (*verum agibile*, una expresión muy sugerente). Según él, para adquirirla, el político debe desarrollar las siguientes competencias:[3]

1. La *memoria*, para lo que es necesario el conocimiento de la historia.
2. La *percepción*, que permite captar lo singular.
3. La *docilidad*, que procede de *docere* y significa «deseo de aprender». (Ahora hablaríamos de *learnability*.)
4. La *solercia*, es decir, la agilidad mental.
5. La *razón*, la capacidad de deliberar bien.
6. La *previsión*, para ordenar las acciones a un fin.
7. La *circunspección* (de *circum* y *spectare*: 'mirar alrededor'), que atiende cuidadosamente a las circunstancias.
8. La *cautela*, que evita los peligros.

El gran politólogo Isaiah Berlin estudió al final de su vida los mecanismos del talento político. Las grandes figuras políticas, concluyó, eran capaces de «entender la naturaleza de un movimiento concreto, de un individuo particular, de un estado excepcional de los acontecimientos, de un ambiente extraordinario, de alguna mezcla rara de factores económicos, políticos y personales». Se trata a su juicio de un modo de pensar parecido a la intuición:

Una capacidad para integrar una vasta amalgama de circunstancias en constante cambio, con distintos aspectos, a veces evanescentes, datos que se superponen constantemente, demasiados, demasiado rápidos, demasiado entremezclados para poderse comprender y entender y discernir, como si se tratara de un enjambre de mariposas distintas. Ser capaz de integrar todo ello es ser capaz de ver los datos (los que se identifican con el conocimiento científico y también los que dependen de la percepción directa) como elementos de un modelo o un paisaje único, con sus implicaciones, para apreciarlos como síntomas de posibilidades pasadas y futuras; es verlos pragmáticamente, esto es, en términos de lo que uno y otro pueden hacer o podrían hacer con ellos, y lo que ellos pueden hacerte a ti o a otros.[4]

Este «*coup d'oeil*», que decía Napoleón, tiene que contar con los datos, pero ha de saber comprenderlos (cogerlos juntos) introduciéndolos en un marco de interpretación. Lawrence Freedman, al comentar el modo de gobernar de McNamara, secretario de Defensa con Kennedy, critica su gestión rígida dirigida obsesivamente a los datos.

Aunque al principio de su gestión fue celebrado como el paradigma de los métodos de gestión más modernos, para cuando salió del Pentágono en 1968 su enfoque ya había sido descartado por su implacable concentración en lo que podía medirse en vez de fijarse en lo que verdaderamente necesitaba entenderse: fueron críticas que McNamara aceptó al final de su vida.[5]

La intuición es un concepto vago de psicología popular —acuérdense de la «intuición femenina»—, pero que responde a un fenómeno real, que ahora empezamos a comprender. Es una función de la memoria, y, por lo tanto, se puede aprender. Martin Seligman, un gran psicólogo, la ha estudiado, aunque no centrándose en la política, sino en su pasión por el juego. Después de 200.000 jugadas, su cerebro sabe anticipar la jugada del contrario.[6] (Enhorabuena.)

El poder, que mueve el sol y las estrellas

¡Un momento! Quien movía el sol y las estrellas era el amor. ¿Es que ha cambiado algo? No, porque, en realidad, era el «poder del amor» —la atracción— lo que producía esas perturbaciones astronómicas. El poder es un fenómeno social de interacciones múltiples, reticulares y fluidas. Es ubicuo, se da en el campo privado, en el público, en el de las ideas, los sentimientos, la economía, se coaliga o se dispersa, se diluye o se coagula, es omnipresente, pero a veces es difícil de localizar, inaprensible.[7] Bertrand Russell lo dejó claro:

> El concepto fundamental en las ciencias sociales es «poder», en el mismo sentido que «energía» es el concepto fundamental en física. Las leyes de la dinámica social son leyes que solo pueden ser establecidas en términos de poder.[8]

¿De qué hablamos cuando hablamos de poder? Es clásica la definición de Max Weber: «Poder es la capacidad de imponer a otro la propia voluntad».[9] Es, pues, dominación. Si la dominación no es consentida, se impone por la fuerza. Pero también puede ser consentida (con mayor o menor resistencia o entusiasmo) si el poderoso sabe utilizar cuatro herramientas: la capacidad de premiar, la capacidad de castigar, la capacidad de cambiar las creencias de la gente o la capacidad de manipular sus sentimientos. Hasta donde llego, después de haber dedicado muchas horas a investigarlo, esta es la caja de herramientas del poderoso. La servidumbre voluntaria habita la historia entera. Tanto en el ámbito privado como en el público, en las relaciones familiares, laborales, económicas, a nivel micro o macro, siempre tiene poder quien dispone de alguna de esas herramientas. Y se ostenta más poder cuantas más se posea. Por ello conviene conocerlas, para utilizarlas o para protegerse. El deseo de dominar, de imponerse, de reafirmar el propio yo sometiendo a alguien es una motivación que puede llevar a la política, a la ambición económica, a la tiranía laboral o a la violencia doméstica. Es una pulsión elemental y peligrosa, que tanto los gobernantes como los ciudadanos deben conocer para saberla gestionar.

Voy a centrarme en el poder político, que se caracteriza por ser «posicional».[10] Se adquiere al ocupar una posición en una organización: una asociación, un partido o la administración pública. La función de la política es organizar la ciudad, gobernar, lo que supone resolver los continuos problemas que surgen de la convivencia y de las expectativas, proyectos y ambiciones de los ciudadanos. La profesión política, que aspira o ejerce el gobierno, es, por lo tanto, una profesión en la que aprender a solucionar conflictos y problemas debería ser nuclear.[11]

¿Dónde lo aprenden los políticos? ¿Qué aprenden concretamente? Hablando de las facultades de Ciencias Políticas, Francis Fukuyama se queja de que «forman a los estudiantes para que se conviertan en analistas de políticas públicas, pero sin entender cómo implementar esas políticas en la vida real».[12] Ha intentado corregirlo, junto con Jeremy Weinstein, en el Laboratorio de Ingeniería del Cambio Político, creado en la Universidad de Stanford. Muestran un camino que comienza no con uno, sino con varios pasos que permiten generar distintos puntos de vista sobre un problema, seguidos de otra etapa para la identificación de la solución y otra para la implementación. Nosotros, en la ficción, vamos a intentar resolver el problema del aprendizaje político en nuestra Academia.

Pero no basta con ello. Hay también que preguntarse: ¿dónde aprenden los ciudadanos a ejercer su poder? En este punto tengo que recordar a Maquiavelo, un personaje tan complejo que provoca interpretaciones contradictorias, sobre todo por mostrarles a los poderosos los mecanismos del poder.

¿Es verdad que el poder corrompe?

La Academia del Talento Político pretende responder a una pregunta que todos deberíamos hacernos. Los políticos tienen una importancia decisiva en nuestra vida por su especial protagonismo en la búsqueda de la felicidad pública y por su clara implicación en la desdicha social. Por lo tanto, ¿cómo debería ser ese político para cumplir adecuadamente su función? ¿A qué tipo de político confiaría yo mi futuro? ¿Quién podría liderar la Gran Política?

La historia nos enfrenta a una paradoja. El poder es necesario y el poder es temible. Despierta fascinación y espanto. Resulta llamativo que los mismos que reconocían el origen divino del poder político desconfiaran de él. Decía el papa Gregorio VII en una carta al obispo Hermann de Metz:

> ¿Quién no sabe que los reyes y los príncipes derivan su poder de unos hombres desconocedores de Dios que aspiraban a avasallar a sus semejantes mediante el orgullo, el pillaje, la traición, el asesinato y, por último, mediante todo tipo de crímenes, por instigación del diablo, el príncipe de este mundo?[13]

San Agustín pensaba lo mismo, y Tomás de Aquino admitía que las relaciones de dominio eran un hecho natural, teniendo en cuenta las propensiones del ser humano, pero estaba convencido de que se trataba de una institución que tenía sus raíces en el pecado. Los comentarios de los teólogos medievales muestran la fascinación y el temor ante el poder. Guillermo de Poitiers comenta la entrada de su príncipe, el joven duque de Normandía, al frente de su caballería: «Era a la vez un espectáculo seductor y terrorífico». Bien descrito. Maquiavelo comenta la educación de Aquiles por el extraño Quirón, mitad hombre y mitad bestia, y saca la conclusión de que el príncipe debe ser así: mitad bestia y mitad hombre.

Al no existir una Academia del Talento Político, los gobernantes proceden de diferentes caladeros. En las dictaduras, proliferan los militares, pero en las democracias hay mayoría de abogados, y una porción menor de economistas o graduados en Ciencias Políticas. De hecho, aprenden luchando por el poder, es decir, en la brega política. Hay que ir ascendiendo dentro de los partidos, de sindicatos, de movimientos sociales, y curtirse en esa lucha, lo que no resulta un aprendizaje fiable. El único aprendizaje que reciben es el de cómo conseguir el poder y, en todo caso, el de cómo mantenerlo. Eso no es cosa nueva. Tuchman escribe al respecto:

> Thomas Jefferson, quien ocupó más cargos y más elevados que la mayoría de los hombres, tuvo una visión sombría. «Cada vez que un hombre mira con codicia un cargo», escribió a un amigo, «una podredumbre se inicia en su conducta». Adam Smith es aún más pesimista: «Y así, el cargo es el fin de la mitad de los esfuerzos de la vida humana; y es la causa de todo tumulto y rumor, toda la rapiña y toda la injusticia que la avaricia y la ambición han introducido en este mundo».[14]

La formación del político es un tema que ha preocupado siempre, lo que me ha obligado a leer muchos tratados de educación del príncipe o del delfín, espejos de reyes, obras sobre liderazgo y biografías de políticos. He encontrado en mi archivo muchas notas sobre el tema, señal de que me interesaba desde hace mucho tiempo. Como curiosidad comentaré que la más antigua se refiere al libro de Richard Nixon *Seis crisis*.[15] Nixon lo escribió inmediatamente después de haber perdido las elecciones frente a Kennedy, y en él explica cómo se enfrentó a seis graves crisis durante su vida política. Me interesó su deseo, pragmático y anglosajón, de que se pudiera aprovechar la experiencia real de los políticos, su manera de enfrentarse a los problemas.

Si estudiamos a los grandes líderes políticos, reconocemos su capacidad de arrastre, de despertar entusiasmo y odio, de cumplir esperanzas y de frustrarlas. Sin embargo, su figura ha sido siempre mirada con recelo. Es famosa la frase de lord Acton sobre el efecto corruptor del poder, aunque se suele olvidar el contexto. En 1887, lord Acton, católico fervoroso, le escribió una carta al obispo Mandell Creighton, autor de una monumental historia del papado, acusándole de no haber juzgado con la merecida severidad la conducta de algunos papas:

> No puedo aceptar su doctrina de que no debemos juzgar al papa o al rey como al resto de los hombres con la presunción favorable de que no hicieron ningún mal. Si hay alguna presunción es contra los ostentadores del poder, incrementándose a medida que lo hace el poder. La responsabilidad histórica tiene que completarse con la búsqueda de la responsabilidad legal. Todo poder tiende a corromper y el poder absoluto corrompe absolutamente. Los grandes hombres son casi siempre hombres malos, incluso cuando ejercen influencia y no autoridad. No hay peor herejía que el momento en que el puesto santifica a la persona que lo ocupa.

Un estudioso del poder tan minucioso como Max Weber llega a una conclusión deprimente: «Quien se mete en política, es decir, quien accede a utilizar como medios el poder y la violencia, ha sellado un pacto con el diablo [...]. Quien no ve esto es un niño políticamente hablando». Para Weber, la política es lucha: la violencia es su medio específico y la guerra su expresión más sublime. La voluntad de poder, que Nietzsche exploró hasta sus tinieblas, es expansiva (Bertrand de Jouvenel), plantea siempre las dificultades en formato conflicto, quiere la victoria y añora la dictadura (Carl Schmitt). «Lo específico de la construcción schmittiana reside básicamente en que hace equivaler sin más la dictadura a lo político.»[16] Ortega y Gasset, en un momento nietzscheano de su obra, exalta la figura del político retratándole al tiempo de manera poco agradable: «Impulsividad, turbulencia, histrionismo, imprecisión, pobreza de intimidad, dureza de piel, son las condiciones orgánicas elementales del genio político».[17] Joseph Alois Schumpeter fue especialmente duro con la política:

> Así, pues, el ciudadano normal desciende a un nivel inferior de prestación mental tan pronto como penetra en el campo de la política [...] aun cuando no hubiese grupos políticos que tratasen de influir, este tendería, en la cuestión política, a someterse a prejuicios e impulsos extra racionales o irracionales.[18]

Repite la pesimista opinión de Kant: «No hay que esperar que los reyes filosofen, ni que los filósofos sean reyes. Tampoco hay que desearlo, porque la posesión del poder daña inevitablemente el libre juicio de la razón».

Con las críticas a los políticos que encuentro en mi archivo podría llenar un libro entero..., asunto que me intriga. ¿Cómo es posible que haya esa desconfianza universal hacia los hombres a los que entregamos parte de nuestra libertad, cuyas órdenes seguimos? ¿Cómo dejamos a estos personajes decidir sobre la vida y la muerte de los ciudadanos? La potencia transformadora del poder hace que los parlamentarios, que deberían llevar la voz de sus representados al Gobierno, al llegar al cargo experimenten una transustanciación: ya no forman parte de la sociedad civil, sino de la sociedad del poder. Cerraré el pliego de cargos contra los políticos con la brutal opinión de un politólogo, Bruce Bueno de Mesquita (Universidad de Nueva York y de Stanford), para quien la *lógica de la política* (alcanzar el poder y mantenerlo) tiene unas reglas que hay que conocer para comprender que «el mundo de la política y de los negocios parece ayudar a los bellacos o convertir las buenas personas en sinvergüenzas». Su libro quiere ayudar a «entender la conducta miserable que caracteriza a muchos, tal vez a la mayoría, de los dirigentes, tanto políticos como empresariales».[19]

Creo que estas críticas son acertadas, pero que se equivocan en su objetivo. No están hablando del político, porque los hay honrados, justos, benefactores, promotores de la felicidad pública. Están hablando de los «automatismos perversos de la pasión por el poder». Conocerlos debe ser la primera lección de un curso sobre el poder.

Lección primera: los automatismos perversos del poder

Cuando el deseo de poder se convierte en una pasión, adquiere la naturaleza peligrosa de las pasiones. Todas ellas tienen un mecanismo que actúa de manera automática, no voluntaria. La furia, por ejemplo, era tradicionalmente descrita como impulsando a la venganza. Eso no quiere decir que toda persona encolerizada se vengue, sino que para no hacerlo tendrá que frenar el automatismo de ese impulso. Toda pasión es obsesiva, absorbente y descontrolada. La pasión amorosa puede parecernos sublime, pero todas las culturas han desconfiado de ella por su poder para transgredir límites. Con la pasión por el poder sucede lo mismo. Para los romanos —y para los fundadores de Estados Unidos— era ejemplar la figura de Cincinato, a quien el Senado romano tuvo que ir a buscar al campo donde estaba arando para pedirle que se hiciera cargo del poder. David McClelland identificó tres grandes motivaciones sociales: la motivación de poder, la motivación de logro y la motivación de pertenencia. El poder quiere dominar a alguien. El logro aspira a dominar una habilidad o a uno mismo. El deseo de pertenencia busca ser aceptado por los demás.[20] Todos sentimos esas motivaciones, pero con diversa intensidad. Pues bien, el ansia de poder se manifiesta con especial fuerza en algunas personas y es conveniente que tanto el político como los ciudadanos conozcan que ese impulso existe, que aísla, insensibiliza y tiende a expandirse. Los psicólogos que lo han estudiado concluyen que produce inevitablemente sesgos cognitivos y afectivos. Dacher Keltner y sus colaboradores en la Universidad de Berkeley han recogido una cantidad enorme de datos para demostrar que, cuanto más poder acumula una persona, más propensa es a actuar de manera egoísta y a ignorar las consecuencias de sus acciones sobre los demás.[21]

Es el síndrome de hibris que estudió lord Owen. (*Hybris* era para los griegos un tipo de locura, la desmesura.)[22] No se trata, pues, de corrupción moral, sino de un «automatismo perverso» hacia el que hay que ser precavido. Los romanos, grandes conocedores del poder, lo sabían cuando hacían que los generales que entraban en triunfo en Roma fueran acompañados de un esclavo que les repetía: «Acuérdate de que eres mortal». *Memento mori.*

David Kipnis ha estudiado los «metamórficos efectos del poder».[23] El acto de dominación no solo cambia al dominado, sino también al dominador. Cuando alguien obedece, aunque su acción sea excelente, queda automáticamente devaluado a los ojos del que manda, porque este atribuirá el éxito a su orden y no a la competencia del subordinado. Es un caso más de los automatismos perversos del poder que estamos describiendo. John Bargh ha estudiado el abuso de poder. Hay un abuso consciente, en que una persona consigue lo que quiere a pesar de lo inapropiado de su conducta y del daño que puede provocar. En ese caso, la única solución es legal y política. Pero hay un abuso de poder no consciente.[24] Louise F. Fitzgerald mostró que tres de cada cuatro acosadores sexuales «simplemente no comprendían que fueran acosadores»: no creían que estuvieran causando ningún daño y expresaban motivos aceptables para su conducta.[25] Timothy Wilson y Nancy Brekke en su revisión de la literatura concluyen que la gente frecuentemente no es consciente de las verdaderas razones de sus decisiones y conductas.[26] Si los motivos conscientes no dan razón de las conductas, ¿qué puede hacerlo? Hay dos motivos relevantes que explicarían el abuso no consciente del poder: una evaluación automática desencadenada por la situación y/o que se activen metas no conscientes. En contraposición, Serena Chen, Annette Y. Lee-Chai y John A. Bargh han comprobado que las personas que tienen una orientación social tienden a la generosidad y funcionan como moderadores de los efectos del poder, porque son menos centrados en sí mismos.[27]

Lección segunda: la sobremotivación del político

Afortunadamente, esto no es todo. Las acciones humanas están sobredeterminadas, por eso nos resulta tan difícil explicar por qué hacemos lo que hacemos. Es decir, salvo en casos de obsesión que rondan lo patológico, no actuamos movidos por un único motivo. Las relaciones sexuales humanas no están exclusivamente impulsadas por el deseo sexual, sino por el estímulo sexual, el afán de dominio, el amor, la vanidad, la presión del entorno, etc. Pues lo mismo sucede con la pasión por el poder. El impulso básico que he mencionado solo aparece como motivación única en casos desmesurados. Hablando de Josip Broz Tito, Ian Kershaw comenta: «A quienes lo trataban de cerca lo que más les impresionaba era su instinto político y una sed de poder sagaz e insaciable». En sus últimos años, Tito recordó lo que le había dicho Churchill al final de la guerra: «Lo que cuenta es el poder, y el poder otra vez, y el poder de una vez por todas». Su ansia de poder estaba inevitablemente entrelazada con otro ingrediente que es también un componente esencial de la personalidad de los dictadores (y en cierta medida de todos los líderes políticos): la implacabilidad. «No tenía la crueldad psicológica de Stalin, pero el liderazgo de los partisanos requería una dureza inflexible.»[28]

En casos normales, el político modula esa imprescindible voluntad de poder con otras motivaciones menos violentas, incluidas las éticas. La primera de ellas es el «placer de la causalidad», que explicó Joseph Nuttin. «El ser humano parece estar motivado para realizar cosas que sin su acción no se producirían. Con frecuencia se identifica con las cosas que podría hacer; su obra es la extensión de sí mismo.»[29] En estos casos el afán de poder no es deseo de dominar, sino pasión por actuar. *Make it happen*, sería el lema. Recluido en la isla de Elba, un minúsculo Estado de opereta, Napoleón se lanzó a organizarlo con la misma energía que si se tratara de un imperio. Según cuenta su secretario Perrault, Colbert, el ministro de Luis XIV, se frotaba las manos de alegría al acercarse por la mañana a su mesa de trabajo. En este punto entra la «motivación heurística»: el deseo y la satisfacción de resolver problemas, de realizar proyectos, de sentirse capaz de hacerlo.

Aún puede intervenir otra poderosa motivación: el deseo de fama, de gloria. El poderoso quiere ser reconocido, halagado, admirado, pasar a la historia. A partir del siglo XIII comienzan en España las disputas sobre «valer más o valer menos». Julio Caro Baroja escribe:

> Muchos eran los que reputaban que la disputa sobre más o menos valer era, precisamente, la causa de la mayor parte de las acciones humanas. Lope García de Salazar, cronista de los linajes del norte de España y relator de todos los desaguisados que cometieron (desaguisados a los que llamó, sin embargo, «bienandanzas e fortunas»), dice al comenzar el libro XXII de su obra que las guerras de bandos y linajes que tan violentamente sostuvieron los vascos y montañeses tuvieron por causa «a qual valía más, como fue antiguamente por todo el universo Mundo, entre todas las generaciones que en avitaron hasta oy, e serán en quanto el Mundo durase».[30]

La busca de la fama, que pretende un fortalecimiento del yo, puede colaborar a la felicidad pública porque necesita el apoyo público y hace cosas que susciten la admiración. San Agustín señaló que los romanos «hicieron milagros por su avidez de gloria y su deseo de alabanza» («*Haec ergo laudis avidias e cupido gloriae multa illa miranda fecit*»).[31] Pero también puede conducir al desastre.

Desde luego, el político puede estar movido por nobles deseos de mejorar la situación del mundo, pero este objetivo tiene que aprovechar la energía que viene de motivaciones más elementales. A nuestros aspirantes a políticos hemos de advertirles de los peligros de sentirse imbuidos de una «misión», una palabra que se ha vuelto equívoca. Es muy usada por los técnicos en *management* para designar la elección de un objetivo del máximo nivel, un «*moon shot*», término que proviene del famoso discurso que hizo John F. Kennedy en la Universidad de Rice en 1962, cuando declaró:

> Decidimos ir a la Luna en esta década y hacer todas las demás cosas no porque sean fáciles, sino porque son difíciles; porque ese objetivo servirá para organizar y medir lo mejor de nuestras energías y habilidades, porque ese reto es uno que estamos dispuestos a aceptar, uno que no estamos dispuestos a posponer, y uno que podemos ganar.

Las misiones ayudan a ampliar los esfuerzos individuales de resolución de problemas al animar a muchos individuos y equipos, dentro y fuera de las organizaciones y de los sectores, a remar en la misma dirección.[32] La economista Mariana Mazzucato, una de las defensoras más conocidas de la innovación impulsada por las misiones, argumenta que muchos de nuestros problemas públicos pueden y deben replantearse como misiones.[33]

El poder movilizador de las «misiones» es innegable, pero el futuro político tiene que conocer las atrocidades que han cometido los humanos al sentirse investidos de una misión. Los grandes asesinos políticos han pensado que eran los únicos que podían conducir a su pueblo a la felicidad. Robespierre, Lenin, Hitler, Stalin, Mao, Pol Pot lo dejaron claro. Solo ellos —o en todo caso el partido— sabían lo que el pueblo necesitaba. Hermann Rauschning recoge una declaración de Hitler en 1939:

> La providencia me ha designado para ser el gran libertador de la humanidad. Yo libero al hombre de la opresión de una razón que quería ser un fin en sí misma; lo libero de una envilecedora quimera que se llama conciencia o moral y de las exigencias de una libertad individual que muy pocos hombres son capaces de soportar.

Un ejemplo como resumen: Napoleón

No conozco un caso que resuma tan perfectamente las luces y las sombras de la pasión por el poder como Napoleón Bonaparte. Fue un genio manejando las herramientas del poder. En primer lugar, la fuerza. Durante milenios, la fuerza se legitimó a sí misma. Napoleón se adueñó de Italia porque podía, y, en una Europa que aceptaba el «derecho de conquista», nadie argumentó que era ilegal, por lo que sus conquistas siguieron. Todos los imperios coloniales se basaron en ese derecho. En la conferencia de Berlín convocada por Bismarck para repartirse África, se reconoció como regla de derecho internacional el principio romano de «*uti possidetis iuris*» (principio de ocupación efectiva), por el que un Estado europeo podía reclamar derechos de soberanía sobre un territorio africano si previamente había conseguido una ocupación real de este.

Pero el poder impuesto por la fuerza es la forma más primitiva y también la más inestable de ejercer el poder. Maquiavelo sabía bien que «un príncipe, aunque tenga fuerza, necesita el favor y la benevolencia de los habitantes para entrar y mantenerse en el país adquirido». Napoleón lo corrobora: «Nada importante puede mantenerse solo mediante las bayonetas». El poder siempre ha buscado legitimarse porque necesita de alguna manera ser aceptado por los sometidos. De hecho, Napoleón quiso ser entronizado emperador por el papa, porque buscaba una legitimación que trascendiera la decisión de la Asamblea. El poder político para ejercerse duraderamente necesita aprovechar la obediencia, para lo que intenta legitimarla por cualquier medio. Este es el punto más misterioso del poder. Jacques Necker, el ministro de Luis XVI, escribió: «Semejante subordinación no puede menos de sorprender a los hombres capaces de reflexión. Esta obediencia de un gran número a un pequeño número es un hecho singular, una idea casi misteriosa».[34] A Rousseau, el espectáculo del poder le recordaba a Arquímedes sentado tranquilamente en la orilla y sacando a flote sin esfuerzo una gran nave.[35]

Además de la fuerza, las herramientas del poder son la capacidad de premiar, de infligir castigos, de cambiar las creencias y de manipular los sentimientos. Es evidente que Napoleón dispuso de todas ellas, y las manejó con enorme habilidad y total falta de escrúpulos. «El oficio de emperador —dijo al barón Fain, su secretario de despacho— tiene sus propias herramientas, como todos los oficios.» La capacidad de premiar fue exquisitamente cuidada por Napoleón. El citado barón Fain cuenta el enorme interés del emperador por conceder premios, prebendas, títulos, honores.[36] La creación de la «*Légion d'honneur*» lo demuestra. Respecto a cambiar las creencias de la gente, Napoleón fue un precursor. Según él, «para ser justo no basta con hacer el bien. Es preciso que los administrados estén convencidos de ello. La fuerza se funda en la opinión. ¿Qué es el gobierno? Nada sin la opinión». Ya durante la campaña de Italia creó dos periódicos: *Le Courrier de l'Armée d'Italie* (1797) y, más tarde, *La France vue de l'Armée d'Italie* (1798), que llevaba el subtítulo de «*Journal de politique, d'administration et de litterature Françaiçe et étrangère*» [«Diario de la política, administración y literatura francesa y extranjera»]. Mediante ellos dirigía la opinión pública, en beneficio suyo. Durante la expedición a Egipto creó con sus propios fondos personales *Le Courrier de l'Égypte* con análogas funciones. La utilización de la prensa fue una constante de su Gobierno. Napoleón escribió personalmente a su hermano José para que aumentase la tirada de la *Gaceta de Madrid* hasta 15.000 ejemplares para mejor servirse de ella como instrumento de propaganda y difundirla por todo el reino.

La manipulación afectiva fue ejercida hábilmente por Napoleón. Siguió las indicaciones de Maquiavelo, cuya obra *El príncipe* anotó minuciosamente. Se puede gobernar mediante el odio y mediante el amor. Bonaparte dirá a Emmanuel de Las Cases, su confidente en Santa Helena, que quiso imponer la «autoridad del miedo» para evitar ser apuñalado por la espalda: «No se trata de ser amado, sino de ser temido». Pero supo manejar el amor del pueblo hacia él y hacia Francia. Más aún, consiguió que se identificaran ambos en el imaginario colectivo. Sabía que un político debe ser un proveedor de esperanza: «Solo se puede gobernar a un pueblo ofreciéndole un porvenir. Un jefe es un vendedor de esperanzas».

La capacidad de cambiar las creencias y los afectos se unen en una habilidad que Napoleón tenía en grado sumo y que es esencial en la política: el poder de persuasión. Derrotado y desterrado, en 1815 Napoleón escapa de la isla de Elba y desembarca en Francia con un puñado de soldados. Mientras avanza hacia París, el Quinto Regimiento intercepta al grupo. Napoleón desmonta de su caballo y se dirige a quienes van a detenerlo: «¡Soldados del Quinto, podéis disparar a vuestro emperador si queréis! ¿No soy vuestro emperador? ¿No soy vuestro viejo general?». Los soldados corrieron hacia él gritando: «*Vive l'Empereur!*».[37]

Supo enlazar la suerte de cada uno de sus súbditos con la gloria de Francia. El juramento al subir al trono imperial decía: «Juro gobernar teniendo solo en cuenta el interés, la felicidad y la gloria del pueblo francés». También tenía presente, como objetivo máximo, la felicidad política que la Revolución francesa había entronizado. No dudo de que Napoleón fuera sincero cuando dijo a Caulaincourt: «Se engaña la gente: yo no soy ambicioso [...]. Siento los males, quiero que todos sean felices, y los franceses lo serán si vivo diez años».³⁸ Lo que me niego a aceptar es que esa fuera su pulsión fundamental.

El vínculo emocional que el pueblo francés mantuvo con Napoleón —y que en parte continúa— está hecho de admiración ante sus hazañas, el boato de su corte, el sentimiento de que encarnaba la gloria de la nación y se trataba de un ser casi divino. Hegel creyó ver en él «el alma del mundo». Como escribe Natalie Petiteau:

> Poco a poco se prepara para sí mismo una casi divinización, orquestada sobre todo por el catecismo imperial, cuya séptima lección está consagrada a los deberes hacia el emperador, colocado en el mismo plano que Dios Padre. Además, los sermones del domingo en las iglesias hacen de él el representante de Dios en la tierra.³⁹

Pero las *Memorias* de Fain describen minuciosamente lo que tal vez fue el gran recurso de Napoleón: su talento como administrador, como burócrata genial, como organizador eficiente e hiperactivo, y como un obsesivo consumidor de información. Aspiraba a saber lo que ocurría en toda Europa y organizó un sistema para conseguirlo. Esta era la competencia heurística de Napoleón, su capacidad para resolver problemas. En ocasiones eran problemas ilegítimos (como unificar bajo su poder a toda Europa); otras, problemas legítimos, como los que intentó resolver con la elaboración y promulgación del nuevo código.

Lección tercera: enseñar a resolver

La lección primera para los nuevos políticos trataba de los mecanismos perversos del poder. La segunda, de sus sobremotivaciones. La tercera, de los procesos de resolución. Ronald Heifetz, de la Kennedy Harvard School, piensa que el verdadero líder político es necesario cuando no se tienen recetas para el problema planteado. No cree que el líder tenga que conocer la solución, sino que su talento está en movilizar a la sociedad para que busque una, impulsando a todos a un *aprendizaje adaptativo* a los nuevos problemas. Señala algunos pasos: (1) identificar el desafío al que hay que responder; (2) no precipitarse: mantener el malestar dentro de un nivel tolerable que permita trabajar en la solución; (3) enfocar la atención en el proceso de maduración y no en reducir el estrés; (4) hacer trabajar a la gente, pero a un ritmo que puedan soportar, y (5) dar voz a quienes planteen interrogantes y denuncien contradicciones internas.[40]

En su libro *Liderazgo sin respuestas fáciles*, estudia casos de este tipo de liderazgo. Franklin D. Roosevelt sabía que desconocía las soluciones, por eso pidió una «experimentación osada y persistente». «Es de sentido común tomar un método y probarlo —decía—. Si falla, admitirlo francamente e intentarlo con otro. Pero, sobre todo, intentar algo.» Nixon, en cambio, pensaba que él era el único que podía resolver cualquier conflicto, lo que le llevó a cometer grandes equivocaciones. Un caso interesante y dramático es el del presidente Lyndon B. Johnson, que acertó en el tema de los derechos civiles estadounidenses y se equivocó trágicamente en el caso de Vietnam. Para enfrentarse al conflicto de los derechos civiles, se esforzó en educar a las personas para que cooperaran, respetando cada una las metas de las otras.

> Yo quería que las personas relevantes participaran en mi administración de una docena de formas diferentes. La clave era conseguir que los hombres de grupos distintos quedaran tan comprometidos entre sí en tantos comités y delegaciones que cubrían tantas cuestiones que ninguno pudiera permitirse estar libre de compromisos respecto a cualquier cuestión aislada. [...] Creía que un problema tan complejo y tan viejo como ese no se podía resolver de arriba abajo, con una ley y una política ejecutiva, sino que había que ir educando a la sociedad

para que identificara bien el problema, viera la necesidad de resolverlo y fuera madurando la solución.

Este concepto de «maduración del problema» me parece interesante. La precipitación puede impedir ver las derivaciones del problema y de sus soluciones. José María de Areilza contó que, después de la muerte de Franco, Kissinger le recomendó avanzar hacia la democracia, pero «sin demasiado afán, exigencias ni prisas». Supongo que quería decir que había que dejar que el tema madurara.

En cambio, la gestión de Johnson de la guerra del Vietnam fue autárquica, solitaria y desastrosa. Al respecto, Heifetz escribe:

> Al formular la política exterior pareció haber ignorado las lecciones de sus éxitos políticos internos. Al establecer e instrumentar la política vietnamita cometió errores fatales al erigirse como guerrero solitario y emprender una escalada subrepticia no solo ante sus enemigos, sino también con sus propios electores. [...] [Al contrario de lo que hizo en el tema de los derechos civiles,] no supo hacer que la nación enfrentara el desafío adaptativo de Vietnam, no supo mantener el nivel de malestar dentro de una gama productiva, ni disciplinar la atención, distribuir la responsabilidad y utilizar el disenso como fuente de comprensión y de generación de opciones.[41]

Adolfo Suárez y el aprendizaje de la política

En nuestra Academia, centrada en el aprendizaje heurístico, debemos estudiar las figuras de políticos solventes, es decir, solucionadores. En mi archivo encuentro notas del libro de Kissinger *Liderazgo*. Me ha interesado la figura de Konrad Adenauer. Cuando llegó al poder, la situación en que se encontraba la Alemania derrotada era terrible en todos los terrenos: político, económico, social, psicológico, moral.

Kissinger elogia la estrategia de humildad elegida por Adenauer. Sabía que se enfrentaba a un camino largo:

> Creo que en todo lo que hagamos debemos tener claro que, como resultado del colapso total, carecemos de poder. En las negociaciones que los alemanes debemos llevar a cabo con los aliados para contar progresivamente con un poder mayor, hay que tener claro que el factor psicológico juega un papel muy importante. No se puede exigir ni esperar confianza desde el principio. No podemos ni debemos dar por sentado que en todos los demás se haya producido de repente un cambio de actitud general hacia Alemania, sino, más bien, que la confianza solo se puede recuperar lentamente, paso a paso.[42]

Adenauer tenía la convicción de que el pueblo alemán debía aprender a corregir sus traumas históricos. Le preocupaba «la evolución de lo que los alemanes pensaban de sí mismos».

> Los alemanes son un pueblo en conflicto y profundamente afligido, no solo debido a su pasado, sino también, de una forma más profunda, a la ausencia de un sentido de la proporción o de la continuidad histórica.[43]

Archie Brown, en un interesante libro dedicado a los liderazgos políticos, selecciona un grupo de políticos especialmente distinguidos a los que denomina «transformadores».[44] Son De Gaulle, Gorbachov, Deng Xiaoping, Mandela y Adolfo Suárez. En diciembre de 2016, Bill Gates publicó en su blog una reseña de este libro que decía:

> La mayoría de los aficionados a la historia probablemente no estén familiarizados con la figura de Adolfo Suárez. Pero leer el fascinante libro de Archie Brown demuestra que líderes como Suárez, presidente de España entre 1976 y 1981, tienen un estilo de liderazgo y una habilidad tan excepcionalmente eficaces como, por desgracia, infrecuentes.

Esto me ha hecho volver a leer los papeles que manejé para estudiar la transición española como un logro de la competencia heurística en un pueblo que no ha solido tenerla. Creo que la tarea que emprendió Suárez fue forzar a la sociedad española a aprender a resolver el problema planteado a la muerte de Franco. ¿Cómo continuar la historia? ¿Inmovilismo, reforma o ruptura? Él mismo, procedente del Régimen franquista —había sido ministro-secretario general del Movimiento—, tuvo que aprender. Otros políticos lo hicieron también. El papel de Santiago Carrillo fue importante. El Partido Comunista español, el italiano y el francés habían aprendido de la experiencia soviética y se habían apartado de su régimen monolítico, defendiendo un sistema plural y multipartidista. En 1977, los secretarios generales Enrico Berlinguer (del Partido Comunista italiano), Georges Marchais (del Partido Comunista de Francia) y Santiago Carrillo se reunieron en Madrid y presentaron las líneas fundamentales del «eurocomunismo», el «nuevo comunismo». Persuadir a los comunistas de que aceptaran la monarquía constitucional fue uno de los grandes éxitos de Suárez. El Partido Socialista abandonó en 1979 la ideología marxista. Por su parte, el 94 por ciento de los representantes del Régimen franquista en las Cortes votaron a favor de la reforma política, «haciéndose el harakiri», como se dijo en su momento. El papel del rey y de Torcuato Fernández-Miranda fue determinante. Entre todos consiguieron romper la tradición española de plantear el enfrentamiento en formato conflicto y lo planearon en formato problema.

Con ello sintonizaron con las expectativas de la sociedad española. Según el *Informe sobre la situación y el cambio social de España*, de la fundación FOESSA, el 59 por ciento de los españoles colocaba en primer lugar vivir mejor, con seguridad y paz. El 15 por ciento que no existieran desigualdades sociales; el 11 por ciento, la capacidad de decisión y participación, y el 9 por ciento que hubiera libertad para todos. Los intelectuales tomaron una postura que favorecía la transición. Fueron preparando el terreno. Jordi Gracia ha historiado el despertar de la conciencia crítica bajo el franquismo.[45] Ya en los cincuenta, Tierno Galván tenía una idea de la situación política que supongo compartida por mucha gente en aquel momento. Sus puntos principales eran: (1) La guerra es un hecho históricamente fundacional que hay que superar, pero no replantear. (2) Cualquier planteamiento político no puede poner ese régimen en cuestión, porque sería propiciar otro enfrentamiento civil. (3) El Régimen franquista es muy sólido, más que el propio Franco. (4) La salida democrática solo podrá ser administrada por la monarquía.[46]

José Luis López Aranguren resultó otro testigo interesante, porque fue notario del cambio de la sociedad española. Pasó de ser un intelectual católico a un cristiano incrédulo, expulsado de la universidad por oposición al Régimen. Joaquín Ruiz-Giménez Cortés, ministro de Franco, fundó *Cuadernos para el Diálogo* y evolucionó hacia la democracia cristiana, para acabar siendo un tenaz defensor de los derechos humanos, como saben muchos detenidos en la Dirección General de Seguridad franquista. En diciembre de 1968, el equipo editorial de *Cuadernos* publicó un número extraordinario, en el cual, bajo pretexto de reflexionar sobre la Declaración Universal de los Derechos Humanos, sus consecuencias y resultados, lanzaba una crítica al Régimen franquista por su incumplimiento de esos derechos, en un momento en que el sistema no podría repudiarlos o negarlos públicamente después de su readmisión en 1955 en la ONU, o en 1956 en la OIT, de solicitar su ingreso en la CEE desde 1966 y de la favorable posición del papa Montini a tales principios.[47] Podría mencionar otras muchas figuras con una trayectoria parecida: Pedro Laín Entralgo, Antonio Tovar o Dionisio Ridruejo.

El pragmatismo se encarnó en todas las fuerzas políticas. Lo importante era lograr una salida hacia la democracia. Ese era el problema que entre todos había que resolver. Felipe González popularizó una frase de Deng Xiaoping, el gran reformador chino: «Da igual que el gato sea blanco o negro, lo importante es que cace ratones». Víctor Pérez-Díaz señala que los Gobiernos socialistas aprendieron a decir a la población: seamos realistas, no se puede hacer gran cosa. «Este ronroneo de políticas públicas pragmáticas, graduales, conservadoras de lo fundamental del *statu quo,* ha sido y es el telón de fondo de la adhesión del público al Gobierno socialista.»[48] Los jóvenes también se habían convertido en pragmatistas tranquilos. El pueblo español, sigue comentando Víctor Pérez-Díaz, poco interesado en la política, se desentendió pronto de ella:

> Con la transición democrática todo ha ocurrido en España como si tan pronto como el pueblo español se liberó de su servidumbre política se hubiera dispuesto a descargarse del peso de su libertad y a depositarla sobre los hombros de los dirigentes de los partidos.

Ya en 1981, aparece un interés por la política inferior a la media europea.

Tal vez por recordar la historia reciente, la tolerancia se convirtió en la virtud esencial de la democracia. La pérdida de certezas —políticas, religiosas, ideológicas— hizo posible una mayor tolerancia al cambio. Amando de Miguel señalaba que en España temas como la aprobación de la ley del divorcio o la legalización del aborto se aprobaron con mucha menos polémica que en otros países.[49]

Ya sabemos que un factor que influye en la resolución de los conflictos —sean privados o públicos— es la idea que tenemos sobre nosotros mismos y sobre nuestra capacidad para resolver los problemas. Los españoles de la transición desconfiaban de su capacidad para la convivencia política. Se repetía una frase cautelosa: «No podemos volver a las andadas». El terrorismo reforzaba este miedo. Mucha gente no tenía una lectura tranquilizadora de nuestra historia en aquel siglo, y se prefirió no escarbar en el pasado. El 17 de mayo de 1977, en una entrevista publicada en *El País*, Santiago Carrillo decía: «Quiero llamar la atención de ustedes en que el proceso de transición se basa en no remover el pasado, compromiso tácito para que la democracia no se vuelva a hundir». Según Gregorio Morán, «el proceso de ocultamiento y liquidación del pasado no fue algo limitado a la clase política, sino algo más amplio, más concienzudo. La primera igualdad que instauró la transición a la democracia es que todos somos iguales ante el pasado».[50]

Creo que los políticos de la transición comprendieron bien la situación y por eso los problemas se resolvieron de manera inteligente. Pudieron intentar movilizar las pasiones políticas, encrespar los ánimos, elegir el formato conflicto, pero no lo hicieron. Pusieron en práctica lo que a lo largo de la historia se ha considerado la virtud esencial del político: la prudencia, la *phrónesis* aristotélica. Creo que quien dinamizó esta situación fue Suárez, que abrió una conversación general sobre los temas nacionales. Continuó haciéndolo después de implantada la democracia, en los Pactos de la Moncloa. Según Archie Brown, «uno de los acuerdos más eficaces de la historia de las transiciones democráticas». No llevó los Pactos de la Moncloa al Parlamento «hasta que no hubo completado unas extensas negociaciones. Los partidos ya habían hecho las concesiones más duras para ellos, de manera que únicamente hubo un voto en contra del Pacto en el Congreso».[51]

Brown pone en el mismo bloque a Suárez y Mandela, un ejemplo claro del talento para transformar un conflicto largo y cruel en un problema soluble. Mandela recordó la influencia que había tenido en su forma de gobernar el regente del pueblo thembu que le había acogido cuando murió su padre. De vez en cuando convocaba a los jefes de otros pueblos, les daba la bienvenida y les explicaba por qué los había convocado. «Desde ese momento —contaba Mandela— él no volvía a articular palabra hasta el fin de la reunión.»

Solo al final de la asamblea, mientras se ponía el sol, hablaba el regente. El propósito de su intervención era resumir lo allí dicho y propiciar algún tipo de consenso entre las diversas opiniones. No se imponía conclusión ninguna a quienes disentían. Si no era posible llegar a un acuerdo, se celebraba otra reunión. [...] Como líder siempre he seguido este principio. Procuro escuchar lo que todo el mundo tiene que decir antes de dar mi propia opinión. A menudo, esta representa sencillamente una postura de consenso respecto a lo ya dicho en la reunión.[52]

Lección cuarta: el buen político es el que hace la justicia

La última y definitiva evaluación de un político debe hacerse por su colaboración a la felicidad pública y eso ha de conseguirlo solucionando de forma adecuada los problemas relativos al bien común, es decir, «haciendo la justicia», colaborando en el gran proyecto ético y político que la historia, con terribles intermitencias, va buscando. Pero el político, como todos los demás humanos, tiene que elegir entre perseguir directamente su felicidad individual o atenerse a los límites que la búsqueda de la felicidad pública le marca. Lo que caracteriza al tirano es que antepone su interés al de la comunidad.

Aquí tropezamos con la incoherencia histórica que ya he mencionado. En el plano nacional se han ido organizando modos de eliminar la tiranía: la democracia es el más eficaz. Tiene que impedir que la pasión por el poder se desboque; debe domesticarla con el equilibrio y la división de poderes, con el respeto a normas éticas universales. La lucha por el poder conduce al enfrentamiento violento, por eso en las democracias esa pasión ha de estar controlada por dos grandiosas limitaciones: el imperio de la ley y la rendición de cuentas del gobernante. Las naciones han progresado estableciendo sistemas eficaces que resuelvan bien los problemas, es decir, encontrando soluciones justas que intenten satisfacer todas las aspiraciones legítimas. No se consigue siempre, pero el argumento *ad horrorem* resulta aquí especialmente convincente. Cuando la pasión por el poder no es domeñada por la sociedad, alguien ansioso de poder intentará conquistarlo. Las guerras civiles —que sin duda intentan legitimarse apelando a altos ideales— son un fracaso de la inteligencia política. En el caso de la española, lo que podía ser un problema se convirtió en un conflicto. El testimonio de dos políticos de la época marca la diferencia. Joaquín Chapaprieta, presidente del Gobierno, tituló sus memorias *La paz fue posible*.[53] José María Gil-Robles, jefe de la CEDA, tituló las suyas *No fue posible la paz*.[54] El testimonio de Manuel Azaña, viviendo con amargura y desesperación el horror anunciado, es comprensible.[55] Asisto con estupor al hecho de que la brutal polarización política en Estados Unidos haga pensar a personalidades relevantes que puede darse una guerra civil. Eso sería el abandono completo de la competencia heurística de la democracia. E igualmente irracional es el hecho de que en plena guerra de Ucrania pueda resultar creíble que Putin desencadene una guerra nuclear.

En las naciones democráticas se han impuesto procedimientos para resolver los conflictos sin tener que apelar a la violencia. Un Estado de derecho tiene los medios suficientes para lograrlo. Sin embargo, lo que a trancas y barrancas, incluso con los terribles desplomes de las guerras civiles, se ha ido solucionando en el ámbito nacional, no lo ha logrado en el internacional. En él continúa rigiendo la lógica de la fuerza. Por eso suele ser el terreno preferido para los intoxicados por la pasión por el poder. En él se manifiesta que es una pasión destructiva y funesta. La política interna está sometida a demasiadas limitaciones jurídicas, sociales y morales. En cambio, en la política internacional vale el poder puro y duro, la *realpolitik*. Zbigniew Brzezinski, consejero de Seguridad Nacional del presidente Carter y, por lo tanto, conocedor privilegiado del tema, escribe:

En el sistema estadounidense, caracterizado por la separación de poderes, la política exterior es el ámbito en el que los presidentes cuentan con una mayor discrecionalidad personal. En ningún otro lugar se dejan sentir con tanta contundencia la gloria, la pompa y el poder de la presidencia como en el terreno de las relaciones exteriores. Todos los presidentes acaban cautivados y embelesados por el hecho de poseer en exclusiva esos poderes especiales y por el acceso privilegiado que les permite tener información que nadie más dispone. Y tampoco hay que olvidar el encanto que rodea al hecho de ser un estadista global, sobre todo cuando se es el estadista global preeminente.[56]

¿Por qué no se ha conseguido aplicar en las relaciones internacionales los mismos procedimientos de resolución de problemas que han funcionado en la política interior? Porque mientras que en el ámbito nacional la sociedad civil ha conseguido limitar al poder, en el ámbito internacional no existe una sociedad civil internacional, esa *communitas totius orbis* que los juristas españoles creadores del derecho internacional soñaban, y emerge el ansia de poder sin control ciudadano. Uno de los objetivos de nuestra Academia es formar a los políticos capaces de hacerlo. Max Planck, que revolucionó la física con su teoría cuántica, dice en sus memorias algo que debería hacernos reflexionar: «Cuando aparece una idea nueva es difícil que la acepten los contemporáneos. Es necesario que una nueva generación de científicos llegue con esa capacidad». En política sucede lo mismo. Por eso la necesidad de estimular el talento político, capaz de emprender la Gran Política.

Hay muchas razones que impiden la existencia de esa sociedad civil global: las identidades nacionales o religiosas, por ejemplo. En el caso de la nación, se ha producido una trayectoria conceptual que vale la pena observar, para que sepamos las ideologías que trasegamos sin ser conscientes de ello. El concepto «soberanía» incluye en su ADN el afán de poder absoluto. Se inventó para justificarlo y arrastra sin saberlo esa penosa herencia. Lo que caracteriza al poder absoluto es que se encuentra desligado de la ley: está por encima de ella. Una prueba de que esto sucede: los derechos humanos son administrados por los Estados. La soberanía impide que en nombre de ellos se pueda intervenir en una nación para protegerlos. Si una ciudad decidiera no cumplir las leyes, el resto de la nación intervendría para asegurar su cumplimiento, pero ese comportamiento no es viable en el campo internacional. Ante la Sociedad de Naciones, que instaba al Régimen nazi a respetar los derechos de los judíos, Goebbels replicó: «El Estado alemán hace con sus judíos lo que quiere». Esa colusión de poder absoluto y soberanía creó otro concepto cómplice: la razón de Estado. La seguridad del soberano lo permite todo. Cuando la soberanía se atribuyó a la nación, se le siguió asignando ese poder, que, si en una democracia no es aplicable en el interior de la nación, lo sigue siendo en el ámbito internacional.

Para que el pueblo aceptara esta máquina de dominación, el sentimiento universal de pertenencia se trabajó para convertirlo en «amor al rey» primero y, cuando la monarquía desapareció, en «amor a la Nación». Los historiadores franceses ponen fecha a ese cambio: el día en que en la batalla de Valmy las tropas no entraron en combate al grito de «¡Viva el rey!», sino al de «¡Viva la nación!». Este es un tema esencial para ser estudiado en nuestra Academia porque nos sirve para desenmascarar una gigantesca estafa conceptual y emocional escondida en una sutil tergiversación de las palabras.

¿Es inevitable la *realpolitik*?

Por lo general, se defiende que en política internacional se impone la *realpolitik*: la necesidad de que el político —como señaló Sartre— sepa que ha de tener las manos sucias. La *realpolitik* ha existido siempre, pero la formuló en primer lugar Maquiavelo. Lo que se considera cinismo fue simple constatación de cómo funcionaba la realidad. Maquiavelo quiere educar a un «príncipe nuevo», liberado de las coacciones de la moral. Instaura la *realpolitik avant la lettre* porque quiere atender a «la verdad real de la cosa», en lugar de imaginar «repúblicas y principados que nadie ha visto jamás». Y esa verdad dice que «todos los hombres son malos» y que «la naturaleza de los hombres es ambiciosa y suspicaz». El pesimista Maquiavelo, al comienzo del libro II de los *Discursos*, señala lo difícil que es que los monarcas busquen el bien común, ya que el bien de la ciudad es contrario al bien de ellos mismos:

> lo que hace grandes las ciudades no es el bien particular, sino el bien común [...] lo contrario sucede con los príncipes, pues la mayoría de las veces lo que hacen para sí mismos perjudica a la ciudad, y lo que hacen para la ciudad les perjudica a ellos.

En 1740, el príncipe Federico de Prusia publicó su *Antimaquiavelo*, un libro que había escrito con ayuda de Voltaire para criticar a Maquiavelo, «el peor y más perverso de los hombres», capaz de defender que todos los medios son lícitos para conseguir su fin. En cambio, Federico pensaba que la justicia, la virtud, la razón y el bien común podían armonizarse. Pero el príncipe llega al trono y, tras experimentar el poder político, tiene que retractarse: «Es muy difícil mantener la honestidad y la limpieza cuando se halla uno dentro del torbellino político de Europa. Lamento tener que admitirlo, pero Maquiavelo tenía razón».[57]

En este momento, la *realpolitik* está excluida de la política interna en las naciones democráticas, que sin embargo la aceptan en política exterior. Este es el gran fracaso de la política... y también de los ciudadanos. El presidente de Estados Unidos no puede autorizar el asesinato de un oponente político nacional, pero sí de un enemigo exterior. La *realpo-*

litik es la consecuencia de una política basada en la pasión por el poder, y en todo el sistema conceptual y afectivo que en torno a ella se ha construido, incluida la soberanía. Por eso, quienes sienten esa pasión admiran la *realpolitik* y, en mi opinión, ayudan a mantenerla. Un caso claro es el de Kissinger. Me refiero a él porque lo reconoció en sus libros y lo ejecutó en su práctica política. Escribió con admiración sobre dos políticos que la practicaron: el cardenal Richelieu y Bismarck. Admiraba a Richelieu porque antepuso la «razón de Estado a todo principio moral». Alcanzó sus grandes éxitos «gracias al menosprecio e incluso la transgresión de las convicciones piadosas fundamentales en su tiempo».[58] La experiencia histórica le hace concluir que «las naciones han antepuesto generalmente el interés propio a los grandes principios» y «han cuidado más la competencia que la cooperación», lo que posiblemente seguirán haciendo. La paz y la justicia no son los objetivos de la política exterior, sino la estabilidad y la seguridad mediante el equilibrio de fuerzas.

Simon Schama, que fue alumno de Kissinger, destaca que en sus clases exponía «la firme convicción de que en las relaciones entre Estados, como entre los hombres, lo normal no es la armonía sino el conflicto».[59] Sin duda, pero de ahí Kissinger saca la conclusión de que los grandes políticos que admira —Richelieu, Metternich, lord Palmerston, Disraeli y Bismarck— lo fueron porque hicieron sus cálculos en términos de política del poder. En cambio, critica el idealismo de algunos presidentes americanos. En sus obras, el terrible Stalin sale mejor parado que el idealista Franklin D. Roosevelt, y el presidente americano que prefiere es Theodore Roosevelt, para quien la vida internacional significaba «lucha». «En la comprensión de la historia, la teoría de Darwin sobre la supervivencia del más fuerte era para él [para Theodore Roosevelt] mejor guía que la moralidad personal.» Le califica con admiración como el «estadista guerrero». Theodore Roosevelt era un claro exponente de una política expansionista e intervencionista (*big stick power*) y había apostado, lo mismo que Bismarck, «por una política de sangre y acero». Por el contrario, Woodrow Wilson —a quien Kissinger considera un «sacerdote-profeta»— defendía que «el método para solucionar los conflictos internacionales debía ser el arbitraje y no la fuerza». Intentó aplicar esta idea después de la Primera Guerra Mundial basándose en unos valores supuestamente superiores al «equilibrio de fuerzas». Kissinger le critica por pensar que «la política exterior tiene que reflejar los mismos modelos morales que la ética personal» y que «el Estado no tiene ningún derecho a reivindicar para sí mismo una moralidad especial».[60]

¿Debemos considerar que esos políticos sin escrúpulos morales fueron buenos solucionadores? Tomemos el caso del mismo Kissinger y de su jefe, Richard Nixon. La amoralidad de estos políticos quedó de manifiesto en *Los diarios Haldeman: dentro de la Casa Blanca de Nixon*, de H. R. Haldeman, obra publicada pese al veto de Kissinger. La política nixoniana, inspirada por Kissinger, condujo a prolongar la guerra del Vietnam durante tres años por motivos electorales, lo que costó la vida de unos 20.000 estadounidenses y 160.000 vietnamitas.

La política de Richelieu condujo a una época de guerras, en la que los Estados soberanos de Europa emprendieron una campaña de aniquilamiento de todos contra todos. Küng escribe al respecto:

> El alcance autodestructivo de estos principios de la política real alcanzó su verdadera dimensión con Luis XIV, bajo cuyo reinado el Estado soberano nacional llevó hasta su cumbre la razón de Estado y las ambiciones hegemónicas. En lugar de una visión de futuro, a Bismarck le movió la voluntad de poder. Hasta la fundación del Reich siempre antepuso en su política el poder al derecho. Se echaba en falta la apertura a tendencias e ideas democráticas en el futuro.[61]

Su idea de poder acabó conduciendo a Guillermo II y a Hitler. Como afirma Hans-Ulrich Wehler: «La fe antidemocrática en un Führer y un redentor era una malvada herencia de Bismarck».

Espero que la competencia heurística de los políticos —gobernantes y gobernados— acabe por crear una justicia internacional, aplicando a la política internacional las buenas soluciones que funcionan en la nacional. A pesar de que Kissinger se ría de sus buenas intenciones, el intento de Wilson de crear la Sociedad de Naciones se movía en la buena dirección. También la ONU, a pesar de las deficiencias en su implementación. Y espero que la Unión Europea marque el triunfo de la inteligencia heurística. Para ello, habrá que impulsar también la competencia de los ciudadanos. De ello trata el capítulo siguiente.

En un libro muy relevante, *Poder y debilidad,* Robert Kagan, miembro de la Fundación Carnegie para la Paz Internacional, describe un enfrentamiento entre el modo de entender el poder de las naciones fuertes y las naciones débiles, conflicto que resulta muy nietzscheano y que confirma los «automatismos perversos del poder». En él, muchos perciben la apelación a la moral como fruto de la debilidad.

> Las naciones más poderosas tienen una visión disímil de la de las potencias más débiles [...]. Un británico bastante crítico respecto de la propensión de Estados Unidos a la acción militar recuerda un antiguo dicho: «En cuanto se tiene un martillo, todos los problemas empiezan a parecer clavos». Eso es cierto, pero las naciones con escaso poderío militar corren también el peligro inverso: si no tienen un martillo, no querrán ver nada que se parezca a un clavo.[62]

Conviene advertir que Robert Kagan está aplicando a la política internacional un realismo que no admitiría en la política nacional. ¿Por qué lo digo? Porque, sin duda, defenderá que el gobierno de su país debe respetar los derechos de sus ciudadanos, y someterse al poder de la ley, sin pensar que eso es una confesión de debilidad. Solo en las relaciones internacionales se admite cínicamente la ley del más fuerte.

Stephen D. Krasner, en la conclusión de su obra *Soberanía*, escribe:

> La soberanía legal internacional se ha caracterizado siempre por una hipocresía organizada. Existe un divorcio entre normas y acciones. La lógica de las consecuencias ha triunfado sobre la lógica de la pertinencia.[63]

El Estado ha actuado como garante del derecho gracias a su monopolio de la fuerza, pero no hemos sabido cómo hacer lo mismo con los conflictos entre naciones. La soberanía se ha convertido en un ejemplo de la autonomía como forma de ser, lo que rompe el vínculo de cada nación con las demás. Ocurre con ellas lo mismo que ocurriría si la autonomía personal fuera el último criterio de comportamiento: acabaría en la mera afirmación de la voluntad y el deseo. Las autonomías personales y las autonomías nacionales derivan hacia lo inhumano cuando rompen la vinculación con los demás. La dificultad está en saber cómo evitarlo.

Capítulo séptimo

Escuela de ciudadanos

> El funcionamiento de las sociedades democráticas depende de complejos encajes de instituciones, tradiciones, normas, valores, comportamientos y patrones de pensamiento y, después de décadas de estudio sistemático, aún no se sabe a ciencia cierta qué es lo que las estabiliza.
>
> Hanno Sauer,
> *La invención del bien y del mal*[1]

La humanidad ha aprendido mediante lentos y dramáticos procesos de ensayo y error, de hipótesis y refutaciones. El escarmiento ha sido la gran pedagogía. Pero en una sociedad como la actual, donde los problemas se plantean de forma cada vez más acelerada, debemos aprender con mayor rapidez y eficiencia. Esa es la razón de ser de la Academia del Talento Político. Los politólogos están inquietos por la competencia de los políticos. La política y el derecho carecen de competencia cognitiva para estar, por ejemplo, a la altura de la innovación económica y tecnológica.[2] La sociedad civil está perdiendo el poder de influir en los acontecimientos (Acemoglu). Por ello, hay que cambiar la manera de entender la política, «que debe pasar de un estilo normativo a otro cognitivo, es decir, de una actitud ideológica a una disposición al aprendizaje».³ Un aprendizaje que debe ampliarse a toda la ciudadanía, porque «la reapropiación del conocimiento por parte de los ciudadanos es un paso esencial en la lucha por la igualdad».⁴ El origen de nuestros problemas políticos reside en el hecho de que la democracia necesita unos actores que ella misma es incapaz de producir.⁵ La Academia ideal que enmarca este libro tendría que eliminar ese déficit.

El poder y el contrapoder

Puesto que el poder no es de fiar, la «experiencia de la humanidad» ha ido perfilando una solución: crear un contrapoder. Es evidente que ese deseo tenía que venir de los afectados, de los súbditos y de los ciudadanos, es decir, de las posibles víctimas. Daron Acemoglu y James A. Robinson han explicado que el camino hacia las buenas soluciones es un «pasillo estrecho» entre un Estado fuerte, en el que rige la pasión por el poder, y una sociedad también fuerte, que necesita domesticarlo.⁶ Ambos son necesarios, pero entre ellos ha habido una pugna permanente. El politólogo suizo Alois Riklin ha estudiado los procedimientos mediante los cuales los humanos han intentado regular y compartir el poder.

> [A través de] innovaciones políticas inventadas por el hombre, comprobadas experimentalmente y ulteriormente desarrolladas, que en la historia de la civilización son al menos tan importantes como la invención de la imprenta, de la máquina de vapor o de las computadoras.

Después de tres mil años de ensayo y error, sostiene que Europa descubrió seis grandes procedimientos contra el abuso de poder, que «constituyen hoy el núcleo provisorio de las democracias constitucionales y sociales»:⁷

1. Control del poder mediante constituciones y leyes.
2. División del poder mediante la Constitución mixta o división de poderes.
3. Limitación del poder por medio de unos derechos fundamentales inviolables.
4. Moderación del poder mediante el principio de proporcionalidad.
5. Participación en el poder por los súbditos.
6. Nivelación del poder mediante la disminución de las barreras de acceso al poder.

La pasión por el poder es expansiva y no tiene sistemas autónomos de frenado. El límite tiene que venir de fuera. Puede venir, por ejemplo, de otro poder político, como en el caso del enfrentamiento entre el soberano y los nobles, que obligó a Juan sin Tierra a firmar la Carta Magna, que limitaba sus poderes. La crítica que los reaccionarios ingleses, como el inteligente Edmund Burke, hicieron a la Revolución francesa fue que al eliminar la aristocracia habían eliminado el gran freno al poder soberano absoluto. Lo único que habían hecho era cambiar la titularidad de ese poder: en vez de ostentarlo el monarca, lo ostentaba el pueblo. A su juicio, la tiranía del pueblo era igual de mala que la dictadura del monarca. Es lo que Tocqueville —lectura obligada en nuestra Academia— llamaba la «tiranía de las mayorías».

Estos avatares del poder, que la Ciencia de la Evolución de las Culturas nos enseña, refuerzan la necesidad de una escuela de ciudadanos, donde aprendan a comprender y a ejercer su propio poder político.

El tirano quiere que sus súbditos sean medrosos, desconfiados y pobres

El inevitable Maquiavelo no solo quiso enseñar al príncipe cómo conseguir y conservar el poder: también se propuso enseñar al ciudadano a ejercer el suyo para conseguir un *vivere civile e libero*. Criticó la religión cristiana porque sus valores resultaban perniciosos para la vida en libertad: primaba la contemplación sobre la acción, promovía la humildad y el desprecio de las cosas del mundo, debilitaba a los hombres al pedirles que soportaran las injusticias con paciencia. «Este modo de vivir parece que ha debilitado al mundo convirtiéndolo en presa de hombres malvados.»[8]

La referencia a Maquiavelo me ha recordado a un activista social que también quiso enseñar a los ciudadanos a ejercer su poder. Me refiero a Saul Alinsky, que quiso ser el Maquiavelo de la gente no poderosa. Al comienzo de su libro *Tratado para radicales* escribe:

> Lo que sigue está dirigido a quienes quieren cambiar el mundo actual. Maquiavelo escribió *El Príncipe* para ilustrar a los poderosos acerca de cómo conservar el poder. *Tratado para radicales* está dirigido a los desposeídos para mostrarles cómo arrebatárselo. [El primer paso es que el pueblo crea en la posibilidad de hacerlo, porque] si la gente no siente que tiene el poder de cambiar una mala situación, no pensará en ella.[9]

Conocí su obra cuando los republicanos americanos atacaron a Obama porque había estado trabajando con él. Y más tarde hicieron lo mismo con Hillary Clinton, quien había hecho su tesis sobre Alinsky. Este, después, le ofreció trabajo. Ella cuenta en sus memorias que lo rechazó porque Alinsky creía que las cosas solo podían mejorar yendo contra el sistema, mientras que ella pensaba que había que hacerlo desde dentro del mismo.

La falta de poder del pueblo es peligrosa porque deja campo libre a la tiranía, pero el exceso de poder popular ha sido temido siempre. Polibio llamó «oclocracia» al fruto de la acción demagógica. «Cuando esta [la democracia], a su vez, se mancha de ilegalidad y violencias, con el pasar del tiempo se constituye la oclocracia [*Historias* 6.4.10].» Según su teoría de la anaciclosis —teoría cíclica de la sucesión de los sistemas políticos, a la que alude Maquiavelo—, la oclocracia se presenta como el peor de todos los sistemas políticos, el último estado de la degeneración del poder. Polibio describe un ciclo de seis fases que hace volcar la monarquía en la tiranía, a la que sigue la aristocracia, que se degrada en la oligarquía; luego, de nuevo, la democracia piensa remediar la oligarquía, pero zozobra, ya en la sexta fase, configurándose como oclocracia, donde no queda más que esperar al «hombre providencial» que reconduzca el sistema a la monarquía. A nuestros alumnos debemos recordarles que los «automatismos perversos del poder» también se dan en el poder popular. Lord Acton, en su historia de la libertad, señala el problema que planteó el triunfo de la democracia.

> La consecuencia era que el pueblo tenía el derecho a hacer todo lo que estuviera en su poder, y respecto al bien y al mal no estaba sometido a ninguna norma que no fuera su propio juicio de oportunidad. En una celebre ocasión los atenienses reunidos en asamblea afirmaron que sería monstruoso que se les pudiera impedir hacer lo que quisieran. Ninguna fuerza existente era capaz de contenerlos. Decidieron que ningún deber debería frenarlos y que no estarían sometidos sino a leyes establecidas por ellos mismos. De este modo, el pueblo ateniense, absolutamente libre, se convirtió en tirano y su gobierno, iniciador de la libertad europea, fue condenado con terrible unanimidad por los más sabios entre los antiguos. Condujo a la ruina a la propia ciudad pretendiendo dirigir la guerra discutiendo en la plaza del mercado.[10]

Recordemos en qué punto de la argumentación estamos. La felicidad pública —es decir, la resolución óptima de los conflictos sociales— depende de la acción de dos agentes: el estamento político y la sociedad civil. La relación entre ambos agentes es variada. El poder político tiene que basarse en el apoyo del ciudadano, cuya colaboración necesita para resolver los problemas, pero eso puede hacerlo de una manera tramposa, utilizando la industria de la persuasión, o de una manera noble, fomentando el aprendizaje político de esa sociedad, aumentando su capacidad para resolver problemas, apoyando instituciones que la favorezcan.

Solo la colaboración de una alta competencia heurística de los gobernantes y de los ciudadanos permite alcanzar la felicidad pública. Por ello, la sociedad civil debe saber elegir y educar a sus políticos y, recíprocamente, el político debe no solo ejercer su competencia, sino fomentar que aumente la competencia ciudadana. El tirano hace justamente lo contrario. El descarado Bruce Bueno de Mesquita, de quien ya he hablado, ha escrito *El manual del dictador*, en el que, so pretexto de dar consejos a un aspirante a tirano, pone de manifiesto las tentaciones que experimenta el político.

> La relación política se basa en intereses personales. Al que quiere el poder no le interesa el bien común, sino el suyo propio. Las lealtades se mantienen mientras se las paga bien. El dinero es la fuente del poder político y por eso el tirano necesita hacerse con él. [...] Lo que constituye la esencia del mando es pagar a los seguidores, no gobernar bien ni representar la voluntad general.[11]

La habilidad del político consiste en saber a qué grupo premiar: es la ley implacable de la supervivencia política, a la que dedicó otro libro. El gobernante debe tener lo suficiente para pagar a los esenciales (a los oligarcas, JAM), por eso conviene que sean pocos, porque, cuando el número aumenta, la posibilidad de mantenerlos satisfechos disminuye. Ese es el problema que tiene el tirano con la democracia: no tiene para pagar a todos los ciudadanos directamente. Intenta hacerlo promoviendo los bienes comunes, que son una especie de beneficio masivamente compartido.

Las coaliciones pequeñas alientan regímenes estables, corruptos y orientados hacia los bienes privados. La elección entre aumentar el bienestar social o enriquecer a unos pocos privilegiados no es cuestión de lo benévolo que sea un dirigente. Puede que los motivos honorables le parezcan importantes, pero son aplastados por la necesidad de tener contentos a los partidarios y la manera de tenerlos contentos depende de a cuántos es preciso recompensar.[12]

Bueno de Mesquita está haciendo una crítica de la mala política, la basada en la pasión por el poder, que, en vez de intentar aumentar el capital heurístico del ciudadano, su capacidad de resolver los problemas, su empoderamiento, lo disminuye comprando su voluntad.[13] Esta idea de que al tirano, como opuesto al buen político, le interesa disminuir la capacidad de la población me ha hecho buscar en mi archivo algún otro manual de instrucciones para convertirse en tirano. He encontrado al menos dos: de Aristóteles y, una vez más, de Maquiavelo. Me centraré en Aristóteles. En su *Política*, Aristóteles estudia los métodos que utiliza un tirano para mantenerse en el poder. Aunque está describiendo, a veces parece que está aconsejando. El tirano debe reprimir toda superioridad en torno a él, es decir, le conviene rodearse de personas que no puedan hacerle sombra. Debe prohibir las reuniones, vigilar a todo el mundo, evitar que los ciudadanos se conozcan y confíen entre sí. Le conviene también fomentar la discordia, ahogar la educación y todo lo que aumente la cultura de los súbditos, etc. En resumen, el comportamiento del tirano busca tres objetivos: «la degradación moral de los ciudadanos, fomentar la desconfianza entre ellos, [y] empobrecerlos porque agobiados por sobrevivir no pensarán en rebelarse». Su análisis ejerció una larga influencia. En la segunda de *Las siete partidas*, Alfonso X traduce en bella prosa esas perversas acciones de los tiranos.

La primera es que estos tales pugnan siempre, que los de su Señorío sean necios e medrosos, porque quando tales fuessen, non osarían levantarse contra ellos, ni contrastar sus voluntades. [...] La segunda es que los del pueblo ayan desamor entre si, de guisa que non se fien unos de otros, ca mientras en tal desacuerdo bivieren, non osaran fazer ninguna fabla contra el, por miedo que non guardarían entre si fe, ni puridad. [...] La tercera es que pugnan de los fazer pobres e de meterles a tan grandes fechos, que los nunca pueden acabar, porque siempre ayan que ver tanto en su mal, que nunca les venga al corazón, de cuydar fazer tal cosa, que sea contra su Señorío.

Lo que mantiene al tirano es la carencia de competencia heurística por parte del pueblo. La ley del progreso ético recoge los antídotos a este perverso designio. Para que los ciudadanos no sean *necios*, hay que eliminar la ignorancia y el fanatismo; para no sean *medrosos*, es necesario eliminar el miedo al poder; para no dejarse llevar del *desamor entre sí*, favorecer la confianza y la cooperación; y para no *fazer pobres* aumentar la prosperidad general.

El capital heurístico de una sociedad

Me parece un desastre que el concepto de «capital» se haya reservado para el ámbito económico cuando tiene un significado mucho más amplio. Capital es el conjunto de recursos acumulados que aumentan la capacidad de acción o de producción de una persona o una comunidad. Por lo tanto, hay tantos tipos de capital como de recursos: financieros, intelectuales, sociales, éticos, emocionales, culturales, etc. Los sociólogos hablan de «capital social o comunitario». Robert Putnam lo define como «las características de una organización social —como la confianza, las normas, la participación— que contribuyen a aumentar la eficiencia de una sociedad, facilitando las acciones coordinadas». El concepto le sirvió para explicar por qué la democracia italiana, con las mismas leyes, funcionaba mejor en unas regiones que en otras. La causa, a su juicio, es que unas tenían un capital social que les permitía ser eficientes, y que derivaba de su tradición cultural, de su educación, de su forma de establecer relaciones y resolver conflictos.[14] Para Fukuyama la función principal del capital social es permitir la colaboración.[15] La definición que da la OCDE en *The Well-being of Nations* es: «Redes que comparten normas y valores que facilitan la cooperación dentro o entre los grupos. Los factores esenciales son: participación política, implicación cívica, sociabilidad, confianza». La definición no me gusta, porque no permite decir si un alto capital social es bueno o malo. La Mafia tiene un alto capital social entre los suyos. Víctor Pérez-Díaz, al estudiar la evolución del capital social en España, señala que durante la guerra los dos bandos tuvieron uno alto: se sentían unidos en un proyecto común pero opuesto (ganar la guerra).[16] Es preciso, por ello, añadir un criterio de evaluación a la definición dada por los sociólogos. El capital social es, en realidad, un capital heurístico y su nivel depende de cómo colabore a conseguir la felicidad pública. Cuando Fukuyama se pregunta por qué era disparatado intentar imponer a Afganistán una democracia desde arriba, responde que no tenían el «capital social necesario» para hacerlo, porque es una sociedad tribal, sometida a un sistema de poder ancestral, incompatible con la democracia.

El concepto de capital social me parece importante. ¿Por qué no funcionan los programas contra la violencia de género? ¿Por qué no conseguimos limitar el consumo de drogas? ¿Por qué estamos presenciando el auge de las llamadas «democracias iliberales»? ¿Por qué es tan difícil mejorar un sistema educativo? ¿Por qué los padres no pueden educar? Mi respuesta es: porque hay una quiebra de capital social comunitario, es decir, de capital heurístico (a partir de ahora usaré «capital social» y «capital heurístico» como sinónimos), por eso las acciones específicas tienen tan poco éxito. Los estudios nos dicen que un alto capital heurístico favorece la buena marcha de las instituciones democráticas (Putnam), crea prosperidad económica (Fukuyama), fomenta el éxito educativo (Coleman, Favre y Jaeggi), mejora la salud pública (Carrillo, Riera) y aumenta el bienestar social (OCDE).

Uno de los componentes del capital social es la confianza, porque facilita la cooperación. Hay factores sociales que influyen en ella, como la desigualdad, que erosiona la estructura básica de la sociedad[17] y que depende de la cultura. Henrich, en *Las personas más raras del mundo*, indica que las comunidades «raras» confían más en los desconocidos que las poblaciones «no-raras». El 70 por ciento de los noruegos confía en los demás, mientras que solo el 5 por ciento de los habitantes de Trinidad y Tobago lo hace. Los italianos del norte dieron valores más altos que los del sur.[18]

En mi búsqueda de información sobre formas exitosas de resolver problemas públicos, tenía forzosamente que encontrarme con Elinor Ostrom, premio Nobel de Economía por sus investigaciones sobre la manera en que algunos grupos aprenden a resolver problemas de acción colectiva, como la administración de los bienes comunes.[19] Ha reunido más de cinco mil casos, número suficiente para permitirle generalizar empíricamente el fenómeno: los recursos forestales mancomunados de Japón, los pastos colectivos de Suiza y las comunidades regantes en España y Filipinas, por ejemplo. Aportó ejemplos de comunidades que, desde hace varios siglos, comparten bienes públicos sin esquilmarlos. El Tribunal de Aguas —magnífica institución valenciana— es uno de ellos. Al comparar las distintas comunidades, Ostrom comprobó que los grupos son capaces de organizar y controlar su conducta colectiva. Pero tienen que ser conscientes de que viven en comunidades delimitadas donde la colaboración continuada obtiene recompensa, es decir, viven en un marco temporal largo y estable. Aristóteles ya había observado que «lo que es común para la mayoría es de hecho objeto del menor cuidado. Todo el mundo piensa principalmente en sí mismo, raras veces en el bien común». Gran parte del éxito de la gestión del bien común, en muchas partes del mundo, es causado por un incremento del capital social de cada región y del enfoque multidisciplinario de la ciencia social. Importa dejar constancia de que el capital social debe considerarse un paso hacia adelante en las ciencias sociales y en la política, dado que existe una correlación favorable entre el capital social y el desarrollo sostenible, en conjunto con el orden democrático.[20] Una *visión expansionista*, que permite relacionar al capital social con la acción colectiva y con las políticas públicas.[21]

Una cultura heurística

Al estudiar la competencia heurística de los políticos la desglosé en dos aspectos. Uno más general —la personalidad, la orientación activa y tenaz a los problemas, las creencias en la propia eficacia— y otro más concreto —las habilidades necesarias para resolver los problemas—. Al estudiar la competencia social encontramos los mismos niveles. Los especialistas en organización de empresas, también. Distinguen el capital humano, que son las habilidades que tienen cada uno de los miembros de la empresa, y el capital social, que es el clima de la compañía, las rutinas de trabajo, la relación entre los empleados, la confianza, el modo de distribuir la información. Esta coincidencia me hace pensar que estoy enfocando bien el análisis.

Como ya he dicho, hay sociedades activas y sociedades estadizas. A estas les cuesta pensar en la posibilidad de cambiar. Lev Vygotsky y Alexander Luria estudiaron el pensamiento de tribus nómadas del sur de la Unión Soviética. Ante la pregunta «¿Cómo sería vuestra vida si os marchaseis a una ciudad?», la respuesta era siempre «No voy a vivir nunca en la ciudad». Eran incapaces de moverse en el terreno de lo posible. Su franja imaginativa era muy estrecha.[22] Las culturas activas, por el contrario, son exploradoras, disfrutan con el cambio, premian a los innovadores.

Otro aspecto relevante es el modo de enfrentarse con los conflictos. Marc H. Ross ha estudiado la forma de resolver los conflictos en diferentes culturas (lo mismo que yo intenté hacer en las familias). En el *coping*, en la manera de enfrentarse, influyen muchos condicionamientos sociales, creencias, interpretaciones, expectativas, teorías sobre el mundo.[23] Hay culturas violentas y culturas pacíficas. Las naciones europeas han sido inquietas y agresivas, y eso ha marcado su cultura e hizo que se adueñaran de la mayor parte del mundo. Al mismo tiempo, intentaron reducir la violencia interior, y crearon sistemas jurídicos, políticos y morales muy sofisticados, que condujeron a los modelos democráticos, el sistema judicial, la seguridad social y la sanidad y educación públicas. Los avances en política interior no iban acompañados de un avance similar en política internacional, regida por el conflicto, la política del poder y la guerra. Como ya se ha defendido, una tarea para los políticos de la siguiente generación es la de ampliar las soluciones internas a los problemas internacionales.

Un tercer rasgo del capital social es la participación ciudadana en los asuntos públicos, en organizaciones de ayuda. A Tocqueville le admiró la capacidad que tenían los estadounidenses para ser al mismo tiempo muy individualistas y muy cooperadores. La mejor manera de hacer compatibles movimientos tan contradictorios era asociarse: «Las asociaciones son las que en los pueblos democráticos deben ocupar el lugar de los particulares poderosos que la igualdad de condiciones ha hecho desaparecer». Para subrayar la relevancia de las asociaciones civiles, el autor afirma que si los hombres «no adquiriesen la costumbre de asociarse en la vida ordinaria, la civilización misma estaría en peligro». Las asociaciones civiles son, fundamentalmente, la respuesta para un gran problema que coadyuva a la generalización del despotismo de la mayoría: el egoísmo o individualismo creciente. Efectivamente, para Tocqueville el despotismo «ve en el aislamiento de los hombres la garantía más segura de su propia duración y procura aislarlos por cuantos medios están a su alcance».[24] Aristóteles se refería a esto al decir que el tirano fomenta la desconfianza. Es por ello por lo que, si se pretende conservar la libertad, es fundamental interesar a los hombres en los asuntos públicos, particularmente en los cotidianos, pues es más fácil llamar su atención sobre estos que sobre los grandes intereses nacionales, y así alejarlos de sus intereses privados inmediatos.

Estas actitudes se basan en creencias básicas. Max Weber estudió cómo las creencias religiosas influían en las decisiones económicas o políticas. El catolicismo fomentaba una cultura de la obediencia y del desinterés por los bienes materiales. El protestantismo, una cultura del libre examen, de la responsabilidad personal sin intermediarios entre el creyente y Dios, y de interés por los asuntos materiales. También se distinguieron por su postura ante la educación. El énfasis que los reformistas pusieron en la lectura de la Sagrada Escritura hizo que dieran mucha importancia a la alfabetización. En el universo hindú, los budistas desprecian los bienes terrenales, pero no así los sijs, cuya religión es compatible con el éxito en los negocios (de hecho, Manmohan Singh, el primer ministro que cambió la economía de la India, es sij). La influencia política del confucianismo y su búsqueda de la armonía es decisiva en la actual política china.

El sistema inmunológico social

El síndrome de inmunodeficiencia está bien descrito en los individuos: un organismo pierde su capacidad de defenderse contra un agente patógeno. Su sistema inmunitario deja de funcionar. Pero creo que no está descrito en su dimensión social: una sociedad puede también perder esa capacidad, y volverse incapaz de aislar, combatir, neutralizar o expulsar los elementos dañinos. Sus defensas se debilitan, se hace más vulnerable y no reacciona ante el agresor que la ataca. No debemos olvidar que las sociedades tienen también su patología. Por eso, las hay sanas y enfermas. La proliferación de casos delictivos en el mundo político y en el mundo empresarial, la quiebra de la confianza en las instituciones, la desmoralización —en su doble sentido de falta de energía ética y de abundancia de comportamientos indignos—, son una prueba de que nuestra salud es precaria. No nos escandalizamos ya por nada. Resulta peligrosa la facilidad con que todos nos habituamos a cualquier cosa, sometidos a un lento proceso de intoxicación. «¡Qué difícil es no caer cuando todo cae!», se quejaba Antonio Machado.

La *inmunodeficiencia política* es una de las manifestaciones de un pobre capital social. Detectar los factores que disminuyen las defensas de una sociedad puede servirnos para descubrir sus antídotos. Tal vez el virus social más demoledor sea la carencia de pensamiento crítico. Parece que estamos encantados de que nos timen. Aplaudimos a los pícaros, los convertimos en un espectáculo, con lo que quitamos mordiente a sus tropelías. Es cierto que la democracia parlamentaria tiene como núcleo esencial el debate, pero se puede debatir sin ningún sentido crítico, y así se hace cuando cada bando se limita a exponer sus posiciones ideológicas dogmáticamente. Los «argumentarios» de los partidos me parecen penosos porque fomentan la pereza de la inteligencia y el gregarismo sectario. Una especie de pensamiento único de capillita.

Una serie de creencias patógenas disminuye también la capacidad de respuesta. La convicción de que todo desafuero queda impune es una de ellas. Otra, la creencia en la inevitabilidad del fenómeno. En esta convicción coinciden gentes muy distintas. Unos piensan que así es la naturaleza humana, otros que todo es consecuencia del sistema. Ambos grupos se instalan en un pesimismo escéptico que debilita el organismo social y genera un sistema de excusas: puesto que las cosas son como son y no tienen remedio, ¿para qué esforzarse? Esta «impotencia confortable» es una muestra del colaboracionismo del que hablaba antes. Es una renuncia a la competencia heurística.

Una de las causas de la inmunodeficiencia es la polución informativa. La falta de información, la información sesgada, el adoctrinamiento impide hacerse cargo de la realidad. Los artículos de Ida Tarbell, que luego reunió en su libro *La historia de la Standard Oil Company*, permitieron a muchos americanos conocer las prácticas comerciales de esa compañía. *La jungla*, de Upton Sinclair, reveló las terribles condiciones laborales de la industria cárnica, y Lincoln Steffens escribió sobre la corrupción política en las grandes ciudades.[25] Todos intentaron purificar el ambiente informativo para, así, aumentar el capital social.

Las habilidades heurísticas

Las habilidades heurísticas —los métodos para resolver problemas— son las mismas que estudié en el capítulo 3: identificación del problema y soluciones y tanteos combinatorios, cada una acompañada de una evaluación.

Estas habilidades pueden ejercerse en soledad, pero hay una que necesita de compañía. Me refiero al «uso racional de la inteligencia», a la inteligencia compartida. La inteligencia es una facultad que puede utilizarse para conseguir fines individuales: el egoísmo puede ser inteligente. Pero que la inteligencia nazca de la soledad es una situación anómala, propia de Robinson Crusoe y otros náufragos, porque el ser humano es un ser social. Su inteligencia se desarrolla en un entorno social que la estimula o la bloquea. En contacto con otras inteligencias, con otros deseos, aspiraciones o argumentos, la «inteligencia individual» tiene que convertirse en «inteligencia compartida», y de esa interacción surgen efectos nuevos. Uno de ellos es el «uso racional de la inteligencia», que tiene que buscar valores y verdades compartidas, evidencias que deben corroborarse de tal manera que se admitan universalmente.

DE NUEVO, LA LEY DEL PROGRESO ÉTICO DE LA HUMANIDAD

Recordaré de nuevo la ley del progreso ético de la humanidad:

> Los seres humanos, cuando se liberan de la pobreza extrema, la ignorancia, el dogmatismo, el miedo al poder y la insensibilidad hacia el prójimo, evolucionan convergentemente hacia un modelo de felicidad pública que se caracteriza por el reconocimiento de derechos individuales, la racionalidad como forma de resolver problemas, la participación en el poder, el rechazo de desigualdades no justificadas, las garantías procesales y las políticas de ayuda. De esta manera se facilita la satisfacción de los tres grandes deseos que constituyen la felicidad: sobrevivir agradablemente, mantener relaciones sociales satisfactorias y ampliar nuestras posibilidades de acción.

Esta ley proporciona a la Academia una hoja de ruta. La eliminación de los obstáculos desencadena la marcha evolutiva de la inteligencia humana, que, mientras no la bloqueen otras fuerzas, acabará fortaleciendo el capital heurístico de una sociedad y, antes o después, la felicidad pública.

Capítulo octavo

La guerra y la insuficiencia de la paz

> Óyeme, protector de los mortales, dispensador de la arrojada juventud, mientras expandes desde lo alto sobre nuestra vida tu suave brillo y tu fuerza marcial. Concédeme el valor para permanecer dentro de las normas inviolables de la paz, huyendo del fragor de los enemigos y de violentos destinos de muerte.
>
> Proclo, *Himnos Homéricos*,
> «Himno VIII. A Ares [dios de la guerra]»[1]

¿Es la guerra una solución?

Todo aspirante a político debería saber qué pensar acerca de la guerra y acerca de la paz, por eso he introducido este tema en la programación de nuestra Academia. La guerra es un fenómeno tan universal, dramático, polivalente y total que puede servirnos para aplicar todo lo que llevo expuesto en este libro. A todos los niveles es un buen ejemplo de psicohistoria. Es la culminación natural de la política como conflicto. La tríada pasión por el poder/política como conflicto/guerra es implacable.

Comencemos por el principio. ¿Quién declara las guerras? Los ciudadanos nunca declaran la guerra. Como mucho, pueden iniciar un motín. La guerra era una prerrogativa reservada al soberano: era educado para ella. En Europa se había convertido en un «deporte real».[2] Los soberanos del otro lado del mundo parecían menos belicosos. Es la conclusión del jesuita italiano Matteo Ricci, quien estuvo tres décadas de misionero en China. Aunque, en su opinión, China hubiera podido conquistar fácilmente algunos estados vecinos, ni los emperadores ni los oficiales tenían ningún interés en ello: «Ciertamente, esto difiere mucho de lo que sucede en Europa, puesto que a los reyes europeos les motiva el impulso insaciable de extender sus dominios». Esto es, por ejemplo, lo que Baltasar Gracián elogia en Fernando el Católico: su afán de engrandecer su reino.

La guerra siempre es el fruto de decisiones personales, y para comprender cada una de ellas es necesario conocer un entramado de intereses, influencias, ambiciones y expectativas. Esto no ocurre solo en las guerras modernas. G. P. Gilbert ha estudiado las guerras preestatales y comprobado que en ellas la figura del jefe guerrero es determinante. Con ellos aparece la «guerra de jefatura», caracterizada por sumar a los desencadenantes posibles de la guerra la búsqueda por parte de los jefes de bienes, prestigio y gloria. Es decir, de su felicidad personal.[3] Donald Kagan, que estudió a fondo la historia completa de la guerra del Peloponeso, lo que le ocupó veinte años y cuatro volúmenes, recuerda el elemento personal en las guerras, que «no siempre comienzan debido a ideas cósmicas, intereses o una cierta ideología, sino que a menudo lo hacen debido a impulsos humanos de personas de carne y hueso, con sentimientos hipertrofiados sobre el honor, el prestigio, o los agravios».[4] En *Las cruzadas vistas con rayos gamma* he tanteado la posibilidad de analizar a los personajes cuyas decisiones iniciaron la primera cruzada.[5] No fue un movimiento espontáneo. La predicó el papa Urbano II en un momento delicado de su pontificado, movilizando emocionalmente a las masas. Pero después de hacerlo dedicó los meses siguientes a recorrer Francia para comprometer a obispos y abades en la predicación de la cruzada, y para implicar a los nobles ricos acostumbrados a pelear. Cada uno de esos personajes lo hizo por sus propias motivaciones, no siempre coincidentes. Es decir, cada uno de ellos buscaba su propia felicidad (con minúscula) y alguno también su Felicidad (la salvación). Jonathan Glover opina que raramente los conflictos tribales «estallan» de forma espontánea.

> La hostilidad es inflamada por la retórica nacionalista de los políticos. Otros grupos se sienten luego amenazados y reaccionan con su propio nacionalismo defensivo. La gente se ve empujada a una trampa política. A continuación, por vías psicológicas más profundas, los grupos rivales resultan mutuamente atrapados por sus respuestas recíprocas. Así es como se dividió Yugoslavia. [...] En la antigua Yugoslavia era imposible que la mayoría deseara el conflicto étnico. Cerca del 40 por ciento de las familias procedía de una mezcla de etnias. Pero los grupos étnicos nacionales parecían la única protección contra las amenazas de otros grupos.

Estudia también el caso de Ruanda. El genocidio no fue una erupción espontánea del odio rival, sino que estuvo planificado por gente que deseaba mantener el poder.[6] Estos actores en la sombra repetían continuamente por todos los medios propagandísticos posibles que «había que limpiar el país de tutsis»: «No repetiremos el error de 1959. Es preciso matar también a los niños».

Como he dicho, la pasión por el poder es expansiva. Nunca tiene bastante. De ahí el apetito de conquista. Poder por puro deseo de poder. Plutarco cuenta que un día Pirro afirmó: «Primero vamos a someter a Grecia». «¿Y después?», le preguntó Cineas. «Ganaremos África.» «¿Y después de África?» «Pasaremos a Asia: conquistaremos Asia Menor, Arabia.» «¿Y después?» «Iremos hasta las Indias.» «¿Y después de las Indias?» «¡Ah! —suspiró Pirro—, descansaré.» Así pues, Cineas le hizo una última pregunta: «¿Por qué no descansar entonces, inmediatamente?».

La voluntad de poder no quiere descansar. Schumpeter, en su estudio del imperialismo (que consideraba una de sus principales obras), señala que lo específico es que no pretende nada: el imperialismo es «la disposición infundamentada de un Estado hacia la expansión violenta y sin limitaciones». Es decir, se relaciona con una agresividad «justificada por sí misma», buscando «la expansión por la expansión, la guerra por la guerra, la victoria por el mero deseo de vencer, el dominio por el afán de dominar», y tal determinación no puede explicarse «recurriendo a los consabidos pretextos que justifican la acción», «en razón de ventajas inmediatas» o «por la presión de intereses concretos».[7] ¿Qué impulsó a Leopoldo II de Bélgica a emprender la ignominiosa colonización del Congo? Quería entrar en el club de las naciones con colonias. El afán de dinero, la inhumanidad, la crueldad innecesaria se cuelan con facilidad por el hueco abierto por la pasión por el poder.[8]

Conseguir más poder, más riquezas, más prestigio es una de las causas de la guerra. La responsabilidad de Guillermo II en el desencadenamiento de la Primera Guerra Mundial es bien conocida. Lo es menos la influencia que tuvo en esa decisión la necesidad de afirmar su inseguridad y de superar un defecto físico que le preocupó toda su vida. La política de Tony Blair, incluida su participación en la guerra de Irak, estuvo influida por su obsesión de no parecer un líder débil. La sombra de Chamberlain y los Acuerdos de Múnich han influido en decisiones bélicas —por ejemplo, la política de Johnson en Vietnam— difundiendo un miedo a intentar apaciguar.[9]

Para impedir que la decisión de una persona pueda desencadenar un horror que afecte a la vida de millones de personas, las constituciones democráticas atribuyen a los parlamentos la capacidad de declarar la guerra. El artículo 63 de la Constitución española confiere al rey esa potestad, previa autorización de las Cortes Generales. Aunque no está expresamente indicado, es el Gobierno quien debe iniciar el trámite de esa autorización. La necesaria aprobación parlamentaria —y, si es posible, la popular— pone siempre en marcha un proceso de movilización desde el poder. Sin embargo, son frecuentes los casos, como el de Johnson, en que los gobernantes buscan modos de evitar ese control. Ser jefe de guerra es la culminación de la pasión patológica por el poder.

La glorificación de la guerra

La guerra ejerce una oscura fascinación que pervierte la sensibilidad humana. Una fascinación muy parecida a la que despierta el poder. Ha habido una confabulación universal para ennoblecerla, para considerarla una gloriosa solución y el motor del progreso. En el siglo v a. C. el filósofo chino Mozi señalaba ya esta contradicción:

> Matar a un hombre es ser culpable de delito capital, matar a diez hombres supone incrementar la culpa diez veces, matar a cien hombres es incrementarla cien veces. Todos los soberanos de la Tierra lo reconocen, y, sin embargo, cuando se trata del crimen más grave —hacerle la guerra a otro país— ¡lo elogian! [...] Quienes reconocen un delito menor, pero no reconocen el peor crimen de todos —la guerra contra otro país—, sino que en realidad lo ensalzan, no distinguen el bien del mal.[10]

Aunque la línea evolutiva de la humanidad consiste en pasar del formato conflicto al formato problema, la guerra, quintaesencia del formato conflicto, se mantiene. El rechazo universal que provoca no impide que vuelva a aceptarse una y otra vez, y que ese jinete del Apocalipsis siga cabalgando por el globo entero. Decir que es un mal inevitable me parece un ejemplo de pensamiento perezoso. Las naciones democráticas han encontrado formas de resolver los enfrentamientos, las luchas por el poder, las agresiones, mediante unos procedimientos eficaces: Estado de derecho, división de poderes, monopolio estatal de la fuerza, sistemas jurídicos, policía, establecimientos penitenciarios, etc. La Unión Europea ha conseguido unir bajo una misma estructura democrática a naciones que han estado secularmente en guerra. ¿Por qué no lo hemos conseguido a escala universal?

No es verdad que todo el mundo quiera la paz. Mucha gente considera que la guerra es la madre de la historia, del progreso, de las grandes instituciones y de los grandes valores morales. Voy a estudiar dos de las glorificaciones de la guerra, para intentar inmunizarnos contra ellas:

La guerra como experiencia cumbre

Ya Tácito señalaba que las tribus germánicas preferirían «desafiar al enemigo y ganar el honor de las heridas» al «duro trabajo». Les parecía aburrido y estúpido adquirir con el sudor lo que podían conquistar con la sangre. Hay una «ebriedad de la lucha» que resulta adictiva para muchas personas, y que la psicohistoria trata de aclarar. ¿De dónde proceden esos placeres bélicos? Victor Nell cree que podrían explicarse evolutivamente por nuestro pasado nómada y cazador.[11] «Nuestro cerebro lleva la herencia de nuestra etapa de cazadores recolectores, el modo de vida de la humanidad en la mayor parte de la historia», escribe Karen Armstrong. La caza y la guerra producían una experiencia trascendente.[12]

Los héroes homéricos vivían para la guerra, aunque fuera peligrosa y terrible. Homero celebraba la emoción del combate, la alegría de la camaradería y la gloria de la *aristeia* (cuando un guerrero se perdía a sí mismo en un «asalto victorioso» y se convertía en una fuerza irresistible que lo arrasaba todo ante él). En la guerra, según parece indicar Homero, los hombres vivían de una forma mucho más intensa. Si sus gloriosas hazañas eran recordadas en canciones épicas, el héroe conseguía superar el olvido de la muerte y alcanzaba la única inmortalidad posible para los seres humanos: la fama.[13] Las cosas no han cambiado mucho. Chris Hedges ha descrito la vivencia del combatiente:

> La guerra hace que el mundo sea comprensible, un cuadro en blanco y negro que divide a buenos y malos. La mayoría de nosotros acepta la guerra con gusto, siempre y cuando pueda ser enmarcada en un sistema de creencias que postule el sufrimiento como algo necesario para un bien superior, pues los seres humanos no solo buscan la felicidad, sino también el sentido. Y, por desgracia, a veces la guerra es la herramienta más poderosa de que dispone la sociedad humana para alcanzar el sentido.[14]

Un veterano de Vietnam hablando de sí mismo decía:

> Mientras estaba allí me sentía increíblemente vivo. Me encantaba sentir el impulso de la adrenalina, el modo en que quieres a tus compañeros, tus rudos amigos. Tan irreal, y lo más real que nunca me ha pasado. Tal vez lo peor es vivir en tiempos de paz, sin la posibilidad de rozar esas alturas. Odio lo que esas alturas representan, pero las amo.[15]

Hay que señalar, además, que muchos hombres han encontrado su felicidad en la guerra. Que van a ella por lo que los psicólogos llaman «motivación intrínseca», es decir, por el placer mismo de guerrear. «Si tuviera un pie en el paraíso —exclama Garin Le Loherain, el héroe de una canción de gesta—, lo retiraría para ir a pelear.» El trovador Bertran de Born —a quien Dante representó en el infierno llevando ante sí, como una linterna, su cabeza cortada— fue más explícito:

> ¡Mi corazón se hincha de gozo cuando veo fuertes castillos cercados, estacadas rotas y vencidas, y que cuando las huestes choquen, los hombres de buen linaje piensen solo en hender cabezas y brazos! [...] ¡Señores, hipotecad vuestros dominios, castillos y ciudades, pero jamás renunciéis a la guerra![16]

Esta belicosidad atraviesa los siglos. El 28 de julio de 1914, Winston Churchill escribe a su mujer: «Todo tiende a la catástrofe y al colapso. Me siento interesado, listo para la acción y feliz. ¿No es horrible estar hecho de esta manera? Ruego a Dios que me perdone tan tremenda frivolidad». El historial belicista de Churchill es largo y bien conocido. Escribió que había tomado parte «en un montón de estupendas pequeñas guerras contra pueblos bárbaros» del Imperio británico. En una de esas guerras estupendas, escribió:

> Avanzábamos de manera sistemática, pueblo por pueblo, y destruíamos las casas, cegábamos los pozos, derribábamos las torres, cortábamos los árboles umbrosos, quemábamos las cosechas y demolíamos las presas produciendo una devastación punitiva.

Churchill estaba a favor de esas atrocidades porque «la estirpe aria está destinada a la victoria», y dijo «estar totalmente a favor de utilizar gas venenoso contra esas tribus de salvajes».[17]

Anton von Krockow describe el entusiasmo de la gente al comienzo de la guerra, en 1914:

> Agosto de 1914 señala, sin duda, un giro del destino, el final de la modernidad y el comienzo de una nueva era que nos sorprende siempre por su extrañeza. [...] La ola de entusiasmo que recorrió la nación, un entusiasmo [...] que solo se deja describir como embriaguez y delirio, como éxtasis. Lo que la guerra parecía ofrecer era, sobre todo, un nuevo vínculo, una comunidad decisiva y determinada, precisamente la comunidad que había estado buscando el movimiento Jugend.[18]

La guerra como superación del ser humano

La guerra es sufrimiento, miseria, pobreza, deshumanización del enemigo y del propio combatiente. Resulta difícil comprender que un pensador sensible, amante de la paz, como Kant, pudiera escribir: «La guerra misma tiene algo de sublime en sí, y, cuanto mayores son los peligros que ha arrastrado un pueblo, más sublime es su modo de pensar». Hegel defendió el valor ético de la guerra, «como estado en el cual se toma en serio la futilidad de los bienes y las cosas de este mundo, y los pueblos salen de un letargo que los enferma y a la larga envilece».

La guerra preserva la salud ética de los pueblos igual que el movimiento de los vientos preserva al marinero de la pereza en que lo haría sucumbir una calma duradera, tal como lo hace con los pueblos una paz duradera o, peor, eterna.

No es un darwinismo social, que desecha al débil, sino un mecanismo de superación que lo mejora. Es lo que hace que Nietzsche elogie al guerrero en *Así habló Zaratustra*:

Debéis amar la paz como medio para nuevas guerras. Y la paz, más corta que larga. ¿Vosotros decís que la buena causa es la que santifica incluso la guerra? Yo os digo: la buena guerra es la que santifica todas las causas. ¡Vivid vuestra vida de obediencia y de guerra! ¡Qué importa vivir mucho tiempo! ¡Qué guerrero quiere ser tratado con indulgencia!

La influencia que estas ideas tuvieron en la ideología nazi es una razón más para investigar tan intrigante asunto. El romanticismo pensó que la tragedia, el derramamiento de sangre, la lucha, eran propios del orden natural. Como decía Herder: «Los hombres desean armonía, pero la naturaleza sabe mejor lo que es bueno para la especie: desea conflictos». La exaltación de la lucha en «la naturaleza roja de dientes y garras» (como decía Alfred Tennyson) fue un tema omnipresente en el arte y la escritura del siglo XIX. Una de las derivaciones de esa sensibilidad fue el nacionalismo militante, que acabó siendo conocido como «sangre y suelo». Defendía la idea de que un grupo étnico y la tierra de la que es originario forman un todo orgánico con cualidades morales únicas y que su grandeza y esplendor valen más que la vida y la felicidad de sus miembros individuales. Otro fue el militarismo romántico, con la idea de que «la guerra eleva el espíritu; es noble, virtuosa, gloriosa, heroica, estimulante, bella, sagrada, emocionante».[19]

La utilidad de la guerra

La guerra aparece pues como experiencia cumbre, como generadora de la excelencia humana, de la valentía, el heroísmo, el patriotismo, la generosidad. En cambio, la paz fomenta la molicie, el hedonismo, las envidias. Se va dibujando una imagen grandiosa de la guerra que, por supuesto, evita las descripciones atroces. Max Scheler, uno de los filósofos éticos más influyentes del pasado siglo, consideraba que «en la guerra se lucha por algo superior a la existencia»; por eso está permitido matar. Este es el centro de todas las glorificaciones de la guerra: el reconocimiento de que hay valores más altos que la propia vida, una afirmación de trascendencia, de búsqueda de sentido por elevación, que se sirve de la excitación guerrera para mantenerla. El guerrero ha sido la imagen del valiente por antonomasia, como defiende Menón en el diálogo platónico que lleva su nombre. Y todas las culturas han ensalzado la valentía.

Se elude el horror de la guerra pensando que no es un acontecimiento personal. Son los Estados los que guerrean, y aquí aparece de nuevo la torva faz de la pasión por el poder. Scheler publicó en 1915 *El genio de la guerra y la guerra alemana*, en donde sostiene que la realidad del Estado solo se percibe con evidencia en las situaciones bélicas: «En la acción guerrera se hace verdaderamente visible a nuestra mirada mental la realidad de la nación». Lo que a Scheler le parece grandioso a mí me parece aterrador: el individuo ha dejado de existir ante la potencia sublime de la Nación y del

Estado. En la primera versión de su libro, titulado *Modelos y líderes*, el héroe scheleriano es «el intrépido que tiende hacia lo desconocido y gana allí un nuevo sentido para la vida». Militares, colonizadores y estadistas son los principales tipos de héroes, siendo este último el verdadero artífice de la política, pues «eleva a su Estado activamente a un grado superior de su desarrollo». Representa la totalidad del Estado y está movido por una «apasionada voluntad de poder». Cita como ejemplos insignes a Napoleón, Federico el Grande y Bismarck. El filósofo alemán describe la guerra como la afirmación de los impulsos vitales de las personas singulares, espirituales e individuales concentradas en una persona colectiva, independiente, espiritual e individual, conocida como «Estado», una «persona colectiva». Con razón le criticó Ortega:

> Enoja a Scheler que no se reconozca en el Estado una persona real, tan real como el individuo. ¿No debe enojar más que Scheler rebaje, dentro de la enorme persona Estado, la persona individual al papel de una imagen, de una sensación, de un instinto?[20]

Así, los sufrimientos de la guerra desaparecen. Tenemos que desmitificar la guerra como fenómeno abstracto y enfocarla como un acontecimiento que afecta a individuos. Solo jurídicamente son los Estados quienes entran en guerra: son los individuos en el poder los que comprometen por medios coactivos, emocionales o morales a otros individuos. En la batalla de Waterloo no se enfrentaron dos ejércitos como entidades autónomas, sino miles de individuos agrupados en dos huestes. Cuando el poeta escribió «Oigo, Patria, tu aflicción», estaba utilizando una licencia poética. La patria no siente ni aflicción ni alegría: eso lo experimentan los patriotas. Los problemas colectivos —sociales, económicos, políticos— nunca se dan en un nivel abstracto, y, cuando se plantean así, los resultados no son buenos. Stalin lo vio implacablemente: una muerte es una tragedia, un millón de muertes es una estadística. Gran parte de la historia se ha escrito sobre ficciones estadísticas, olvidando la palpitación concreta. Las batallas napoleónicas pueden recordarse como inscripciones gloriosas en el Arco del Triunfo de París, o estudiando las fosas donde reposan los cadáveres de los combatientes, como ha recordado Alfredo González Ruibal.[21] El 25 de octubre de 1854, durante la batalla de Balaclava, lord Cardigan lanzó la famosa carga de la brigada ligera, un ejemplo bochornoso de incompetencia militar, pero que fue cantada en un gran poema por Tennyson: «No estaban allí para replicar. / No estaban allí para razonar. / Estaban para vencer o morir».

Se ha criticado el modo incompetente en que los Estados Mayores manejaron a sus tropas en la Primera Guerra Mundial causando cientos de miles de bajas.[22] El 1 de julio de 1916 comenzó la batalla de Somme, que duró hasta noviembre y en la que los Ejércitos alemanes e ingleses sufrieron un millón de bajas. Una gesta heroica y estúpida. Sobre los mapas, los regimientos o las divisiones se mueven como si fueran entidades unipersonales, y se olvida que son agregaciones de personas. Un problema social como la pobreza está compuesto de cientos de millones de historias de miseria. Sin hacer ese descenso a la individualidad, el problema social pierde profundidad. En su *Histoire des passions françaises* [Historia de las pasiones francesas], Theodore Zeldin pone un ejemplo de esta necesidad de dar contenido emocional individual a la historia. No habla de la guerra, prefiere «examinar los sentimientos de los soldados, explicar cómo aceptaban las reglas de la jerarquía, las crueldades de la violencia, y reflexionar sobre el papel que la jerarquía y la violencia tenían en esa sociedad».[23]

El orgullo identitario

El poder necesita el apoyo de los súbditos. Nada une tanto a una tribu como tener un enemigo del que defenderse. El miedo une y lanza a la batalla. Todas las sociedades han fortalecido el sentimiento de pertenencia, de patriotismo. *Dulce et decorum est pro patria mori* («dulce y honorable es morir por la patria»). Este amor deriva, sin duda, de la pulsión de pertenencia al grupo, muy estudiada por los psicólogos, pero también es una técnica de propaganda del poder. Es cierto que Roma apareció como una realidad sentimentalmente vivida por los romanos, pero creo que fue una excepción. El paso del reino a la nación se dio con la Revolución francesa, pero el sentimiento nacional tardó en consolidarse. Escribe Álvarez Junco:

> El siglo XVIII fue el momento de transición desde las antiguas construcciones identitarias que podríamos llamar etnopatrióticas, basadas en la lealtad al rey y a la verdadera fe y a las hazañas guerreras, a la nueva visión nacional, con la colectividad como sujeto soberano.[24]

Como ocurre en todas las creaciones humanas, el autor es previo a su obra, por eso James Anderson pudo escribir: «Las naciones han sido creadas, y creadas en una época relativamente reciente, por el nacionalismo y los nacionalistas».[25] Ya lo había dicho el diputado Massimo d'Azeglio en la sesión inaugural del primer parlamento de la nueva Italia unificada, en febrero de 1861: «Hemos hecho Italia. Ahora tenemos que hacer a los italianos». El fascismo lo llevó hasta sus últimas consecuencias. Su *leitmotiv* fue «propiciar, con formas simbólicas de intensa sugestión emotiva, la pedagogía nacional de masas».[26]

En las monarquías, como ha estudiado Pierre Ansart, lo importante era el «amor al rey», no el amor al reino.[27] Menciona los fastos celebrados el 26 de agosto de 1660 para la fiesta de la «entrada triunfal» de Luis XIV en París. Toda la ciudad fue transformada para inflamar los sentimientos monárquicos. La sociedad francesa estaba dividida, desgarrada por enormes desigualdades. Por eso se emprendió una campaña para inculcar «buenos sentimientos políticos», en esencia, el amor al rey y a la «gloria» del monarca. A partir de 1660 se tomaron muchas iniciativas. Colbert reorganizó las academias artísticas para difundir el mensaje monárquico, el pintor Le Brun definió el papel de la nueva pintura: buscar el bien y la gloria del Estado. Luis XIV era muy consciente de la importancia de ese programa de seducción. Les escribió a los miembros de dichas academias: «Os confío la cosa del mundo que me es más preciosa: mi gloria». Lo que pretendía era obtener obediencia. Ya les advertí de que este tema saldría una y otra vez. «Obtener la obediencia por el apego a la persona del rey —escribe Ansart— constituye un tema familiar y claramente expuesto.» Luis XIV volvió a ello repetidas veces en sus memorias, como uno de los principios de su política. El «corazón» como símbolo amoroso se introdujo tradicionalmente en la relación de dependencia política. Caso paradigmático era el compromiso del vasallo de entregar su corazón al señor feudal.[28]

La fascinación por el poder es una de las pasiones políticas de las que nadie está libre y que, por lo tanto, conviene vigilar más. Victor Davis Hanson escribe al respecto:[29]

> En última instancia, estudiar las guerras nos recuerda que nunca seremos dioses, sino meros mortales. Y eso significa que siempre habrá quienes prefieran la guerra a la paz; y que otros hombres y mujeres, es de esperar que más numerosos y poderosos, tendrán la obligación moral de detenerlos.[30]

LA PAZ, UNA UTOPÍA ENGAÑOSA

Los estudios sobre la paz aumentan sin parar. Pero hay algo insatisfactorio en el aparato conceptual e imaginario que los acompaña. A la paz le sucede como a la felicidad: todo el mundo la desea sin saber bien en qué consiste. Normalmente se define la paz como ausencia de guerra y de violencia, es decir, negativamente. Es semejante a definir la salud como la ausencia de enfermedad. Verdadero pero insatisfactorio.

¿Cómo podríamos definir la paz de forma positiva? ¿Mencionando la vida antes de la batalla, con sus preocupaciones y alegrías cotidianas? La vuelta de los soldados, incluso vencedores, a sus casas es, sin duda, la salida del infierno, pero no forzosamente una vuelta al paraíso. Las encuestas nos indican que para un gran número de ellos los momentos que vivieron en el frente fueron los más intensos de sus vidas.

Si la guerra es una experiencia sublime, la paz queda relegada a ser una vida chata, blanda, sin heroísmo, propia de animales domésticos. Esa era la idea del pacífico Kant: «Una larga paz suele hacer dominar el mero espíritu de negocio, y con él el bajo provecho propio, la cobardía y la debilidad, rebajando el modo de pensar del pueblo». Es decir, la paz debilita y degrada. ¿Quién puede entonces querer la paz? Kant está siendo el eco de Juvenal, que escribió: «Padecemos los males de una larga paz». Lo explicaba así: «Se nos ha venido encima el lujo, más corrosivo que las armas [...]. Ningún crimen ni acción lujuriosa nos falta desde que la austeridad romana desapareció [Sátira VI, 290-295]».

Navegando por mi archivo, compruebo que la desconfianza hacia la paz es frecuente. Me parece haber descubierto un agujero negro emocional, un fenómeno cuya densidad no permite una fácil explicación. En el siglo XV, Rodrigo Sánchez de Arévalo escribe con talante renacentista un *Elogio de la guerra*:

> Citaste [dice a su supuesto interlocutor] las incontables ventajas y parabienes que la paz reporta al género humano. Yo también sacaré a relucir con toda claridad no solo los problemas e inconvenientes, que no son pocos ni pequeños, que se derivan de una paz inútil, sino también sus vergüenzas.

«La mayoría de las ciudades se mantienen a salvo mientras luchan, pero cuando han adquirido su poder, sucumben», afirma Aristóteles (*Política*, 1334a). La paz es la situación en que los egoísmos reaparecen. La persona que en la trinchera habría dado la vida por su camarada, no puede soportarle en tiempos de paz. Ibn Jaldun enunció una ley histórica decepcionante: «Los malos tiempos producen hombres fuertes. Los hombres fuertes producen tiempos felices. Los tiempos felices provocan hombres débiles. Los hombres débiles causan tiempos malos. La rueda vuelve a empezar».

Lo más florido del pensamiento moderno se siente también fascinado por la guerra, porque nos libera de la trivialidad.

La paz..., pero ¿qué es la paz?

Ortega, que no era un pacifista, hace en *La rebelión de las masas* una observación en la misma línea de este libro.

> El pacifista ve en la guerra un daño, un crimen o un vicio. Pero olvida que antes de eso y por encima de eso, la guerra es un enorme esfuerzo que hacen los hombres para resolver ciertos conflictos. La guerra no es un instinto, sino un invento. Los animales la desconocen y es pura institución humana, como la ciencia o la administración. Ella llevó a uno de los mayores descubrimientos, base de toda la civilización: al descubrimiento de la disciplina. El pacifismo está perdido y se convierte en nula beatería si no tiene presente que la guerra es una genial y formidable técnica de vida y para la vida.

Pero a continuación hace una puntualización que me gustaría aprovechar: tanto la guerra como la paz son colosales búsquedas de soluciones.

> El enorme esfuerzo que es la guerra solo puede evitarse si se entiende por paz un esfuerzo todavía mayor, un sistema de esfuerzos complicadísimos y que requieren la venturosa intervención del genio. Lo otro es puro error. Lo otro es interpretar la paz como el simple hueco que la guerra dejaría si desapareciese; por lo tanto, ignorar que, si la guerra es una cosa que se hace,

también la paz es una cosa que hay que hacer, que hay que fabricar, poniendo a la faena todas las potencias humanas [...]. La ausencia de pasiones, la voluntad pacífica de todos los hombres, resultarían completamente ineficaces, porque los conflictos reclaman solución y, mientras no se inventase otro medio, la guerra reaparecería inexorablemente.[31]

En este texto encuentro la tesis que voy a defender: la paz no es más que el resultado de la buena solución de los problemas sociales. Tiene como nombre más expresivo la «felicidad pública», concepto clave de todo este libro.

Los estudios modernos sobre la paz suelen distinguir entre «paz negativa» (la ausencia de guerra) y «paz positiva». La idea central de la paz positiva es que esta, la paz, es más que la mera ausencia de guerra o de violencia directa; que es, también, ausencia de violencia estructural y cultural. Según Johan Galtung, sus características básicas son: cooperación, igualdad, equidad, cultura de paz y diálogo.[32] Un elemento esencial es el tratamiento de los conflictos. Desde una perspectiva de paz, es crucial no simplificar los problemas y los conflictos, sino, por el contrario, reconocerlos y tratarlos en su complejidad. Por esto, W. Graf, G. Kramer y A. Nicolescou proponen el pensamiento complejo como gran marco. Este se basa en la teoría de los sistemas dinámicos y en la teoría de la complejidad, que se caracteriza por una comprensión dialógica, recursiva y holográfica de la realidad.[33]

Como ya hemos desarrollado, la guerra es una mala solución porque plantea los enfrentamientos en formato conflicto. Por ende, lo contrario a la guerra es la justicia, que es el esfuerzo por resolver de la mejor manera los enfrentamientos sociales. La meta no es la paz, sino la felicidad pública, que es una situación viva, creadora, dinámica, esforzada. El carácter creador, heurístico, de la justicia le permite ir sorteando las trampas, bordeando los peligros y abriéndose paso en la densidad de la aporía.

Capítulo noveno

Cataluña, ¿conflicto o problema?

> La buena organización política es aquella que permite a todos los ciudadanos prosperar más y llevar una vida más feliz.
>
> Aristóteles, *Política*, 1324a

Planteamiento de la cuestión

En la Academia del Talento Político no nos basta con la teoría. Tenemos que estudiar casos. Voy a tomar como ejemplo una situación a la que he dedicado mucha atención y que me parece que valida el argumento de todo el libro. Me refiero al movimiento secesionista catalán. Escribí durante varios meses en *El Panóptico* una serie de artículos para introducirme en sus pliegues y ramificaciones: fue una especie de *bildungsroman*, la narración de un aprendizaje. Tuve que repensar temas que creía saber y de los que solo tenía un conocimiento superficial. Es una tarea trabajosa, por eso no me extraña que tanta gente se refugie en sus convicciones, sin preocuparse de si son correctas o no. Tener un prejuicio es estar absolutamente seguro de cosas que no se saben y eso, aunque es falso, tranquiliza. En los debates sobre Cataluña se mezclan conceptos que están íntimamente relacionados, pero cuyo contenido y fundamentación son diferentes, lo que no facilita la comprensión y, menos aún, el acuerdo. Por ejemplo: hecho diferencial, derechos históricos, derecho a decidir, derecho a la autonomía, derecho a la independencia, nación, nación de naciones, soberanía, principio dispositivo, cosoberanía, gobernanza, cogobernanza. Para pensar el tema en todas sus facetas hay que mantener como un prestidigitador todas esas bolas en el aire.

El asunto se complica más aún porque esos conceptos tienen su historia. Estudiarla es una de las tareas de la Ciencia de la Evolución de las Culturas. Los alumnos de la Academia deben saber que los conceptos son unos envases donde se van guardando restos de experiencias pasadas y que podemos manejar sin saber bien lo que guardan en su interior. (A mis alumnos más jóvenes les recomendaba que, si alguien les decía «Te quiero», preguntaran: «¿Y eso qué significa?» antes de seguir adelante.) Volviendo a la política, ya me he referido a la concepción absolutista del poder que el concepto de «soberanía» guarda en su interior. Tendemos, además, a convertir los conceptos en realidades, con lo que acabamos convirtiendo la realidad en concepto, y así esta se vuelve claramente manipulable. Es difícil jugar con la realidad, pero resulta fácil jugar con los conceptos. Para evitar idolatrías conviene recordar que los conceptos, por muy grandiosos que sean —Dios, Patria, Nación, Raza, Razón, Pueblo— son creaciones de nuestra inteligencia. Igual que hay manuales para el uso de explosivos, debería haber manuales para el uso de palabras con mayúsculas.

Como ya expusimos, el primer paso de la heurística es identificar bien el motivo de la discordia. El enfrentamiento de Cataluña contra el Estado español tiene una larga historia, pues ya en 1641, bajo la dirección de Pau Claris, se declaró la República catalana. Estos contenciosos tan viejos son especialmente difíciles de resolver, porque al conflicto inicial se han ido agregando ofensas, agravios, intentos fallidos, sacrificios, sufrimientos, que impiden una solución que no sea una victoria en toda regla. Siempre se ha planteado, por lo tanto, en formato conflicto, lo que ha hecho que siga vivo.

¿Se puede reformular como problema?

Si aplicamos a este asunto lo que hemos estudiado en páginas anteriores, tenemos que preguntarnos si ese secular conflicto se puede reformular como problema, y si la solución podría ser de suma positiva, *win-win*. Ambas cosas exigen un alto nivel de competencia heurística por parte de los políticos implicados y de la ciudadanía. Los políticos deberían fomentar el aprendizaje necesario para resolver el problema, y ayudar a madurarlo, tanto ellos mismos como la ciudadanía. Acostumbrados a la pelea, la capacidad heurística de todos está bajo mínimos. Para saber si es posible hacer ese tránsito, debemos recordar las condiciones para que sea posible:

1. Todas las partes deben tener el deseo de encontrar una solución o, mejor dicho, de construirla, porque las soluciones no se encuentran como se encuentra una pepita de oro. Para plantear un enfrentamiento en formato conflicto basta con que lo decida una de las partes y actúe agresivamente. En cambio, el formato problema exige la aceptación de todos, por lo que es más difícil.
2. La construcción de una solución debe fijar primero alguna base sobre la que trabajar. Recuerdo un viejo chiste de *The New Yorker*, en el que el presidente de una importante mesa de negociación dice aliviado: «Por fin hemos encontrado un punto en común para comenzar el diálogo: a todos nos gusta la vainilla». En el caso que nos ocupa, creo que todos los participantes estarían dispuestos a aceptar como marco de discusión la Declaración de los Derechos Humanos. Tienen que funcionar como criterio de evaluación.
3. Las pretensiones de las partes enfrentadas deben ser legítimas. Con las ilegítimas no se puede buscar una buena solución. Si la víctima de un secuestrador paga su rescate, no se ha resuelto un problema, aun-

que ambas partes hayan conseguido lo que querían (el dinero y la libertad). Ha sido un acto de violencia con un vencedor: el criminal.
4. Todas las partes afectadas deben ser escuchadas y participar en la solución.
5. Cada parte debería ser capaz de poder articular las opiniones y propuestas políticas de su oponente de un modo que *este* acepte.[1]

¿Se dan esas condiciones en el caso catalán? Deberían darse, y se darían si entre todos elimináramos los obstáculos que entorpecen la inteligencia política y que ya conocemos: la ignorancia de las implicaciones del problema, el dogmatismo emocional, la presión del poder y el odio al contrincante. Desmontar esos blindajes es difícil.

A pesar de ello, creo que —excluyendo a un grupo de irreductibles— la mayoría de los afectados querrían encontrar una solución, lo que implica, como sabemos, transformar el conflicto en problema. En este sentido interpreto las opiniones vertidas por Jordi Pujol en su libro *Entre el dolor y la esperanza*.[2] Empieza reconociendo que «el resultado de esa confrontación ha sido malo para unos y para otros». Considera necesario restablecer el diálogo y añade: «Cuando se habla de diálogo, se tiene que sobreentender que las dos partes [en mi caso, creo que hay tres partes: la de los independentistas, la de los no independentistas y la del resto de los españoles, JAM] están dispuestas a acercar posiciones y calibrar los inconvenientes de una ruptura o de un trato injusto». Admite, por supuesto, el derecho a plantear la independencia, pero recomienda lo que a mi juicio es una clara llamada a convertir el conflicto en problema: los independentistas deben estar abiertos «a fórmulas no independentistas que, seriamente y con garantías, aseguren la identidad, la capacidad de construir una sociedad justa y de facilitar la convivencia». Pone a Quebec como ejemplo de salida inteligente de un conflicto parecido. Llamo la atención sobre los tres objetivos principales que señala: asegurar la identidad, una sociedad justa, una convivencia armoniosa. ¿Pueden servir de base para una solución? Creo que sí.

Oriol Junqueras, de Esquerra Republicana, escribió que «hay que colocar en el centro de la agenda la resolución del conflicto político existente por vías democráticas». La vía unilateral «no es viable ni deseable en la medida en que de hecho nos aleja del objetivo a alcanzar». Posteriormente se fueron endureciendo las posiciones, se reforzó el formato conflicto y se llegó a una declaración unilateral de independencia, con una serie de desdichadas consecuencias.

Si se olvidan las huellas de una larga historia de agravios, torpezas, violencias y desencuentros, podemos enunciar el problema de forma que nos encamine a la solución. La situación es esta. Primero: Muchos catalanes (cuyo número se puede precisar en un referéndum) consideran que Cataluña es una nación y que tienen derecho a practicar una soberanía propia, independizándose de España. Segundo: Otros muchos catalanes (cuyo número también se puede precisar en un referéndum) no quieren independizarse de España. Tercero: Muchos españoles creen que una posible secesión de Cataluña les afecta y que también deben ser consultados. De estos, unos pueden estar en contra de la secesión porque lo prohíbe la Constitución vigente, y otros, los ultraliberales, por ejemplo, celosos de los derechos individuales, aceptarían lo que decidan los catalanes. El derecho de los españoles a participar en la solución es afirmado por los españolistas, porque creen que juega a su favor, y negado por los secesionistas, porque eso supondría reconocer que Cataluña es parte de España.

Simplificando mucho, creo que esta es una descripción aceptable del problema. El siguiente paso es saber si el problema planteado es legítimo, es decir, si las posturas de los participantes están justificadas. Para ello, empecemos analizando cuáles son esas justificaciones.

Primer fundamento: el derecho a la autodeterminación de los pueblos

El «derecho a la autodeterminación de los pueblos»[3] está admitido por el derecho internacional, pero desde su aparición ha resultado ser un derecho confuso. Entró en escena cuando el presidente Wilson lo incluyó en los catorce puntos que presentó en 1919 en la Conferencia de París, donde se iba a diseñar el mundo de la posguerra.

> Es preciso respetar las aspiraciones nacionales. En nuestros días, la gente no tiene por qué aceptar más dominación ni más gobierno que los que se deriven de su propio consentimiento.

Su secretario de Estado, Robert Lansing, tenía muchas dudas acerca de esta propuesta. Temía que antes de caer en el descrédito el concepto sirviera para «despertar unas esperanzas que jamás podrían llevarse a la práctica», y que además se cobraría la vida de miles de personas. Lo que el bienintencionado Wilson defendía es que cualquier pueblo que deseara un Estado propio debía tenerlo. Como era lógico, los independentistas catalanes se sintieron respaldados. Se crearon algunas asociaciones para defender en París el derecho a la autodeterminación de Cataluña, e incluso se mandó una carta al presidente Wilson pidiéndole «revisar el ignominioso Tratado de Utrecht y permitir que la Nación Catalana, libre e independiente, entre a ocupar en la Sociedad de Naciones el lugar que le corresponde por su pasado glorioso y por su florecimiento presente». Al parecer, no se obtuvo respuesta.

A pesar de los malos augurios de Lansing, el derecho a la autodeterminación tuvo éxito. Fue «positivizado» en la Carta de Naciones Unidas y en el artículo primero de los dos pactos internacionales sobre derechos de 1966. Pero su formulación confusa hizo que la Asamblea General de Naciones Unidas tuviera que precisar su alcance en dos resoluciones:

la 1514 y la 2625. En la 1514, después de reconocer el derecho a la autodeterminación, añade en el punto 6:

> Todo intento encaminado a quebrantar total o parcialmente la unidad nacional y la integridad territorial de un país es incompatible con los propósitos y principios de la Carta de las Naciones Unidas.

Esto significa que la integridad territorial de los Estados ya constituidos prevalece sobre el derecho a la autodeterminación, lo que fortalece la interpretación de que este derecho solo es ejercitable en supuestos coloniales, pero nunca ampara las pretensiones de minorías nacionales.

La Resolución 2625 lo vuelve a precisar:

> Ninguna de las disposiciones de los párrafos precedentes se entenderán en el sentido de que autorizan o fomentan cualquier acción encaminada a quebrantar o menospreciar, total o parcialmente, la integridad territorial de Estados soberanos e independientes que se conduzcan de conformidad con el principio de igualdad de derechos y de la libre determinación de los pueblos antes descritos, y estén, por tanto, dotados de un gobierno que representa a la totalidad del pueblo perteneciente al territorio, sin distinción por motivo de raza, credo o color.

De acuerdo con la mayor parte de los expertos en derecho internacional, el deseo de secesión de los independentistas catalanes no está amparado por el derecho a la autodeterminación de los pueblos. Pero ¿elimina eso por completo la legitimidad de la reivindicación independentista? No. Precisamente para poder reivindicar derechos frente a la legislación vigente en un momento dado, se elaboró la teoría de los derechos fundamentales o de los derechos humanos, que se mueven en un nivel superior al de los derechos positivos, a los que pueden criticar y cuya evolución deben dirigir. Aunque la comunidad internacional solo aceptase la secesión de los pueblos colonizados, puede defenderse que hay un derecho más amplio, que empodera a todos los pueblos para reclamar su independencia. No se basaría en la situación de colonización, o en otra situación injusta, sino simplemente en el derecho a decidir sobre la organización política en que se quiere vivir. Para pedir un divorcio, no es necesario que la situación sea injusta, sino simplemente que una de las personas no quiera vivir con la otra. ¿Es posible admitir un derecho a la autodeterminación anterior a la Constitución? Muchos independentistas creen que sí. Yo también lo creo. Lo que no creo es que el titular de ese derecho sea la nación. Una parte de los secesionistas catalanes lo piensan también. Por eso, cambiaron el fundamento de su reclamación y, en vez de apelar al derecho de los pueblos o de las naciones, apelaron al «derecho a decidir» de los ciudadanos.

Segundo fundamento: el derecho a decidir

En España, el derecho a decidir aparece en 2003 en el Plan Ibarretxe y en 2005 en la Plataforma pel Dret de Decidir, que tuvo un protagonismo importante en la política catalana, como ha estudiado Ricard Vilaregut en su tesis doctoral.[4] Al autor le interesa investigar su importancia como movimiento social, por lo que no estudia en profundidad las complejidades del concepto. Esto lo hace, a mi juicio, Jaume López.[5]

El derecho a decidir ha sido duramente criticado porque se ha considerado un invento de los nacionalistas para evitar decir «derecho a la autodeterminación o a la independencia». El derecho a decidir «enmascara lo que en el mundo del derecho internacional se denomina "derecho a la autodeterminación de los pueblos"», según Francesc de Carreras. Según Juan Sisinio Pérez:

> El proclamado derecho a decidir es un invento autóctono que no existe en derecho internacional. Existe el derecho a la

autodeterminación, sí, pero en nuestra democracia no estamos en el caso de la liberación de un país colonizado ni oprimido por otro.

El éxito que tuvo la apelación al derecho a decidir y la paradójica ausencia de ese derecho en el campo jurídico tienen una explicación sencilla. El derecho a decidir no aparece porque no hace falta mencionarlo. Está presente en todas las libertades protegidas por los derechos. Hay un derecho a decidir políticamente a través del voto, hay un derecho a decidir sobre el domicilio, las reuniones o los viajes, hay un derecho a decidir sobre las propias creencias, hay un derecho a decidir con quién me caso. El derecho a decidir es la esencia de la libertad. Ningún amante de la libertad —y, por lo tanto, ningún demócrata— puede negar ese derecho. Eso lo hace tan atractivo y movilizador. El éxito del concepto se debió, pues, a que no solo podían aceptarlo los independentistas, sino también los no independentistas. Los que querían un referéndum y los que no querían un referéndum.

No es verdad que fuera un subterfugio para colar de matute el derecho a la independencia. Tenía un fundamento diferente. Conscientes de que la interpretación comúnmente aceptada reserva el derecho de autodeterminación solo a los países colonizados y que Cataluña no estaba incluido entre los que la ONU considera tal, era mejor ampliar el campo reivindicativo. En vez de basarlo en el «principio de nacionalidad» que sostiene que la nación o el pueblo es el titular del derecho de autodeterminación, lo fundamentaron en el «principio democrático», es decir, en la libre voluntad de los ciudadanos.

Esto eliminaba muchas dificultades, entre ellas, el de tener que admitir «derechos colectivos». Siempre que han sido reconocidos, han acabado volviéndose contra los derechos individuales, es decir, contra los ciudadanos. No son una buena solución. Si la Nación, el Pueblo, el Partido, la Iglesia, tienen derechos como entidades superiores al individuo, los derechos individuales quedan relegados. Javier Pérez Royo llega a afirmar, con excesiva contundencia retórica, que admitir los derechos colectivos es «la antesala de la barbarie».[6]

El «principio democrático», en cambio, forma parte del pensamiento liberal. Aquellos habitantes del territorio de Cataluña que deciden agruparse y reconocerse como pueblo catalán pueden decidir, amparados por ese mismo derecho, el modo de organizarse políticamente. En este caso, no es la Nación o el Pueblo los que fundan el derecho a la autodeterminación, sino al contrario: es el derecho democrático individual a decidir el que funda la nación o el pueblo y también su derecho a la independencia. Es un derecho fundamental, previo a la Constitución y que, por lo tanto, puede argüirse contra ella.[7] Se trata de sustituir un derecho colectivo a la autodeterminación por un derecho individual a la autodeterminación. De transferir la noción de soberanía desde la nación al ciudadano.

Así las cosas, defender el derecho a decidir políticamente puede considerarse como una defensa de la democracia, un intento de mejorarla, profundizarla, radicalizarla, y eso es un proyecto que puede convencer a mucha gente, no solo no independentista, sino ni siquiera catalana.

Podía presentarse como una situación parecida a la que se vivió en Cataluña durante la guerra de Sucesión. La llegada de Felipe V había eliminado los fueros en el resto de España. Cataluña se consideraba el último bastión frente al absolutismo. Como señaló Josep Fontana, los líderes catalanes declararon repetidamente que luchaban «por la libertad de todos los españoles» y recordó a Azaña cuando dijo:

> El último Estado peninsular procedente de la antigua monarquía católica que sucumbió al peso de la corona despótica y absolutista fue Cataluña; y el defensor de las libertades catalanas pudo decir con razón que él era el último defensor de las libertades españolas.

Estas teorías individualistas o plebiscitarias de la secesión admiten que cualquier colectivo humano, viviendo en un territorio, independientemente de que sea o no una comunidad nacional, e independientemente de sus características culturales, étnicas, religiosas, etc., debería poder independizarse bajo ciertas condiciones si así lo expresa mayoritariamente en un referéndum. Es la teoría liberal, como defiende Harry Beran. Por eso, que los partidos autodenominados liberales nieguen el derecho a la secesión es una muestra más de la confusión conceptual que hay en los debates políticos. Según Beran, cuando se dice que la soberanía reside en el pueblo, se está diciendo que reside en cada uno de los individuos que lo componen. Es un derecho individual, no colectivo. Y si un número suficiente de personas deciden independizarse, tienen el derecho de hacerlo. Otra cosa es la conveniencia de hacerlo o la posibilidad práctica de hacerlo.[8]

Como señala Luis Rodríguez Abascal, es posible legitimar la autodeterminación basándose en el derecho individual de participación política.[9] Muy coherentemente, Juan Ramón Rallo, liberal libertario, lo admite también:

> Los derechos, todos, les corresponden a las personas, no a los colectivos. También el derecho de autodeterminación. No solo porque es imposible definir *ex ante* la figura de qué es un «pueblo», sino también porque, aun cuando pudiera hacerse, los derechos de ese pueblo conculcarían los derechos de aquellos individuos que no quieran integrarse en él. Por consiguiente, hay que buscar formas de canalizar el derecho de autodeterminación hacia el individuo: por ejemplo, facilitando la libre asociación o desasociación hasta alcanzar unidades administrativas mínimamente funcionales (¿barrio? ¿cantón? ¿municipio?).

Además, Rallo prefiere las naciones territorialmente pequeñas, y afirma la necesidad de adhesión voluntaria al Estado.[10]

El derecho a decidir era, pues, una manera distinta de pensar en la autodeterminación. Sin embargo, al movimiento independentista le fue difícil mantenerse en el puro principio democrático. La primera gran manifestación organizada por la Plataforma se convocó bajo el lema «Somos una nación. Tenemos derecho a decidir». Pero ese lema sufrió pocos años después una alteración significativa: «Somos una nación. Queremos un Estado propio». Este cambio suponía un olvido de la propuesta original. Suponía también el declive de la Plataforma, que perdió gran parte de su poder de movilización.

Convertir el derecho a la autodeterminación en un derecho individual legitima las aspiraciones secesionistas. Ocurre, sin embargo, que también legitima las no independentistas. Ambos tienen derecho a defender su forma de querer organizar la convivencia.

Una dificultad: la diferencia entre tener un derecho y poder ejercerlo

La propuesta liberal exigiría partir de cero, reconstruir la sociedad política con contratos de adhesión, lo que a estas alturas resulta irrealizable. No obstante, la «soberanía individual» está en el centro de nuestro sistema político. Se manifiesta en toda su profundidad en el poder constituyente de los ciudadanos, que no puede ser eliminado ni por la misma Constitución. Por eso las constituciones democráticas tienen que poder ser cambiadas por los mismos ciudadanos que están sometidos a ella.

Pero una cosa es el contenido de un derecho fundamental y otra el modo de ejercerlo. El ejercicio del derecho de propiedad en una región deshabitada, sin dueño, no es igual a ese mismo derecho en una ciudad. Nuestro derecho de elección política está condicionado, porque todos hemos nacido en un sistema social ya consolidado, que define nuestros derechos. En el caso de un ciudadano catalán independentista, en el Estado español. Contra él puede esgrimir los derechos supranacionales, los derechos fundamentales, el derecho a elegir el régimen político, pero no puede hacerlo como si fuera un Adán político, partiendo de cero. Se encuentra con derechos legítimos que van en contra de sus derechos, legítimos también. El mismo derecho a decidir que legitima su deseo de independencia legitima el deseo de otros de mantener el *statu quo*. Los derechos históricos a los que se apela para pedir la independencia se enfrentan a otros derechos históricos argüidos por los que no la quieren.

El principio democrático reconoce el derecho individual a querer la independencia y el derecho individual a no quererla. Pero también reconoce el derecho de todos los afectados, es decir, de todos los españoles, a intervenir en la discusión. Una secesión debe respetar los derechos legítimamente adquiridos. La larga comunicación entre Cataluña y el resto de España, aceptada durante siglos, institucionalizada voluntariamente en la Constitución de 1978, ha creado lazos e intereses que son difíciles de romper y que exigen un acuerdo. El Tribunal Supremo de Estados Unidos reconoció esta misma dificultad en su ámbito: cualquiera de los Estados que forman parte de la Unión norteamericana está inhabilitado para romper la relación que le une a ella porque ese resultado «no es artificial y arbitrario», sino «forjado por un origen común, simpatías mutuas, principios afines, relaciones geográficas y necesidades compartidas». Este entramado de historia e intereses comunes no admite otra forma de disolución que «mediante la revolución o el consentimiento de los demás Estados». Esto ocurre también en España. Un personaje de tanta relevancia para el catalanismo como Enric Prat de la Riba escribió: «La vida en común desde antiguo ha creado vínculos con la unidad más amplia de España que no pueden quebrarse». Como veremos después, la solución dada respecto de Quebec también reconocía el derecho a participar del resto de Canadá. ¿Cómo puede solucionarse esta colisión entre tres derechos: el de los independentistas, el de los no independentistas y el del resto de los españoles?

El tema central es la soberanía, es decir, el poder

Aunque ya he mencionado esta idea, me veo en la necesidad de ampliarla ahora. El concepto de soberanía puede identificarse con independencia, con autonomía, pero su origen es menos noble. Significa el poder absoluto. El máximo nivel de poder. *Plenitudo potestatis.* No tiene a nadie por encima y no está sometido a la ley.

Fue introducido en sociedad en 1576 por Jean Bodin en *Los seis libros de la República,* obra en la cual traducía al francés la palabra latina *majestas.* Allí definió la soberanía como el «poder absoluto y supremo de una república», al que atribuye el carácter de «perpetuo», «ilimitado» y «total», y cuya manifestación más relevante es la capacidad para legislar. Se trata de una idea elaborada para legitimar el poder del soberano, y mantiene el esquema del origen divino. A Jacques-Bénigne Bossuet se le calentó la boca: «Los reyes son dioses y participan de alguna manera de la independencia divina». Dios es el único soberano, que cede parte de su poder al rey. La famosa máxima de Ulpiano —«*quod principi placuit, legis habet vigorem*» («la voluntad del príncipe tiene fuerza de ley»)— se convirtió en el lema de las monarquías renacentistas en todo Occidente. Otro principio complementario, *princeps legibus solutus est* («el príncipe no está sujeto por la ley»), afirmaba que los reyes y príncipes estaban por encima de la ley, libres de obligaciones legales anteriores, lo que proporcionó las bases jurídicas para anular los privilegios medievales, ignorar los derechos tradicionales y someter las libertades privadas. Al legitimar el poder establecido, esta soberanía obliga de paso a la obediencia incondicional. Se convierte en fundamento de la moral ciudadana.

La obediencia es un deber, porque existe en la sociedad un derecho último a mandar que se llama soberanía; derecho a dirigir las acciones de los miembros de la sociedad con poder de coacción, derecho al que todos los particulares deben someterse sin que nadie pueda resistirse.

Resulta chocante que esta ficción, de origen absolutista, de fundamento teológico, que fue el núcleo del Antiguo Régimen, haya sido aceptada por la filosofía política moderna. Demuestra hasta qué punto está necesitada de ficciones. La soberanía fortalecía el poder del soberano confiriéndole el aval divino. Todo atentado contra el rey era un sacrilegio.

No termina aquí esta historia, que condujo a la aparición del Estado como soberanía absoluta en los Estados totalitarios. Como ya hemos visto, los revolucionarios franceses amaban el poder absoluto y lo único que hicieron fue cambiar su titularidad: en vez de pertenecer al rey, pertenecía al pueblo, que pasaba así a ser el pueblo soberano. Pero tampoco acaba ahí la historia. Aparece la idea de Nación como concepto totalizador e ideal. Emmanuel-Joseph Sieyès, el gran ideólogo de la Revolución francesa, elaboró un concepto de nación que no procedía de la historia, sino que ya estaba dado en el «estado natural» de la humanidad, antes de que se estableciera el lazo social. Venía a decir que la nación tiene un origen natural, divino, y en la misma tacada se sacó de la manga un «derecho natural de las naciones». La Nación, que había sido una creación del Estado monárquico, resultaba ser metafísicamente anterior. Por eso, añadió, «no puede dejar de ser una nación». De ser un concepto ficticio —comenta el historiador Keith Michael Baker—, «la nación pasa a ser la noción primordial». El 15 de junio de 1789, el conde de Mirabeau planteó a los Estados Generales la necesidad de cambiar de nombre. Propuso que sus colegas se llamasen «representantes del pueblo francés», en vez de «representantes de la nación francesa». Pero dos días después se aprobó la moción de Sieyès, y el nombre elegido fue «Asamblea Nacional». La nación había ganado la partida al pueblo y —como señala Georges Gusdorf— todo el trabajo de las asambleas de la República se vio determinado por esta elección terminológica.[11]

Pero la idea de soberanía podía liberarse de su herencia absolutista. Estados Unidos, que rechazó esta herencia, admitió desde sus comienzos una «soberanía dual». Según esta, los Estados de la Unión tienen una cierta soberanía dentro de una soberanía superior, pero limitada, que es la del Estado federal.

¿Quién es el sujeto de la soberanía española?

La Constitución señala dos: la Nación y el pueblo español. El pensamiento liberal dice que el único soberano es el individuo. Hans Kelsen, que solo puede residir en la comunidad internacional. Alexander D. Lindsay sostuvo que la soberanía reside en la Constitución. Sieyès, consciente de que era una herencia de la monarquía absoluta, afirmó que después de elaborada una constitución no existe la soberanía. «Es un monstruo político», una noción peligrosa para la libertad.

Son multitud los teóricos políticos que consideran que «soberanía» es un concepto confuso y poco útil. Mencionaré solo los nombres de algunos: Jorge Carpizo, Stephen Krasner, Hidemi Suganami, Dieter Wyduckel, Olivier Beaud. Carl Schmitt, defensor de la idea monolítica de la soberanía, no aclaró precisamente el tema al decir que es un concepto teológico secularizado, al igual que todos los conceptos significativos de la moderna teoría del Estado.

¿Cómo podemos evaluar estas concepciones distintas de la soberanía? En primer lugar, reconociendo que son «conceptos prácticos», herramientas para resolver problemas. En ese caso, el problema es cómo respetar mejor los derechos individuales. Tras recorrer la historia del concepto me inclino a pensar que es a través de la «soberanía compartida», con competencias fijadas con precisión. Y esa creo que es la mejor respuesta al problema catalán. Sustituir una «soberanía monolítica grande» por una «soberanía monolítica pequeña» creo que solo da más poder a las élites que lo desean y debilita los derechos de los individuos. Por ahora, a expensas de seguir estudiando, mi voto es para la soberanía dual.

Es posible desarrollar la Constitución española en una orientación federalista, que supondría, más que un cambio radical, una profundización en el actual régimen autonómico y la clarificación de temas competenciales que no quedaron claros en ella.[12]

La solución de Quebec

La historia de Canadá ha sido peculiar y es un ejemplo más de que las naciones se han constituido por diferentes caminos, resolviendo como han podido los problemas provocados por conflictos de intereses y de voluntades, con lo que tenían a mano, de manera frecuentemente chapucera. En 1867, el Parlamento británico aprobó el Acta de la América del Norte Británica, que permitió unir en una confederación las colonias de Ontario, Quebec, Nuevo Brunswick y Nueva Escocia. Quebec, que había sido de propiedad francesa, se unió para protegerse del resto de las colonias, de tradición anglófona. Este régimen se mantuvo hasta que en 1982 Canadá aprobó la Ley de Repatriación de la Constitución, y la nueva Constitución canadiense fue firmada en Ottawa por la reina Isabel II. Se aprobó con la oposición de Quebec, oposición inútil porque las provincias no tenían derecho de vetar el cambio constitucional. La aspiración a la independencia condujo a la celebración en 1980 de un referéndum en el que el «No» a la independencia se impuso por el 59,5 por ciento de los votos. En 1984, hubo un intento de regularizar la situación en la conferencia del lago Meech. Las condiciones planteadas por Quebec para adherirse a la Ley Constitucional de 1982 fueron:

1. El reconocimiento de Quebec como una sociedad distinta.
2. La garantía de que Quebec incrementaría su participación en el tema de inmigración.
3. La participación de la provincia francófona en la nominación de los jueces de la Corte Suprema de Canadá.
4. La limitación del poder de gastos del Gobierno federal.
5. El reconocimiento de un derecho de veto sobre las modificaciones de la Constitución.

Los primeros ministros de todas las provincias aceptaron las condiciones, que debían ser ratificadas en el plazo de tres años. Pero durante ese lapso de tiempo cambiaron de opinión, lo que dejó la situación de nuevo estancada. Eso llevó a un segundo referéndum unilateral en 1995 en que el «No» ganó por un margen mínimo: el 50,6 por ciento votó en contra y el 49,4 a favor. La evolución posterior es curiosa, y no sé si se puede aplicar a Cataluña. En octubre de 2019, el partido independentista (Bloque Quebequés) tuvo éxito electoral, pero en su programa no aparecía ni la petición de referéndum ni la reivindicación secesionista. *El País* tituló adecuadamente: «Quebec, mucho nacionalismo y poca secesión».[13] La última encuesta que conozco (febrero de 2021) indica que el «No» ha subido hasta el 56 por ciento y el «Sí a la independencia» ha descendido hasta el 32 por ciento. Es relevante que el rechazo a la independencia ha aumentado en la gente más joven.

A mi juicio, lo más interesante ocurrido en el proceso canadiense es que en 1996 el Gobierno de Canadá elevó tres preguntas al Tribunal Supremo:

1. Si el poder legislativo o el Gobierno de Quebec pueden en virtud de la Constitución de Canadá proceder unilateralmente a la secesión de Quebec.
2. Si dichos órganos poseen en virtud del derecho internacional el derecho a proceder unilateralmente a

la secesión de Quebec y si existe un derecho a la autodeterminación que justificara tal decisión.
3. Si entre el derecho interno y el internacional hubiera discrepancia, cuál tendría preferencia.

En 1998, en una interesante respuesta, el Tribunal Supremo contestó que la Constitución canadiense no permite la secesión unilateral, que el derecho internacional tampoco, y que por lo tanto no es necesario contestar a la tercera pregunta.

Si esta es la respuesta, ¿por qué muchos independentistas catalanes están de acuerdo con la solución de Quebec? Supongo que será por la extensa, profunda y medida introducción de este dictamen. Así lo explica Joan Lluís Pérez Francesch, catedrático de Derecho Constitucional.[14] Lo que dice el Tribunal Supremo es que la Constitución no es el criterio último y definitivo de toda la actividad jurídica y política, sino que debe completarse, interpretarse o ampliarse con otros principios. En España sucede algo parecido. En el artículo 1 se dice: «España se constituye en un Estado social y democrático de Derecho, que propugna como valores superiores de su ordenamiento jurídico la libertad, la justicia, la igualdad y el pluralismo político». Es decir, la Constitución debe someterse a esos valores.

¿Y qué sucede con el referéndum? Según el Tribunal Supremo canadiense:

> Nuestras instituciones políticas están basadas en el principio democrático y, por consiguiente, la expresión de la voluntad democrática de una provincia tendría peso en el sentido de que concedería legitimidad a los esfuerzos que hiciera el Gobierno de Quebec para entablar un proceso de modificación de la constitución con el objeto de proceder a la secesión por vía constitucional.

Un referéndum que claramente estuviera a favor de la independencia obligaría a abrir un proceso de negociación que ha de estar inspirado en los principios ya referidos de federalismo, democracia, constitucionalidad, primacía del derecho y protección de las minorías.

Un asunto más: en un país unificado como Canadá existen muchos intereses económicos contraídos por las diferentes partes que podrían resultar dañados. El Tribunal advierte de que de la historia de la federación derivó una intensa interdependencia entre las provincias, caracterizada por las «amplias obligaciones políticas y comerciales» contraídas entonces y que «han aumentado de manera inconmensurable a lo largo de los ciento treinta años últimos». En el caso de Cataluña esa interacción es aún mayor, pues solo tuvo breves épocas de desvinculación de España: de 1641 a 1652, en que se sometió a Francia; durante unas semanas entre 1713 y 1714; y durante unas horas tras la proclamación de Companys, en octubre de 1934.

El dictamen del Tribunal Supremo canadiense afirmaba que había que tener en cuenta la «opinión clara» de los quebequenses a favor de la secesión, pero no precisaba en qué consistía. Para aclararlo, en el año 2000 el Parlamento canadiense aprobó la *Loi Donnant Effect à l'Exigence de Clarté Formulée par la Cour Suprême du Canada dans son Avis sur le Renvoi sur la Sécession du Québec* [Ley para hacer efectivo el requisito de claridad formulado por el Tribunal Supremo de Canadá en su dictamen sobre la referencia a la secesión de Quebec], que admitía el derecho de secesión, pero sometiéndolo a unas cláusulas muy exigentes. Quebec contraatacó con una *Loi sur l'Exercice des Droits Fondamentaux et des Prérogatives du Peuple Québécois et de l'État du Québec* [Ley relativa al ejercicio de los derechos y prerrogativas fundamentales del pueblo quebequense y del Estado de Quebec]. Posteriormente, el Gobierno de Canadá aprobó algunas medidas infraconstitucionales para reconocer que Quebec era una «sociedad distinta» (un «hecho diferencial»), articulando mecanismos para proteger la lengua y la cultura francesa, el derecho civil propio y la autonomía en materia de inmigración. Estas medidas fueron consideradas por otras provincias como discriminatorias.

A mi juicio, las ideas principales del dictamen del Tribunal Supremo canadiense eran el reconocimiento democrático del derecho a la secesión, la necesidad de comprobar mediante un referéndum consultivo si había la mayoría suficiente para iniciar el proceso, la necesidad de tener en cuenta el «derecho de las minorías» (en el caso de que la independencia triunfara, el derecho de los no secesionistas; y en el caso de que no triunfara, el derecho de los secesionistas) y la obligación de consultar al resto de las provincias, ya que, al exigir un cambio constitucional, el derecho a la secesión debía ser aprobado por todos los ciudadanos canadienses.

Tal y como veo las cosas en este momento de mi investigación me parece la solución más adecuada para Cataluña. Comienza con el reconocimiento de la prelación de los derechos individuales (no de derechos colectivos), incluido, claro está, el de decidir sobre la organización política. Para conocer la voluntad de los catalanes, sería conveniente un referéndum consultivo. En según lugar, hay que reconocer que hay «tres derechos en conflicto»: el de los catalanes que quieren la independencia (sean mayoría o minoría), el de los catalanes que no quieren la independencia (sean mayoría o minoría) y el del resto de los españoles, porque son afectados por una posible secesión.

Creo que esta solución coincide con la propuesta por Santiago Muñoz Machado en su libro *Cataluña y las demás Españas*.[15] Cataluña presenta un hecho diferencial que debe atenderse. Puede por ello plantearse un referéndum sobre su sistema de autogobierno. Pero si ese plan tiene aspectos que exijan una reforma constitucional, debe incluir los términos de esa reforma. Eso es lo que Muñoz Machado critica del Estatut de 2006: que, afectando a la Constitución, no incluyera una propuesta de cambio constitucional. Una propuesta que lo hiciera debería incluir un doble referéndum: uno, sobre la totalidad del contenido, en el que votarían solo los catalanes, y otro sobre la reforma constitucional, que deberían votar todos los españoles.

En conclusión, estoy de acuerdo en que sería conveniente reflexionar sobre el modelo de Quebec, pero, especialmente, sobre la necesidad de plantear los contenciosos políticos en formato problema y sobre la conveniencia de que tanto los políticos gobernantes como los políticos gobernados mejoren sus competencias heurísticas.

Este capítulo no debe entenderse como una propuesta de solución (que debería elaborarse más), sino como un ejemplo del método que estoy recomendando en este libro.

Tercera parte

LA SOLUCIÓN DE LOS OCHO PROBLEMAS ÉTICOS

Introducción

En defensa de la Gran Política

El programa de la Academia del Talento Político que he esbozado defiende la posibilidad de la Gran Política y de su articulación con una ética universal, de la que la Declaración de los Derechos Humanos —individuales, innatos y universales— sería una valiosa exposición. Pero tal vez tengamos que cerrar la Academia antes de haberla abierto porque soplan vientos en contra de toda posibilidad de plantear la política en términos que no sean conflictivos, y la posibilidad de llegar a acuerdos sobre valores universales parece cada vez más lejana. Las culturas orientales, africanas e islámicas han criticado la Declaración Universal de los Derechos Humanos, tachándola de occidental. Para colmo de males, también en Occidente se ha resquebrajado la confianza en dichos derechos y en la posibilidad de una «moral transcultural universal». El pensamiento antiilustrado lo ha negado siempre. La filosofía posmoderna afirma que estamos presos en nuestra identidad cultural y en nuestro lenguaje, y no podemos salir de ahí. La universalidad es un sueño europeo. Michel Foucault, jefe de filas de este movimiento, lanzó una teoría que ha hecho fortuna y que tiene que ser considerada en los programas de la Academia: la verdad es una creación del poder. Es verdadero lo que en cada momento el poder dice que es verdadero. Si alguien quiere imponer su verdad, no debe hacerlo mediante el argumento o las pruebas, sino haciéndose con el poder. Es evidente que el asunto afecta a la Gran Política, porque parece que niega toda posibilidad de buena solución de los problemas. No hay ya problemas, solo conflictos, y al final lo que importa es el poder. ¿Qué pasa con la ciencia? ¿No es al menos ella universal? No. Los defensores de la sociología de la ciencia afirman que la ciencia es la superstición occidental y que no es superior al resto de las supersticiones o de las concepciones mitológicas de la realidad. Cuando le preguntaron al sociólogo posmoderno Kenneth Gergen si en caso de que un hijo suyo enfermara lo llevaría a un hospital o al brujo de la tribu, contestó: «Al hospital, porque pertenezco a la cultura occidental». Es decir, no contestó: «Al hospital porque allí sus posibilidades de curación son mayores».

Esta exaltación del poder, la relativización de la moral, el desdén por la razón, ha llevado a un rechazo sorprendente de la Ilustración, que tiene efectos importantes en la teoría política, y que está suscitando un movimiento en su defensa, al que me sumo. Para esos críticos antiilustrados, no podemos salir de la política conflictiva, no hay posibilidad de hacer la justicia, de legitimar unas soluciones por encima de otras; en una palabra, no es posible la Gran Política. Estamos encerrados en nuestros pequeños relatos identitarios. Si les hiciéramos caso, deberíamos cerrar la Academia antes de abrirla, prescindir de la noción de felicidad pública y animar a que todo el mundo se recluya en su felicidad privada, en su paraíso psicológico y no comprometido. He dicho en muchas ocasiones que «el hecho de que la felicidad se haya puesto de moda es una catástrofe social». Es una manera un poco estrepitosa de llamar la atención sobre el peligro de olvidar la importancia de la felicidad pública, objetivo de los sistemas normativos. Si la búsqueda de la felicidad se recluye al ámbito subjetivo, acaba olvidando su relación con la justicia y encerrándonos en un solipsismo que parece blindarnos, pero nos hace vulnerables. Dejamos entonces que los gobernantes se encarguen de resolver los problemas. Es de temer que, al dejarles campo libre, los políticos con gran voluntad de poder lo invadan. Por pereza, por escepticismo o por estar aquejada del síndrome de inmunodeficiencia social, la sociedad civil no ofrece resistencia en los países democráticos. Las encuestas nos dicen que ha crecido la desconfianza hacia las democracias y que eso se debe a su incapacidad para resolver bien los problemas, es decir, para resolverlos justamente.

¿Es eso cierto? ¿Nos vemos condenados a despedirnos de la competencia heurística como si hubiera sido un espejismo? Para averiguar si es verdad, voy a comprobarlo estudiando los grandes problemas morales que se le han presentado siempre a la humanidad. Como ya advirtió Clifford Geertz, son siempre los mismos: lo que cambia son las soluciones. Gracias a la ergometría podremos comprobar la fortaleza de esas soluciones.

Voy a rizar el rizo. La investigación sobre las posibles soluciones es una investigación histórica, de la que pretendo sacar conclusiones inductivas. Pero, además, voy a ensayar otro método que se aproxima al científico, al que voy a llamar «método axiomático». Se trata de lo siguiente. La arquitectura de los sistemas formales, por ejemplo, matemáticos, está constituida por tres elementos: axiomas, reglas de transformación y teoremas. Los axiomas son los primeros principios, que no son demostrables. Por ejemplo, podemos tomar como principio en geometría el axioma «Las paralelas no se cruzan» o «Las paralelas se cruzan». En un caso, eso supone admitir el espacio euclidiano y, en el otro, un espacio no euclidiano. A partir de ahí, aplicando las reglas de transformación geométrica, podemos concluir teoremas diferentes en cada caso.

Voy a intentar lo mismo en cada uno de los problemas políticos que voy a tratar. Por ejemplo, puedo comenzar con el axioma «Todos los seres humanos son iguales» o «Hay humanos de categoría inferior». Como son axiomas, no se trata de demostrarlos, sino de sacar de cada uno de ellos las consecuencias que la experiencia histórica, la psicología, la antropología o el sentido común nos dictan, y que nos llevarán a concluir si debemos construir nuestra moral transcultural sobre un axioma o sobre otro. Las «reglas de transformación» que nos permiten pasar de los axiomas a los teoremas serán en nuestro caso la información que la historia y otras ciencias humanas nos proporcionen.

Los problemas universales que he identificado a partir del estudio de las diferentes culturas son los siguientes:

1. El valor de la vida humana.
2. La relación del individuo con la tribu.
3. El poder, su titularidad, sus límites y la participación en él.
4. Los bienes, su propiedad y distribución.
5. La sexualidad, la procreación y la familia.
6. La relación con los débiles, los enfermos, los niños, los ancianos.
7. El trato con los extranjeros.
8. La relación con los dioses, la muerte y el más allá.

Justificación de una ausencia

Todos estos problemas llevan otro anidado: la búsqueda de la autonomía, la independencia, la libertad. Por eso no lo he considerado un problema independiente. No hay una lucha específica por la libertad en abstracto, sino por libertades concretas. Al estudiar otras culturas hemos visto que la libertad no ocupa el lugar de privilegio que tiene entre nosotros. Orlando Patterson llega a decir que valorarla tanto es una exclusiva occidental. Otras culturas prefieren la obediencia confiada, lo que los japoneses llaman *amae*, y lo consideran el sentimiento central de su cultura. Eso hace que nos preguntemos: «¿Por qué valoramos tanto la libertad?». No es una pregunta retórica, ni siquiera una pregunta fácil de contestar. Muchos estudios sobre la esclavitud han mostrado que el nivel de vida de algunos esclavos era superior al de campesinos en teoría libres. Hay esclavos felices.

De hecho, el valor de la libertad depende de nuestra «búsqueda de la felicidad». Quien confía en que algún poder va a atender a su felicidad mejor que él mismo, no tiene necesidad de la libertad. Cuando otras personas nos parecen más de fiar que nosotros mismos, la obediencia no es un estorbo, sino un camino a la felicidad. Eso le sucede al niño con sus padres. También para la persona que confía en Dios, o en el emperador, la obediencia a sus mandatos es la actitud más provechosa. La libertad es un obstáculo para la felicidad. Solo cuando esta confianza empieza a fallar, cuando nuestros deseos no son atendidos, empezamos a querer gestionar nuestra vida por nosotros mismos, sin estar al albur del destino ni de la voluntad o capricho de los demás. En eso consiste el deseo de libertad. Como dijo el sensatísimo John Stuart Mill, todo hombre quiere que le dejen organizar su vida, «porque su propio modo de arreglarla es el mejor, no porque lo sea en sí, sino porque es suyo».

La lucha por la libertad está impulsada, pues, por la desconfianza y por la experiencia histórica. El primer escalón de la libertad fue no ser esclavo, ser dueño de uno mismo. Un segundo escalón fue ser ciudadano de una ciudad libre. La libertad suponía poder elegir las propias leyes, ser autónomos, administrar sus propios bienes sin tener que pagar tributos a otros soberanos. En esta línea ascendente, el ciudadano libre (no esclavo) miembro de una ciudad libre (autónoma) quiso participar también en el gobierno de la ciudad. Ser libre significaba poder participar del poder. La esencia del poder es la posibilidad de actuar. Los humanos fueron comprobando que tener medios económicos para ser independientes, poder elegir con quien casarse, qué pensar, dónde vivir, cómo organizar la convivencia formaban parte de la felicidad pública, de ese campo de juego en el que querían jugar.

El estar presente en todos los problemas que voy a tratar justifica el que no haya dedicado un apartado especial al derecho a la libertad. Cada reivindicación lo contiene en su núcleo más activo.

Primer problema

El valor de la vida humana

Planteamiento del problema: ¿qué valor hay que dar a la vida propia y ajena? ¿Quién lo decide? ¿Se puede terminar con la propia vida o con la vida de otro? ¿Todas las vidas tienen el mismo valor o dependen de la salud, la riqueza, la raza, la religión o el mérito?

¿Por qué aparece este problema? Ya sabemos que un problema surge cuando el deseo de conseguir un fin queda obstaculizado o amenazado. La solución nos permite sortearlo y alcanzar el objetivo. Los humanos no solo queremos vivir, como el resto de los seres vivos, sino que aspiramos a no vivir en una permanente lucha por la supervivencia, a que nuestra vida y la de los nuestros sea respetada, a que los demás valoren nuestra vida y la protejan. Queremos apartarnos de la selva. Es verdad que todas las culturas han prohibido matar, pero al mismo tiempo han fijado excepciones: castigar al agresor, liberar a la sociedad de individuos peligrosos, aliviar la situación del que sufre, etc. Esas excepciones eran también formas, a veces muy brutales, de resolver un problema. Por ejemplo, entre los achés —cazadores-recolectores que vivieron en la jungla de Paraguay hasta la década de 1960—, cuando un miembro estimado de la banda moría, mataban a una niña para enterrarlos juntos. Si una persona de edad no podía mantener el paso de los demás, la abandonaban bajo un árbol para que los buitres la devoraran. Cuando una mujer vieja se convertía en una carga para el resto de la tribu, uno de los hombres jóvenes se colocaba a hurtadillas detrás de ella y la mataba de un hachazo en la cabeza. Un joven aché contaba así sus experiencias juveniles a los antropólogos: «Yo solía matar a las mujeres viejas. Maté a mis tías. Las mujeres me tenían miedo. Ahora aquí, con los blancos, me he vuelto débil». Una mujer recordaba que su primer bebe, una niña, fue asesinada porque los hombres de la tribu no querían una niña más.[1] La Biblia muestra esa tensión entre la prohibición y las excepciones. En el Decálogo se ordena «¡No matarás!», pero el mismo Moisés anima a sus seguidores a matar para castigar a los enemigos:

> ¿Pero habéis dejado con vida a todas las mujeres? Precisamente ellas fueron las que indujeron a prevaricar contra Yahvé a los israelitas, siguiendo el consejo de Balaam, cuando lo de Peor; por eso azotó la plaga a la comunidad de Yahvé. Matad, pues, a todos los niños varones. Y a toda mujer que haya conocido varón, que haya dormido con varón, matadla también. Pero dejad con vida para vosotros a todas las muchachas que no hayan dormido con varón [Números 31, 14-18].

La vida del que era inútil para la sociedad o la vida del enemigo deja de tener valor. También puede dejar de tenerla quien contraviene las normas. Tomás de Aquino justifica la pena de muerte de una manera que nos sorprende:

> El hombre al pecar se separa del orden de la razón y por ello decae en su dignidad humana, que estriba en ser el hombre naturalmente libre y existente por sí mismo y húndese en cierta forma en la esclavitud de las bestias, de modo que puede disponerse de él para la utilidad de los demás [...]. Por consiguiente, aunque matar al hombre que conserva su dignidad sea en sí malo, sin embargo, matar al hombre pecador puede ser bueno [*Sum. Theol.* II-II, q.64a.2].

Atención: si la vida de quienes contravienen las normas deja de tener valor, el poder que dicta las normas es quien decide sobre el valor de la vida. Es lo que hicieron los nazis. Crearon una categoría terrible: las vidas sin valor (*Lebensunwertes Leben*, literalmente 'vida indigna de la vida'). En ella se incluían segmentos de población que no tenían derecho a vivir. La expresión apareció por primera vez impresa en el título de un libro de 1920, *Die Freigabe der Vernichtung Lebensunwerten Lebens* [Permitir la destrucción de una vida indigna de la vida], escrito por dos profesores: el jurista Karl Binding, de la Universidad de Leipzig, y el psiquiatra Alfred Hoche, de la Universidad de Friburgo. Los nazis se tomaron la recomendación al pie de la letra y la aplicaron sistemáticamente.

La experiencia de la humanidad ha constatado que la vida humana no está absolutamente protegida si depende de su utilidad, del mérito o del poder, aunque sea del poder divino. ¿Cuál es la solución? Afirmar que la vida humana tiene un valor intrínseco, que no depende de ningún otro valor, sino que se tiene por el hecho de formar parte de la especie humana. De esta manera se pone a resguardo de cualquier decisión. Se trata de una afirmación de singular importancia, pero que se mantiene solo por un acto de voluntad. ¡Quiero que el valor de mi vida no esté a merced de nadie ni de nada! ¡Quiero que tenga un valor absoluto! Este deseo es comprensible, pero ya sabemos que los deseos solo muestran la realidad del deseo, no de su objeto. El deseo de encontrar la fuente de la eterna juventud no es prueba desgraciadamente de su existencia. Necesitamos algún fundamento menos subjetivo. ¿En qué nos podemos basar para decir que nuestra vida es intrínsecamente valiosa, más valiosa que la de los animales, por lo que a ellos los podemos matar y a nosotros no?

Es sorprendente la pobreza de las respuestas que se han dado a estas preguntas. La más frecuente procede de las religiones. La vida humana es valiosa porque es un don de Dios: «Los humanos somos una posesión de los dioses».[2] «*Homo res sacra homini*», «el hombre es algo sagrado para el hombre», escribe Séneca. El *Catecismo de la Iglesia católica* dice: «La vida humana es sagrada, porque desde su inicio es fruto de la acción creadora de Dios y permanece siempre en una especial relación con el Creador, su único fin». Pero son afirmaciones dogmáticas, que hay que creer por fe. Otros argumentos más filosóficos se centran en alguna de las propiedades humanas, pero suelen caer en tautologías o de nuevo en dogmatismos. «La vida humana tiene un valor intrínseco porque posee dignidad», pero la dignidad se define como estar dotado de valor intrínseco. La racionalidad es otra de las propiedades que ennoblecen al hombre, pero ¿es la razón la que da valor a la vida humana? ¿Qué pasa entonces con quienes están privados de ella? ¿Son «vidas no dignas de ser vividas»? El gran filósofo del derecho Ronald Dworkin, al tratar el tema del aborto y de la eutanasia, piensa que son problemas que dividen a la sociedad, pero que pueden tener solución porque ambas partes están de acuerdo en afirmar «la sacralidad de la vida», es decir, en el «respeto al valor intrínseco de la vida». No da más explicaciones.[3]

No es de extrañar que Peter Singer, un gran especialista en ética, acabe reconociendo que no encuentra ninguna razón para decir que la vida humana tiene un valor especial que la diferencie de otros tipos de vida.

> Dar preferencia a la vida de un ser simplemente porque dicho ser pertenece a nuestra especie nos pondría en la misma posición que los racistas que dan preferencia a los que son miembros de su raza.[4]

John Harris da una respuesta que me parece más satisfactoria: la persona es aquel ser que tiene la capacidad de reconocerse como valioso.[5] Completaré la idea. Lo que nos diferencia es que nuestra inteligencia nos permite decir: «Podemos definirnos como seres intrínsecamente valiosos». Lo importante no es que lo seamos realmente, sino que en el mismo hecho de afirmarlo y de poder obrar en consecuencia nos estamos separando del resto de la naturaleza. Y como conocemos nuestra vulnerabilidad y la facilidad con que otros humanos pueden atentar contra nuestra vida, hemos buscado una solución que nos proteja y la hemos encontrado en revestirnos de una protección especial: el derecho a la vida.

Me gustaría que el lector ante esa afirmación se sintiera tan admirado como si contemplase la emergencia de un nuevo mundo, porque así es. Los *sapiens*, producto de la naturaleza, deciden no vivir solo sometidos a las fuerzas naturales, sino también a otras «fuerzas simbólicas»: los derechos. Para ser técnicamente exactos, los «derechos subjetivos», los que le pertenecen por ser persona, sin que ningún legislador haya tenido que concedérselos. «Derechos» es una palabra tan manoseada que se usa sin saber lo que significa. Son *poderes simbólicos*. Un poder simbólico es el que se posee como representación, como signo, de un poder efectivo. Por ejemplo, el poder adquisitivo del dinero es simbólico y, sin embargo, produce efectos reales. El dinero no es un bien real —nadie disfruta poseyendo unos papelillos de colorines—, sino un bien simbólico. Confiere a su poseedor la facultad de comprar. Pero ese poder de compra está basado en un sistema de aceptación mutua. Todo dinero es fiduciario, basado en la fe, en la confianza recíproca de que todo el mundo va a aceptar esa moneda como encarnación de un poder. En soledad no puedo crear una moneda ni un derecho. Ambos aparecen dentro de un sistema fiduciario. Si dejamos de creer en ellos, de afirmarlos, se evaporan.[6]

Los poderes simbólicos, irreales pero eficaces, son una creación de enorme originalidad porque alteran radicalmente el régimen de fuerzas que operan en la naturaleza. Como señaló Hegel:

> El derecho de la naturaleza es la existencia de la fuerza y la imposición de la violencia; y un estado de naturaleza es un estado de violencia e injusticia, del que no se puede decir nada más verdadero sino que hay que salir de él.

Gracias a los derechos podemos hacerlo. Nos permiten actuar más allá de nuestras fuerzas físicas. El derecho de propiedad significa que voy a poder mantener mi casa aunque la codicie mi vecino, que es más fuerte que yo. Soluciona el problema de mi vulnerabilidad, porque representa el acuerdo de la sociedad para venir en mi ayuda. Es esa presencia simbólica de la comunidad sobrevolando nuestra convivencia la que me permite conservar mi casa. A veces tiene que convertirse en acción real, y la Policía tendrá que intervenir para que sea posible. Reconocer un derecho no es promulgar un código, sino crear una tupida red de compromisos, instituciones, deberes; ampliar nuestra capacidad de obrar, nuestras libertades. Son una creación social. Esto no debemos olvidarlo cuando nos enfrentemos al problema de si los derechos humanos son individuales o colectivos. Son individuales porque protegen al individuo, pero al hacerlo le integran profundamente en la sociedad de la que procede la fuerza de ese derecho.

Para que esos derechos funcionen como solución no deben depender de ningún legislador, porque entonces estaríamos en sus manos. La solución que se nos ha ocurrido es afirmarlos como innatos e imprescriptibles. Es una gloriosa *ficción jurídica*. Desde el derecho romano sabemos que una ficción jurídica es una creación ficticia, pero que permite resolver un problema real. Recuerden de nuevo el dinero. Afirmar que todos los hombres nacen iguales es falso, pero afirmarlo, aun a sabiendas de que no es verdad, nos permitirá construir un mundo en el que esa sea la realidad. La Gran Política aspira a la creación de un mundo irreal, extranatural, en el que esperamos encontrar nuestra felicidad pública. En la Declaración de Independencia de los Estados Unidos se dice que esos derechos inalienables han sido concedidos por Dios. Tres años después, la declaración francesa tiene un tono distinto. Es verdad que se aprueba «en presencia y bajo los auspicios del Ser Supremo», pero esta referencia parece de pura cortesía. En la de 1948, ya no hay ninguna referencia religiosa. Los horrores de la Segunda Guerra Mundial, con sus palabras grandilocuentes, convencen a la humanidad de lo desvalida que está y de que solo cuenta con ella misma. Incluso las personas que creen en Dios tienen que concebirlo como un Dios ausente. ¿Cómo es posible creer en la providencia después de Auschwitz? Los derechos humanos aparecieron como «innatos, inalienables e imprescriptibles», pero sin más fundamento que la voluntad humana de reconocerlos como tales, de pensar en ellos como tabla de salvación. Es lo que he llamado una «solución a la Münchhausen». El barón de Münchhausen, protagonista de una famosa novela picaresca alemana, habiendo caído él y su caballo en un pantano, logró escapar tirándose de los pelos hacia arriba. Así nos hemos salvado la humanidad una y otra vez. Como diría un castizo, «¡por los pelos!».[7]

Los derechos son, sin duda, una defensa precaria, porque pueden desaparecer si la sociedad deja de reconocerlos. Es lo que sucedió en Alemania con el derecho a vivir de los judíos. ¿Qué sucede entonces? Que retrocedemos al estado de naturaleza que describía Hegel: violento y peligroso. El problema que el derecho solucionaba vuelve a aparecer, obstruyendo nuestra andadura. La felicidad se aleja.

Este carácter simbólico forma parte de la marcha de nuestra inteligencia, que —como he explicado tantas veces— nos hace vivir al mismo tiempo en un mundo real y en un mundo simbólico. Los animales «viven» los valores: el placer es bueno y el dolor es malo. Lo que caracteriza al *sapiens* es que además de vivirlos, los piensa. Es él quien dictamina «La vida humana es valiosa». La afirmación del valor intrínseco de toda vida humana es una afirmación performativa: crea lo que dice. Este es un magnífico salto: los humanos podemos dirigir nuestra acción por *valores vividos*, emocionalmente sentidos, o por *valores pensados*, que pueden no atraernos afectivamente, pero cuya utilidad o bondad resultan evidentes al pensamiento. Para la persona sedienta, el agua tiene un valor vivido: sacia la sed. Para la persona a la que el nefrólogo recomienda que beba tres litros de agua al día, aunque no tenga sed, el agua tiene solamente un valor pensado. Respetar a la persona que quiero se basa en un valor vivido. Respetar a la persona que odio se basa en un valor pensado. Cuando los derechos me benefician, vivo su importancia. Cuando me obligan, tengo que pensarlos para comprender su valor.[8]

El enfoque heurístico nos permite responder a preguntas que han obsesionado a los humanos: «¿Es verdad que tenemos esos derechos?». Sin embargo, la pregunta adecuada no es esa, sino «¿Qué resuelve mejor los enfrentamientos humanos, el reconocimiento de los derechos o su negación?». La respuesta creo que es obvia. Otra pregunta fundamental es «¿Y por qué voy a aceptarlos si no me convienen?». Pues porque son la solución. Si un médico le dice que tiene una infección y que la única posible cura es un antibiótico, es irrelevante que usted diga que no lo quiere. Lo que tiene que hacer es decidir si quiere curarse o no. Lo mismo ocurre con los derechos. Si queremos solucionar nuestros problemas de convivencia tendremos que aceptarlos y cumplirlos. Si no queremos solucionarlos, no tendremos por qué hacerlo. Pero entonces volvemos a la selva y nos hemos declarado la guerra. Y de hecho volvemos con frecuencia, porque no es verdad que todo el mundo desee garantizar la felicidad pública.

Ensayo de axiomática moral

Podemos construir nuestro sistema político y ético sobre uno de los siguientes axiomas:

- Axioma A: La vida humana tiene valor intrínseco y protegible por el hecho de ser humana.
- Axioma B: La vida humana no tiene valor intrínseco ni protegible.

No estamos hablando de realidades, sino de soluciones. Los axiomas no se demuestran: se eligen a la vista de sus consecuencias. En la naturaleza no hay puentes, ni palancas, ni grúas. Esas son creaciones humanas para aumentar nuestras posibilidades de acción. Lo que tenemos que hacer es someter esos axiomas a la ergometría de las soluciones, y comprobar lo que resulta.

Del primer axioma, aplicando lo que sabemos de la experiencia histórica, se desprenden una serie de teoremas: los humanos están protegidos por derechos; todos debemos respetar esos derechos que nos protegen y nos obligan a protegerlos; el derecho a la vida no puede depender ni de la voluntad del legislador ni de los méritos o condiciones que tenga la persona.

Del segundo axioma se desprenden otros teoremas muy diferentes: la vida vale lo que valga el poder que el sujeto tiene; el poderoso puede determinar quién puede vivir o morir; las creencias religiosas o políticas pueden instrumentalizar las vidas al servicio de cualquier propósito que consideren más valioso que la vida de esas personas; no tenemos defensa alguna contra el poder.

¿Por qué podemos considerar que el sistema basado en el primer axioma es justo, es decir, es una solución mejor? Porque así lo indica la ergometría de las soluciones. La evolución de las culturas muestra una convergencia hacia ese modelo de la experiencia histórica. La aceptación universal lo corrobora: ninguna persona consciente querría que el valor de su vida dependiera de la decisión de otra persona. Es una solución de suma positiva, *win-win*. Un «observador imparcial», o alguien «actuando bajo el velo de la ignorancia», es decir, sin saber si va a ser la víctima o el verdugo, también preferiría esa solución. Además, como veremos, es coherente con la solución a los otros problemas de la Gran Política.

La última corroboración la ofrece la «reducción al horror», que ha sido bien resumida en las declaraciones de los derechos del ser humano de 1789 y 1948:

La ignorancia, el olvido o el desprecio de los derechos del hombre son las únicas causas de las desdichas públicas y de la corrupción de los gobiernos [Declaración de 1789].

La libertad, la justicia y la paz en el mundo tienen por base el reconocimiento de la dignidad intrínseca y de los derechos iguales e inalienables de todos los miembros de la familia humana. El desconocimiento y el menosprecio de los derechos humanos han originado actos de barbarie ultrajantes para la conciencia de la humanidad.

[Declaración de 1948]

Segundo problema

La relación del individuo con la tribu

Planteamiento del problema: ¿qué tiene un valor superior, el individuo o la tribu? ¿Qué sacrificios puede exigir la tribu? ¿Los derechos son individuales o colectivos? ¿Son universales o culturales?

¿Por qué aparece este problema? Porque para unos la preeminencia del individuo ha llevado a un desarraigo moral y a una insolidaridad total, resumidos en una frase de Margaret Thatcher: «La sociedad no existe. Solo existen los individuos». Ante esa ruptura del lazo social, muchos piensan que hay que ir contra el individualismo. Para otros, la preeminencia de la comunidad puede volverse contra el individuo y anularlo. Lo resume otra frase, esta vez de Mussolini: «El Estado lo es todo. El individuo, nada». Hay que ir contra el comunitarismo.

Cada una de esas posturas tiene su propia manifestación cultural. Simplificando mucho, la cultura occidental se ha hecho individualista, mientras que las culturas orientales son más comunitarias y en ellas, social y jurídicamente, la familia, la comunidad, la nación tienen la preeminencia.

En la Conferencia Mundial sobre Derechos Humanos, celebrada en Viena en 1993, esta dualidad de posturas centró gran parte del debate. Se discutió duramente sobre la universalidad de los derechos.

Se concentraron en el mismo edificio gobiernos poco dispuestos a verse sometidos en el futuro a juicios por violar los derechos humanos, gobiernos de países pobres que buscaban reivindicaciones de los derechos económicos y que no se condicionase al cumplimiento de los derechos humanos la ayuda al desarrollo, otros cuestionando la universalidad del concepto actual de derechos humanos por no tener en cuenta la diversidad cultural, observadores buscando consenso para sus propias causas (Yasser Arafat por la Organización para la Liberación de Palestina o representantes del movimiento de liberación del Timor Oriental con sus pretensiones de independizarse de Indonesia); representantes de organismos especializados que denunciaron crudamente situaciones flagrantes de violaciones a los derechos humanos (UNICEF, ACNUR); dirigentes de más de ochocientas ONG del mundo dispuestos a bregar porque la Conferencia no fuera una oportunidad perdida; y toda la prensa internacional, en una época de crudo cuestionamiento a la eficacia de las Naciones Unidas.[1]

El ataque contra la universalidad de los derechos humanos se hizo desde varios frentes. M. Javad Zarif, representante de Irán, expresó que la «lógica divina» prevalece sobre todo, ya que aquella es absoluta y no depende de convenciones.[2] En caso de algunos otros Estados, como China e Indonesia, la diversidad cultural fue la excusa con la que se pretendió desvirtuar las atrocidades de sus regímenes contra disidentes. La postura occidental fue unánime a favor de la universalidad de los derechos. La secretaria general del Consejo de Europa manifestó: «Los derechos humanos son universales e indivisibles. Si se acepta el relativismo, ¿puede hablarse de derechos humanos? Su fundamento es el principio de dignidad de todos los seres humanos sin distinción».[3]

En todos los encuentros internacionales posteriores, la cuestión de la relatividad cultural ha vuelto a aparecer: en la Conferencia sobre Población y Desarrollo celebrada en El Cairo, por ejemplo, se consensuó que cada país tiene el derecho soberano de aplicar las recomendaciones contenidas en el Programa de Acción de conformidad con sus leyes nacionales y con sus prioridades de desarrollo, respetando plenamente los diversos valores religiosos, éticos y culturales de su pueblo, y de forma compatible con los derechos humanos internacionales universalmente reconocidos.[4]

Los derechos humanos quedaban así supeditados a las legislaciones nacionales.

Atendiendo a los valores asiáticos

En un artículo de 2015, Chen Lai escribe:

Comparados con los valores occidentales modernos, los valores de la civilización china presentan cuatro características particulares: (1) La responsabilidad es anterior a la libertad. (2) El deber es anterior a los derechos. (3) El grupo social es anterior al individuo. (4) La armonía es superior al conflicto. Estos pueden considerarse el arquetipo de los valores asiáticos.[5]

En una elaboración axiomática, cada uno de ellos puede dar origen a un sistema que animo al lector a que intente derivar. Tienen en común considerar que el individuo «no es un ser aislado, sino un miembro de una familia nuclear y extensa, de un clan, de una comunidad, nación y Estado». Los asiáticos orientales creen que sea lo que sea «lo que digas o hagas tienes que tener presente los intereses de los otros y equilibrar sus intereses con los de la familia y la sociedad».[6]

La consecuencia es que la gente es más consciente del grupo que en el liberal y atomizado Oeste. Acepta que la cohesión y estabilidad de la sociedad es más importante —y lógicamente anterior— a los derechos individuales. Es solo dentro de una sociedad ordenada que limite los excesos del individualismo donde todos los miembros de la comunidad pueden vivir una vida segura y plena. El Gobierno debe garantizar ese entorno. En esto consiste la felicidad pública, tan presente en este libro. Pero eso supone la devaluación de la libertad. La propuesta de Xi Jinping de «una democracia a la china» supone situar valores como la armonía por encima de la libertad. Por eso está implantando los sistemas de «crédito social», en los que las conductas son minuciosamente observadas para premiar las socialmente convenientes y castigar las perjudiciales. Es el sueño de un mundo feliz, pero sin libertad.

La consecuencia es que, en la mayoría de los países que eligen esos valores, los partidos de la oposición están vigilados o prohibidos, no hay libertad de expresión, ni separación de poderes. Si se pone el énfasis en el consenso y la armonía, puede considerarse que la oposición es subversiva. Una fuerte burocracia y la ausencia de la separación de poderes es característica de los Estados asiáticos. De hecho, hay una fusión del Estado, el partido gobernante y la burocracia.[7] Se adopta una actitud dócil ante un gobierno paternalista. Karel van Wolferen habla de una población japonesa sumisa, completamente indiferente a las intromisiones del Estado y a un sistema político impenetrable.[8] Hay razones para pensar que la apelación a los «valores asiáticos» es una excusa para deslegitimar la crítica. Son sistemas que tienen que blindarse para conseguir la armonía, a la que consideran un valor superior a la libertad.[9]

También el islam mantiene una postura comunitaria. La noción central es la *umma*, la comunidad de creyentes, que es inseparable de otro concepto coránico, la *asabiyyah*, traducida como «conciencia de solidaridad social». El islam no rechaza de plano los derechos humanos. Para los musulmanes son un regalo de Dios. Algunos autores aseguran que tienen su origen en el Corán. «Son derechos fundamentales para todos los hombres en virtud de su condición de seres humanos.»[10] Lo malo es que las personas que no han depositado su confianza en la fe ni gozado de esa certeza básica, ni creído en el único Dios invisible, «están fuera del seno de la humanidad». Como los derechos proceden de Alá, la única actitud que cabe es la obediencia, una virtud ambigua que aparecerá varias veces en este recorrido heurístico. Un musulmán obra de acuerdo con la voluntad de Dios, no de acuerdo con su conciencia. Según Hans Küng, ni siquiera existe esta palabra en árabe clásico. La obediencia es la gran virtud, tanto en el plano político como en el religioso. *Islam* significa precisamente «entrega», «sumisión a la voluntad de Dios».

Pero la pureza de los mensajes religiosos queda alterada cuando se mezcla con ellos el poder político. Basta considerar el cambio del cristianismo cuando fue aceptado como religión del Imperio romano: los perseguidos se convirtieron en perseguidores. O el caso de Lutero antes y después de su alianza con los príncipes alemanes: de defender la libertad de conciencia pasó a pedir que se defendiera la Reforma con la espada. El islam en su comienzo fue una religión muy abierta, sin un clero establecido. Cada creyente tenía que esforzarse en entender el Corán. Pero en el siglo XII «se cerró la puerta de la *iytihad*», de la reflexión sobre lo legal, de la discusión abierta. Fatima Mernissi hace un fascinante recorrido por la historia del islam para demostrar que no es la religión sino el despotismo de sus clases dirigentes lo que ha llevado a los países árabes a la situación de retraso político en que se encuentran. Lo llama «amputación de la modernidad». El gran miedo es la democracia. La Carta Árabe de Derechos Humanos, aprobada por la Liga Árabe en 1994, no establece el derecho a la organización y participación política. Mernissi se pregunta por qué la democracia es tan temida en África y Asia y responde: «Porque afecta al corazón mismo de lo que constituye la tradición: la posibilidad de adornar la violencia con el manto de lo sagrado».[11] La afirmación de los derechos individuales protege mejor nuestras aspiraciones.

Dos escuelas de pensamiento político

El enfrentamiento entre esas dos formas de entender la relación entre el individuo y la tribu se da también en el pensamiento político occidental entre el liberalismo y el comunitarismo. El liberalismo considera que el principal valor es la libertad del individuo, amenazada siempre por el Estado. Se trata de una «libertad negativa», que consiste en estar libre de las injerencias de los demás. Los derechos son individuales y tienen que proteger la libertad, la autonomía y la propiedad. La aparición de la propiedad en este trío es relevante y lo explicaré al estudiar el cuarto problema. El liberalismo considera que proponer una noción de bien común es una intromisión del Estado o de la sociedad en la capacidad de decisión del individuo. El comunitarismo, en cambio, piensa que fuera del lazo social el individuo es una abstracción, y que es la sociedad la que ha inventado las normas sociales, por lo que fuera de ella no tienen sentido. Cada sociedad ha inventado las suyas propias, válidas para los miembros de esa comunidad. El comunitarismo se distingue por una reformulación de la moral, que no se relaciona con principios abstractos y universales como su rival, el liberalismo, sino que pretende fundar la moral en pautas nacidas, practicadas y aprendidas dentro de la cultura de una comunidad. Piensa que las normas morales no se pueden comprender sin apelar a la historia, y acusan al liberalismo de una especie de adanismo abstracto. Muchos de ellos sostienen que

> las categorías, el sentido y la autoridad de cualquier discurso ético se encuentran anclados en una comunidad o tradición específica, y que intentar aplicar tales razones fuera de las fronteras de los Estados o sociedades produce una separación de las formas de vida y de pensamiento de los cuales dependen.[12]

Pero si la principal crítica al liberalismo se centra en su profundo individualismo, las ideas comunitaristas están amenazadas por el peligro contrario. En efecto, en esta doctrina los individuos podrían perder toda autonomía al estar ligados a una comunidad que no han elegido y que no pueden abandonar.[13] El comunitarismo enlaza con los antiilustrados, que también creían que es preciso sacrificar al individuo. Ernest Renan escribe:

> El sacrificio del individuo, según el modelo de sacrificio antiguo, el del hombre por la nación, es el pilar de la organización social y de progreso de la humanidad. [...] Una sociedad tiene el derecho a lo que es necesario para su existencia. Aunque resulte alguna aparente injusticia para el individuo. [...] [De ahí se sigue que] alguna desigualdad es legítima puesto que la desigualdad es necesaria para el bien de la humanidad.[14]

Por eso,

> si la esclavitud ha podido ser necesaria para la existencia de la sociedad, la esclavitud ha sido legítima; porque entonces los esclavos han sido esclavos de la humanidad, esclavos de la obra divina. [...] La naturaleza ha hecho una raza de obreros: es la raza china; una raza de trabajadores de la tierra: es la raza negra; una raza de señores y soldados: es la raza europea.[15]

Como se ve, hay una coherencia en el sistema comunitarista: desconfianza en la individualidad, predominio de lo social, nacionalismo, aceptación de la autoridad y de los argumentos de autoridad, exaltación de la identidad, exclusión del otro.

¿CÓMO PODEMOS ZANJAR ESTA CUESTIÓN?

La Ciencia de la Evolución de las Culturas viene en nuestra ayuda. Lo que caracteriza a los *sapiens* es que somos híbridos de naturaleza y cultura. En las sociedades arcaicas, como han comprobado los antropólogos, no existe la noción de personalidades independientes, fuera de los lazos sociales. La autonomía es una creación tardía. En la obra de Sófocles, Antígona desobedece las leyes de la ciudad para cumplir las obligaciones de su piedad fraterna. Enterrará a su hermano muerto, en contra de las órdenes de Creonte. A nosotros nos parece un ejemplo de autenticidad y libertad, pero, sin embargo, el coro critica su comportamiento: «Llevaste al colmo tu osadía y fuiste a chocar contra el elevado altar de la Justicia». Le acusan de ser «hacedora de sus propias leyes».

A partir de esa dilución del individuo en la sociedad, comenzó un largo proceso. El deseo de independencia, de libertad, de autonomía es una creación occidental, una corriente engrosada con múltiples afluentes. Es lo que he llamado «experiencia de la humanidad». Cuando Sócrates en su *Apología* dice que «una vida no reflexionada no es propia del hombre», está abriendo el cauce para valorar la individualidad.

En ese proceso colaboró la confianza en la razón, por oposición a la sumisión al argumento de autoridad; la defensa de la responsabilidad individual frente a la responsabilidad del grupo; la protesta contra la arbitrariedad del poder; la lucha por el reconocimiento; la reivindicación de la igualdad. No fue el triunfo del egoísmo lo que llevó al reconocimiento de la importancia del individuo, sino la búsqueda de soluciones más justas a las situaciones sociales. Esta línea evolutiva fue trenzándose con la elaboración de la noción de derechos subjetivos, innatos e imprescriptibles, y la elección de la democracia como modo más eficaz de organizar el poder en una sociedad.

La génesis de los derechos que vimos en el apartado anterior muestra que los derechos individuales, los denominados «derechos subjetivos», no aíslan a las personas. Esa es una mala interpretación ultraliberal y antiilustrada. No se nace con derechos como se nace con hígado. Son resultado de un compromiso social. Fuera de la sociedad no tiene sentido hablar de derechos, porque son una «fuerza simbólica» representativa de la cooperación social. No los tenía Robinson Crusoe. La autonomía liberal es una autosuficiencia fatua y falsa. Piensen en su idea de libertad. Se tiende a defender una «libertad negativa», es decir, ser libre es que nadie intervenga en nuestra vida. Eso nos impide reclamar ningún tipo de derecho. Es la libertad del eremita, que es muy limitada. Para ser libres, necesitamos de la ayuda y colaboración de los demás. El derecho a la educación no significa que nadie pueda impedir que una persona se eduque, sino que la sociedad debe proporcionar medios para que todo el mundo pueda ir a la escuela. El derecho a la vida no se agota en que no me maten, sino que incluye el que la sociedad me ayude a vivir. Los derechos aumentan la libertad real, de acción, no la limitan.

Ensayo de axiomática moral

Podemos construir nuestro sistema político y ético sobre uno de los siguientes axiomas:

- Axioma A: Los derechos fundamentales son individuales, innatos y universales.
- Axioma B: La sociedad tiene derechos superiores a los individuales.

Del primer axioma, aprovechando los conocimientos que la historia y otras ciencias humanas nos proporcionan, podemos sacar los siguientes teoremas: los derechos tienen su origen en la voluntad, que es una facultad individual; los derechos protegen mejor a los seres reales, que son individuales; la unión de los individuos puede garantizar la protección de las entidades sociales, como la familia, la ciudad, la nación o la cultura. Al hablar del problema de Cataluña mencioné que los derechos individuales son los que mejor protegen el deseo de independencia. Solo los derechos universales e innatos, es decir, que se poseen por el hecho de pertenecer a la especie humana, pueden hacernos independientes del poder.

Del segundo axioma se derivan los siguientes teoremas: cuando se reconocen derechos prioritarios a las formas superiores de convivencia, estos pueden utilizarse contra los individuos, cuya felicidad deja de tener importancia. La felicidad pública se hace entonces sin público. Se convierte en la «gloria de la nación», cuya búsqueda puede conducir a grandes batallas. La *grandeur* es una obsesión francesa que Macron ha repetido en sus discursos. En Alemania, que padeció también ese síndrome, prefieren no hablar más de la grandeza germana. Piensen, por ejemplo, en la discreción de Angela Merkel.

¿Qué ocurre si la cultura se coloca por encima del individuo?

El relativismo cultural hace extraños compañeros de cama. Los movimientos antiilustrados, archiconservadores, se alinean con el posmodernismo. Hay un gusto por el tribalismo que rechaza la universalidad con el mismo hastío con que el sibarita rechaza el menú único. John Gray hace una afirmación que ataca bajo la línea de flotación todo nuestro argumento:

> No se puede seguir manteniendo —ni siquiera como ficciones útiles— los mitos de la modernidad liberal: los mitos del progreso global, de los derechos fundamentales y de un movimiento secular hacia una civilización universal.[16]

Tal vez tenga razón. Vamos a ver lo que sucede en la vida real. Basándose en su peculiaridad cultural, el rey Ahuízotl sacrificó en México a 80.400 personas solo para la inauguración de un nuevo templo. Se trataba de un homicidio religioso hecho en nombre de la religión oficial y perpetrado en la plaza pública.[17]

Acudamos al presente. Vamos a hablar de una costumbre cultural que afecta a 130 millones de niñas y mujeres de todo el mundo según Amnistía Internacional.[18] Nos referimos a las prácticas de mutilación genital femenina. Se practica en más de veintiocho países africanos y en Oriente Medio. No es raro escuchar a culturalistas occidentales y a varones de otras culturas afirmar que «desde el punto de vista africano la práctica puede servir como una afirmación del valor de la mujer en una sociedad tradicional». Por eso, «exigir el cambio de una tradición que es esencial para muchos africanos y árabes es el colmo del etnocentrismo».[19]

La forma más severa es la infibulación, también conocida como circuncisión faraónica. Aproximadamente un 15 por ciento de las mutilaciones en África son infibulaciones. El procedimiento incluye la extirpación total o parcial del clítoris, la extirpación de la totalidad o de parte de los labios menores y la ablación de los labios mayores para crear superficies en carne viva que después se cosen o se mantienen unidas con el fin de que al cicatrizar tapen la vagina. Se deja una pequeña abertura para permitir el paso de la orina y del flujo menstrual. La mutilación se lleva a cabo utilizando un cristal roto, la tapa de una lata, unas tijeras o cualquier instrumento cortante. Aplicando el principio del observador imparcial o del observador bajo el velo de la ignorancia, ¿aprobaría usted esta práctica sin saber si iba a ser una de las personas sometidas a ella? Cuando los culturalistas dicen que son las madres las que quieren que se les practique a sus hijas, olvidan que han sido imbuidas de la creencia de que, de no hacerlo, sus hijas no van a ser verdaderas mujeres y serán despreciadas. Además, es una práctica que niega otros derechos —la igualdad y la libertad— porque es una demostración de supremacía machista: niega la autonomía de las mujeres y su capacidad de decisión.

¿Qué ocurre si el Estado se sitúa por encima del individuo?

Si los derechos humanos nacieron como limitación al poder del Estado, es lógico que, cuando se pone a este por encima de las personas, se esté subvirtiendo la misma esencia de esos derechos. Alfred Rosenberg, el ideólogo del racismo ario, decía:

> La idea del derecho racial es una idea moral que se basa en el conocimiento de la legalidad natural. El hombre nórdico-occidental reconoce una legalidad natural eterna. [...] Derecho es lo que los hombres arios consideran que es tal; no derecho, aquello que ellos desaprueban.

Wilhelm Frick, ministro alemán del Interior en 1933, redondeó la faena: «La ley es lo que sirve al pueblo alemán. Injusticia es todo lo que le perjudica». La posición marxista, que fue secundada por Alexander Bogomolov durante las discusiones de la declaración de 1948, defendía también la prelación del Estado: «La delegación de la URSS no reconoce el principio de que un hombre posee derechos humanos independientemente de su condición de ciudadano de un Estado». Basta apelar a la reducción al horror para percatarse de que esa supuesta solución es en realidad una condena.

Los derechos humanos fundamentales son nuestra mejor defensa, pero van a meternos en nuevas dificultades, como veremos al tratar el séptimo problema.

Tercer problema

El poder, su titularidad y sus límites

Planteamiento del problema: ¿cómo se legitima el poder? ¿Cuáles son sus límites? ¿Cómo puede el ciudadano participar en él o defenderse de su acción? ¿Es la obediencia el centro de la convivencia social?

¿De dónde viene el problema? De la experiencia. Todas las sociedades han admitido la necesidad de una autoridad que organizara y ordenara las acciones colectivas. Hay un momento en la Biblia en que los israelitas se dirigen a Samuel para pedirle un rey: «Danos un rey para que nos juzgue, como todas las naciones». La petición no agrada a Samuel, que advierte al pueblo de que los reyes ponen grandes cargas sobre las naciones:

> Así será el proceder del rey que reinará sobre vosotros: tomará a vuestros hijos, los pondrá a su servicio en sus carros y entre su gente de a caballo, y correrán delante de sus carros. Nombrará para su servicio comandantes de mil y de cincuenta, y a otros para labrar sus campos y recoger sus cosechas, y hacer sus armas de guerra y pertrechos para sus carros. Tomará también a vuestras hijas para perfumistas, cocineras y panaderas. Tomará lo mejor de vuestros campos, de vuestros viñedos y de vuestros olivares y los dará a sus siervos [1S 8, 11-14].

De hecho, los reyes fueron tan voraces que el pueblo acabó clamando a Dios para que los salvase de ellos (1S 8, 18).

La organización patriarcal pudo ser el núcleo del poder político, pero cuando los grupos crecieron haciéndose multifamiliares, el poder familiar tuvo que someterse a poderes más amplios. Aun así, se reservó al *pater familias* el poder doméstico, el poder en la intimidad. Cuando se fueron configurando comunidades más grandes —el Estado—, comenzaron a surgir tensiones entre sus normas y las familiares. La tragedia de Antígona es un caso antiguo. Las polémicas que tenemos en España acerca de si la educación moral es competencia del Estado o de los padres es un planteamiento moderno del mismo tema. En las propuestas de Estados corporativos, como la «democracia orgánica» implantada nominalmente por el Régimen franquista, la representación política debía ejercerse a través de las «unidades naturales de convivencia»: familia, municipio y sindicato. La historia de los sistemas políticos es la historia de cómo acceder, ejercer, controlar y liberarse del poder. En un ejercicio arriesgado de simplificación histórica, he dividido la evolución de la humanidad en dos grandes épocas: la era de la obediencia y la era de la autonomía.

Siempre ha habido una actitud ambivalente hacia el poder: se le necesita y se le teme. Como ya he contado, la toma del poder cambia a las personas. Richard Lee refiere lo que un influyente miembro de la tribu !kung le dijo:

> Cuando un joven caza y consigue mucha carne, empieza a pensar en sí mismo como un jefe, como un hombre importante, y a pensar en los demás como inferiores. No podemos aceptarlo. Rechazamos a los que se vanaglorian, porque algún día su orgullo causará la muerte de alguien. Así que, cuando sucede esto, hablamos de su carne como si no tuviese valor. Es la manera de templarle el corazón y hacer que se apacigüe.[1]

La historia del poder es también la historia del miedo al poder. El miedo a un Estado despótico bloqueó la aparición del Estado en muchos pueblos, como nos enseña la antropología. Cuando los ingleses quisieron colonizar Nigeria, se encontraron con que un grupo étnico, los tiv, no quería tener jefes. Desconfiaban de ellos. Pensaban que el poder sobre los demás (*tsav*) era una sustancia que crece en el corazón de una persona y le hace temible. Aunque algunas personas lo tienen de manera natural, puede aumentarse mediante el canibalismo. Como dijo Paul Bohannan, el gran especialista en esta cultura, «una dieta de carne humana hace que el *tsav*, y por supuesto el poder, crezcan mucho». Así, los hombres más poderosos, «no importa cuánto sean respetados y queridos, nunca son del todo fiables. Son hombres de *tsav* y ¿quién sabe?».[2] Ese mismo miedo impidió que el Líbano fuera un Estado fuerte. El poder estaba repartido: el presidente de la República tenía que ser siempre un cristiano maronita; el primer ministro, un musulmán suní, y el presidente del Parlamento, un musulmán chií. El vicepresidente del Parlamento y el vice primer ministro debían ser siempre cristianos ortodoxos griegos, y el jefe de las fuerzas armadas, un musulmán druso. Acemoglu comenta:

> Es un leviatán ausente; una sociedad dividida contra sí misma, incapaz de actuar de manera colectiva y que de hecho desconfía profundamente de cualquiera y de cualquier grupo que intente influir en política.[3]

El poder tiende a expandirse. No tiene sistemas autónomos de frenado. Tiene que ser limitado desde el exterior, es decir, desde otro poder o desde el pueblo. Ha sido siempre un juego de tres: el soberano, el grupo de poderosos (aristócratas, patricios, jefes del Ejército, potentados) y el pueblo. Se ve con claridad en el desarrollo de la democracia griega o inglesa. Unas veces el gobernante se alía con el pueblo en contra de los patricios, y otras los patricios con el pueblo en contra del tirano. En Inglaterra, fueron los nobles los que exigieron a Juan sin Tierra que reconociera sus derechos. El historiador del constitucionalismo Albert F. Pollard considera que el Parlamento es la contribución más importante de Inglaterra a la civilización.[4] Su control del poder era envidiado. Montesquieu dijo que los ingleses eran el pueblo más libre del mundo porque limitaban el poder del rey mediante las leyes. Y Voltaire describió a los ingleses como

> el único pueblo que ha sido capaz de prescribir límites al poder de los reyes al oponerse a ellos; y el único que, a partir de unas cuantas batallas, ha podido finalmente establecer un gobierno sabio, en el que el príncipe tiene todo el poder para hacer el bien y, al mismo tiempo, se le impide hacer el mal.[5]

La Revolución francesa, al eliminar los privilegios, enfrentó a dos poderes: el soberano y el pueblo. Esto es lo que les pareció disparatado a los contrailustrados, como Burke. Pensaban que el pueblo no estaba en condiciones de oponerse al poder, y que la eliminación de la nobleza era una catástrofe social. Otro debilitamiento del poder apareció cuando los reyes no pudieron mantener las guerras solo con las rentas de sus dominios, y tuvieron que crear un sistema fiscal. Eso hizo que los ciudadanos participaran más en las decisiones políticas, según el principio de derecho romano *quod omnes tangit ab omnibus approbetur* («lo que a todos toca, todos deben aprobarlo»). Como veremos al hablar de la propiedad, su ausencia en los Estados patrimoniales o comunistas elimina toda posibilidad de resistencia u oposición al poder por parte del ciudadano.

En Grecia comenzó a vislumbrarse la solución al problema del poder. Solón quiso hacer una constitución que equilibrara el poder entre pobres y ricos: «Me mantuve firme, levantando fuerte escudo ante ambos bandos, y no dejé ganar sin justicia a ninguno». Solón, al reforzar la participación del ciudadano corriente, avanzaba en la construcción del Estado, y cuanto más avanzaba en esto, más aumentaba el control popular de las instituciones estatales. Según Aristóteles, los tres logros de Solón fueron: (1) Prohibir los préstamos con fianza de la propia persona; (2) que el que quisiera pudiera reclamar por lo que hubiera sido perjudicado, y (3) la apelación al tribunal, con lo que dicen que el pueblo consiguió la mayor fuerza.

La historia del control de poder está llena de batallas, escaramuzas, trampas, avances, retrocesos, que fueron perfilando como solución el descubrimiento de los derechos subjetivos, individuales, que se podían oponer al poder del gobernante. No se trataba de eliminarlo, porque sin poder las sociedades caen en la anarquía, sino, por usar la expresión de Acemoglu y Robinson, «domesticarlo». También la sociedad civil debía domesticarse. Hubo un momento crítico en la democracia griega cuando el pueblo, consciente de su protagonismo, pensó que no necesitaba leyes. Los federalistas americanos, que veían la necesidad de un Estado fuerte, temían la posibilidad de tener uno demasiado fuerte.[6] James Madison escribe:

> Al plantear un gobierno que los hombres han de administrar para los hombres, la gran dificultad reside en lo siguiente: primero, se debe permitir que el gobierno controle a los gobernados, y luego obligarlo a que se controle a sí mismo.

Preocupados por la construcción del Estado, los constituyentes americanos no incluyeron una declaración de derechos, que debieron añadir después, cuando comprendieron que era la gran defensa contra los excesos que temían. Pero los estados sureños exigieron para firmar la constitución que esos derechos solo se ejercieran en la jurisdicción federal, no en la estatal. Esta tribalización de los derechos dio origen a todo tipo de abusos a escala estatal, en especial contra los estadounidenses negros. Para comprender esta ubicua lucha por el poder y los contraluces que produce recordaré que, durante la Convención Constitucional estadounidense de 1787, se planteó el debate de si los esclavos debían contarse en los censos como personas o no contarse e incluirse entre las propiedades, como hacía el *Code Noir* francés. Fueron los dueños de esclavos sureños quienes forzaron a que los contabilizaran como personas, porque les interesaba aumentar la población para poder tener más representantes en el Congreso. La situación era paradójica: los antiesclavistas del norte querían que no se los incluyera para que la representación de los estados sureños fuera menor, mientras que los esclavistas querían que se los contara, por la razón contraria. Al final se adoptó una solución literalmente salomónica: cada esclavo valdría tres quintas partes de una persona libre. Fue el Compromiso de los Tres Quintos.

La mejor manera de proteger a la ciudadanía de los excesos de poder es reconocerle a cada persona el mismo derecho a participar en él. Esa es la solución democrática. Pero el que ese derecho fuera universal tardó mucho tiempo en aceptarse. Daba miedo reconocerles a todos los ciudadanos los mismos derechos políticos. Desde el comienzo de los sistemas democráticos modernos se buscaron fórmulas para limitar la participación, los llamados «sistemas censitarios». Las mujeres quedaron excluidas, y en muchos países se estableció que solo los propietarios tenían el suficiente interés en el país como para merecer el derecho a voto. El sistema censitario llegó a su máxima desigualdad en Prusia, que estableció un «sistema de tres clases», según las propiedades y rentas que tuvieran. Cada clase disponía de un tercio del total de votos a repartir entre sus miembros. La primera clase incluía el 4,7 por ciento de la población; la segunda, el 12,7 por ciento, y la tercera, un 82,6 por ciento. Se llegó a dar el caso de que en Essen el industrial Alfred Krupp era el único votante de primera clase, por lo que su voto equivalía al 33,3 por ciento de todo el padrón electoral.

Solo la presión de los perjudicados —por ejemplo, la lucha de los movimientos feministas y de defensa de los derechos civiles— consiguió que poco a poco se fuera aceptando el sufragio universal. El reconocimiento de los derechos subjetivos —innatos, universales, iguales— sigue apareciendo como la mejor solución a los problemas sociales. Su capacidad heurística va aumentando conforme se comprueba que aumenta el número de problemas que resuelve.

La legitimación del poder

Todos los gobernantes, aunque hayan alcanzado el poder por la fuerza, han buscado una legitimación para poder conservarlo. «El más fuerte no lo es jamás bastante para ser siempre el amo o señor, si no transforma su fuerza en derecho y la obediencia en deber.»[7] Se trata de un paso importante en el proceso de humanización. La fuerza aspira a ser sustituida por la persuasión, lo que conduce a una moralización de las relaciones, porque supone un intento de justificación. Por encima de los poderes fácticos intervienen poderes simbólicos que pueden utilizarse para dos funciones —legitimar y limitar—, dependiendo de quien lo haga. A lo largo de la historia encontramos tres versiones: la autoridad actual estaba legitimada por Dios, supremo legislador; lo estaba por leyes anteriores, o lo estaba por leyes impresas en la naturaleza.

Desde los primeros elementos babilónicos o egipcios, la divinidad era el legislador supremo que daba órdenes que el soberano se limitaba a repetir. En esta comunicación directa, Dios legitimaba, pero no limitaba. Los sacerdotes pensaron que ellos estaban legitimados para juzgar al soberano en nombre de Dios. Un caso paradigmático: el emperador Enrique IV peregrina al castillo de Canossa para que el papa Gregorio VII le levante la excomunión. En el islam medieval, el Gobierno formaba una unidad inseparable de la religión. Aunque con el tiempo llegaron a convivir dos concepciones: el califato, como autoridad político-religiosa máxima, y los sultanatos, como poderes políticos, que nunca tuvieron independencia absoluta.

La legitimación religiosa del poder político empezó a ponerse en tela de juicio. No se dudaba que procediera de Dios, pero la obra de Marsilio de Padua es un ejemplo de que las cosas estaban cambiando. Expuso la idea de democracia más completa que se haya formulado en el Medievo: afirmó que el príncipe «gobierna por la autoridad del pueblo». De esta forma, distingue entre «legislador en sentido absoluto» (que es el pueblo) y el legislador, que lo es «en nombre del legislador primero».

La segunda legitimación apela a leyes anteriores. Hayek intentó demostrar que esta era la única fuente sensata de la legalidad. La *Common Law* británica le sirvió como ejemplo:

> La libertad de los británicos, que tanta admiración llegó a causar en el resto de Europa en el siglo XVIII, fue el resultado del hecho de que la ley que regía las decisiones de los tribunales era la *Common Law*, una ley existente independientemente de la voluntad de nadie.[8]

La tercera legitimación la daba el derecho natural. Tomás de Aquino da una versión sincrética: la ley eterna se conoce por la razón humana.

Ninguna de estas tres legitimaciones tenía la consistencia necesaria para mantener el complejo edificio de la convivencia. La experiencia de la humanidad fue evolucionando para acabar atribuyendo el fundamento del poder político a la voluntad del ciudadano. La historia nos presenta el persistente trabajo de la inteligencia colectiva —que incluye también la influencia de grandes personalidades— para resolver los problemas. El castellano designa este proceso con una hermosa palabra: «ajustar», derivada de *ad* y *iustus*, 'ir hacia la justicia'.

Ensayo de axiomática moral

Podemos construir nuestro sistema político y ético sobre uno de los siguientes axiomas:

- Axioma A: No debe existir ningún poder.
- Axioma B: El poder debe ser absoluto y residir en el soberano.
- Axioma C: El poder más justo sería el que reconoce y respeta los derechos subjetivos de los ciudadanos.

El axioma A serviría para fundar una sociedad anarquista. Los teoremas principales derivados serían la abolición de todo tipo de poder y autoridad, de las leyes, de la propiedad. La libertad y la igualdad deben ser absolutas. La sociedad debe organizarse sin obligaciones, basándose solo en la razón individual y en los propios deseos. La ergometría nos indica que su capacidad de resolver los problemas sociales y de fomentar la felicidad pública es escasa. Este modelo tiene en contra la experiencia histórica: no parece posible la existencia de una sociedad sin ningún tipo de ley ni de autoridad. La experiencia de las comunas, de hecho, ha fracasado siempre. Tampoco pasa la prueba de la reducción al horror, porque las experiencias anárquicas han sido terribles. Heródoto contó que en Persia, cuando moría el rey, todas las leyes quedaban en suspenso durante cinco días. Cinco días de horror que servían para esperar impacientes la llegada del nuevo rey. El anarquismo nunca propuso un modelo realizable de sociedad. Por una parte, tendió al socialismo, pero por otra reconoció que era imposible mantener el lazo social sin ningún tipo de autoridad y desembocó en el individualismo más radical, que —precisamente por su indefinición— hacía posibles posiciones extremas encontradas, como el individualismo radical de Max Stirner —y sus «sociedades de egoístas»— o el «anarquismo de mercado» propuesto por el economista Murray Newton Rothbard, en el que el mercado lo resolvería todo sin necesidad del Estado. Creo que tiene razón el historiador George Woodcock al decir que el anarquismo fue más un movimiento de rebelión que de revolución; por eso en algún momento se han acercado a él todos los movimientos reivindicativos.

Del axioma B se derivan los teoremas del absolutismo y del Estado totalitario. La experiencia histórica nos disuade contundentemente de aceptarlo. Gran parte de la historia política ha consistido en los esfuerzos por librarse de él, como hemos visto a lo largo de este libro.

Parece que la mejor solución debe basarse en el tercer axioma, del que se derivan los teoremas que reconocen los derechos de cada ciudadano y los protegen. Uno de ellos es el participar en el poder estatal. Cuando respeta los derechos, el Estado no es un limitador, sino un promotor de libertades. En resumen, la democracia obtiene la máxima puntuación en la ergometría de las soluciones.

La Gran Política necesita fortalecer el talento de los dos protagonistas del poder político: los gobernantes y los gobernados. Esa es la finalidad de nuestra Academia.

Es evidente que la democracia se enfrenta a grandes problemas que no hemos sabido resolver bien. Incluso debemos enfrentarnos a una aporía que no sabemos si tiene solución. Me refiero a la ley de las mayorías. ¿Cómo se pueden atender las reclamaciones legítimas de la minoría? Rousseau habló de la voluntad general como legitimadora de la acción política, oponiéndola en un juego de prestidigitación a la «voluntad de todos». Convierte la «voluntad general» en un mito al que apela cuando se ve en aprietos. «Es indestructible, permanece constante, inalterable y pura.»[9] Es absoluta e infalible. Se da entera y es siempre recta. Por lo tanto, se puede obligar a los díscolos a que obedezcan a la voluntad general. Robespierre se lo tomó al pie de la letra cuando dijo que la voluntad de los jacobinos era la voluntad general.

Los que no pensaban como ellos debían excluirse de la ciudadanía. La guillotina era un buen procedimiento para librar al censo electoral de disidentes. La voluntad general acabó siendo el resultado de la poda adecuada de la voluntad de todos.

El pueblo quiere siempre el bien, pero no siempre lo ve, pensaba Rousseau. La voluntad general es siempre recta, pero el juicio que la dirige no siempre es esclarecido. Se necesita hacer ver los objetos tal como son, a veces tal como deben parecer; mostrarle al pueblo el buen camino que busca; garantizar la voluntad general contra las seducciones de voluntades particulares. Los individuos conocen el bien que rechazan; el público quiere el bien que no ve. Todos requieren igualmente de conductores. Es preciso obligar a los unos a conformar su voluntad con su razón y enseñar al pueblo a conocer lo que desea. Entonces, de las inteligencias públicas y de la voluntad en el cuerpo social resulta la unión del entendimiento; de allí, el exacto concurso de las partes, y, en fin, la mayor fuerza del todo. He aquí de donde nace la necesidad de un legislador. Al final, es este quien encuentra la voluntad general. Eso acabó formando parte de la «teoría del caudillaje». El caudillo, el *führer*, tiene una comunicación directa con el pueblo y conoce su voluntad. Para ese viaje no necesitábamos alforjas.

Cuarto problema

Los bienes, la propiedad y su distribución

Planteamiento del problema: ¿es legítima la propiedad? ¿No deberían ser todos los bienes comunes, como en la edad de oro, en que no había «lo tuyo» y «lo mío»? ¿Cómo se pasó de la posesión a la propiedad? ¿Se debe heredar la propiedad? ¿El derecho de propiedad es absoluto o limitado? ¿Es el estado del bienestar un ataque contra la propiedad privada?

¿Por qué aparecen los problemas? El deseo de propiedad plantea uno de los problemas estructurales de la convivencia humana: cómo conseguirla, cómo mantenerla, cómo distribuirla, cómo legitimarla. Los problemas aparecen porque los deseos y necesidades son mayores que los bienes disponibles. Las tribus cazadoras-recolectoras, que tenían abundancia de lo que necesitaban y no podían atesorar nada, no debieron de tener desarrollado ese deseo. Pero con la agricultura y la ganadería aparece un fenómeno nuevo: los excedentes, es decir, aquellos bienes que no son consumidos y que, por lo tanto, aumentan la riqueza y provocan la desigualdad. La complejidad de las sociedades va resolviendo de diversas maneras los problemas de la propiedad y su reparto. En pueblos tradicionales, la propiedad de la tierra tenía vínculos religiosos, los grupos familiares estaban ligados a la tierra porque sus antepasados estaban enterrados en ella.[1] Como dijo un líder nigeriano de principios del siglo XX: «Considero que la tierra pertenece a una inmensa familia, muchos miembros de la cual están muertos, unos cuantos están vivos e innumerables todavía no han nacido». Fukuyama escribe:

> La incapacidad de los occidentales para entender la naturaleza de los derechos de propiedad consuetudinarios y su arraigo en grupos familiares es, en cierta medida, la causa de muchas de las actuales disfunciones en África.[2]

El reconocimiento social de la propiedad de un bien es un rudimento de derecho, un avance de lo que milenios después se denominará «derecho subjetivo». Al principio, toda propiedad era posesión. Posesión es el uso o la ocupación de un bien, sin más justificación que la capacidad de apropiarse de él y de conservarlo. La invasión de un territorio ajeno o el robo ha sido durante toda la historia de la humanidad un modo aceptable de ampliar las propias posesiones. Pero esto suponía estar siempre en lucha y a merced del poderoso. El problema que se planteaba era: ¿cómo podía una persona, una familia o una tribu mantener lo suyo ante la codicia de un competidor más fuerte? Ya sabemos la respuesta: creando una fuerza simbólica real capaz de oponerse a la fuerza bruta: el derecho. Cuando una comunidad reconoce el derecho de una persona se compromete también a respetarlo y defenderlo. En este sentido tenía razón Marx al considerar que la propiedad no es la relación del dueño con la cosa, sino una relación entre personas a propósito de la cosa. De esta relación recibo el reconocimiento de mi derecho. Los tsembaga maring, de Papúa Nueva Guinea, nos ofrecen un ejemplo de este derecho *in nuce*. Al habitar en regiones con una relativamente alta densidad de población, las familias se unen a un clan como mecanismo de defensa y afirmación de sus derechos sobre la tierra. El clan define los derechos de propiedad y restringe el acceso a la tierra; los miembros del clan poseen individualmente las tierras cultivadas y pueden intercambiarlas entre ellos.

La propiedad se ha convertido en centro de la vida ética y política y, por lo tanto, del Gran Proyecto, porque define el ámbito de «lo mío». Esta es una relación extremadamente misteriosa. Cuando un animal marca su territorio, está afirmando lo suyo. Cuando una oveja en un rebaño reconoce a su cría, está viviendo un lazo especial con «su» cría. Nosotros no solo vivimos esa relación, sino que la pensamos. «Lo mío» no soy yo, pero está más cercano a mí que el resto de las cosas. Las polémicas sobre la propiedad han sido tan encarnizadas que han dado lugar incluso a enfrentamientos teológicos. A finales del siglo XIII surgió una fuerte controversia en la orden franciscana entre los espiritualistas, que defendían la renuncia a todas las posesiones, y los conventuales, que deseaban conservar las propiedades que habían adquirido. En el papado de Juan XXII la Iglesia condenó a algunos espirituales a morir en la hoguera: en la bula *Cum inter nonnullos* condenó como hereje a todo el que dijera que ni Cristo ni los apóstoles habían tenido propiedades, ni como individuos ni como grupo. Seis años después, en otra bula, Juan XXII afirmó que la propiedad (*dominium*) del hombre sobre sus posesiones no difiere de la propiedad ejercida por Dios sobre el mundo, la cual concedió al hombre al crearlo a su semejanza. Es por tanto un derecho natural que antecede a la ley humana. Los franciscanos no podían rechazarlo.

La teología medieval, a pesar de mantener ciertas reticencias sobre las riquezas y de recordar la parábola de los lirios del campo, que no necesitan nada porque todo lo reciben del Padre celestial, consideraba que la propiedad era necesaria porque la perfección espiritual solo podía alcanzarse si se tenía la seguridad que solo podía proporcionar la propiedad. A Tomás de Aquino no le parecía conveniente la propiedad común, porque siguiendo la *Política* de Aristóteles pensaba que no promovía ni eficacia ni armonía, sino discordia.

La propiedad se ha convertido en centro de la vida ética y política, como se ve en la definición clásica de la justicia: *suum cuique tribuendi* («dar a cada uno lo que se le debe»). Los juristas medievales ya advirtieron de que ese deber «dar a cada uno lo suyo» significaba darle lo que era de su propiedad.

Dicha contundente definición nos deja en suspense, porque no nos aclara cuál es esa propiedad. Determinarlo va a ser la función primordial de la justicia. Y la decisión más acorde para encaminarnos a la felicidad pública es que deberíamos reconocer a todos los humanos la propiedad de su propio cuerpo (contra la esclavitud), de sus propios pensamientos (libertad de creencias) y de todos aquellos bienes materiales necesarios para una vida digna. Y esa propiedad le da derecho a reclamarlos en el caso de no poder disponer de ella.

En el terreno material, para proteger lo que corresponde a cada uno, la mera posesión se reforzó con el derecho de propiedad. Esto ponía los bienes fuera del alcance de los poderosos. Pero seguía despertando opiniones contradictorias. Rousseau, en su *Discurso sobre el origen y los fundamentos de la desigualdad entre los hombres*, considera que la propiedad es una de las principales fuentes de degeneración humana al provocar la desigualdad entre los hombres, pero en *El contrato social* y el *Discurso sobre economía política* sostiene que la propiedad es uno de los derechos sagrados sobre el cual se funda el orden civil. Algunos estudiosos de su obra creen evitar la contradicción diciendo que la crítica de Rousseau no es contra la propiedad, sino contra la desigualdad.

Los límites del derecho de propiedad

Había, sin embargo, que precisar los límites de ese derecho. El Código de Napoleón decidió que era un derecho absoluto: el propietario podía hacer con sus bienes lo que quisiera. El comunismo, considerando que la apropiación de las plusvalías generadas por el obrero hacía cada vez más rico al dueño de los bienes de producción, negó el derecho de propiedad individual, considerándolo un abuso antisocial. La estatalización de los bienes produjo efectos negativos: expandió el poder de los gobernantes, debilitó la iniciativa privada, produjo ineficiencia económica e intentó cambiar sin éxito las motivaciones de la población, entre las que se encuentra la del acceso a bienes propios. Pero, sobre todo, se lo criticó aduciendo que iba en contra de la libertad individual. En efecto, el derecho de propiedad está íntimamente relacionado con la libertad. En Grecia, desde los tiempos de Solón, los granjeros independientes eran considerados hombres libres (*eleutheroi*) y estaban exentos del deber de pagar impuestos o de servir a los aristócratas. Trabajaban para ellos mismos, y esta independencia económica se convirtió en sello distintivo de su libertad. Louis Gernet ha explicado muy bien cómo el cambio en las normas sobre la propiedad favoreció la aparición de la autonomía personal. La antigua propiedad era del clan; pero la propiedad nueva, la adquirida, es del individuo. Se teje un sistema en que el individuo es el centro de todas las relaciones: relación entre propietario y propiedad, entre deudor y acreedor, entre vendedor y comprador. La disolución de la familia extensa favoreció la aparición del individualismo, del *Homo economicus*. Lo resume en una frase acertada: «Bruscamente, la ciudad expulsa las representaciones mágicas de la propiedad para sustituirlas por las nociones laicas de un derecho privado».[3]

El renacentista Leon Battista Alberti, en su tratado sobre la familia, hace un elogio de la propiedad también basándose en la libertad:

> Es una especie de esclavitud tener que suplicar y depender de otros hombres para lograr la satisfacción de nuestras necesidades. Por ello, no despreciamos la riqueza sino que aprendemos a gobernarnos a nosotros mismos y a dominar nuestros deseos mientras vivimos libres y felices en medio de la abundancia y la riqueza.[4]

Una curiosa defensa de la relación de propiedad y libertad la hizo el rey Carlos I de Inglaterra enfrentado al patíbulo:

> La libertad y libertades del pueblo consisten en tener como forma de gobierno aquellas leyes por las cuales su vida y sus

propiedades sean fundamentalmente de ellos mismos. No consiste en que participen en la dirección política. Señores, eso es algo que no les compete.[5]

El siglo XVII inglés conoce la exaltación de la propiedad, que no se reduce a cosas materiales. No solo somos dueños de nuestros bienes, sino de nosotros mismos, de nuestras decisiones, de nuestra libertad. Eso hizo que Locke, que tanta importancia tuvo en el pensamiento y en la práctica política, incluyera en la definición de propiedad, junto a la posesión de bienes materiales, también las acciones, las libertades, la vida, el cuerpo y, en general, todos los derechos. En un perspicaz ejercicio de síntesis, anota que la vida, la propiedad y la libertad son los bienes más relevantes, que se contraen en uno: la propiedad. Adam Ferguson resume tales enseñanzas definiendo al «salvaje» como alguien que no ha llegado aún a conocer la propiedad. Le parece evidente que la propiedad y el progreso han ido siempre unidos.

En cambio, la propiedad es atacada en Francia en los siglos XVIII. Basándose en la idea de que la propiedad es necesaria para la libertad, se saca una consecuencia inesperada: el derecho a la libertad exige que todos los hombres sean propietarios. Es la tesis de Pierre-Joseph Proudhon:

> Si la libertad del hombre es sagrada, es igualmente sagrada para todos los individuos. Si necesita de la propiedad para su acción objetiva, esto es, para su vida, entonces la apropiación material es igualmente necesaria para todos.

Resume su posición en una frase que hizo fortuna: «¿Qué es propiedad? Un robo».

Por su parte, los historiadores de la economía Douglass North y Robert P. Thomas consideran que no puede haber desarrollo económico si las sociedades no proporcionan garantías sólidas a los derechos de propiedad.[6] Desde los países en desarrollo, el economista Hernando de Soto dice lo mismo. Una de las causas de la pobreza en Perú (y en toda Iberoamérica) es que los pobres no tienen títulos de propiedad para sus bienes, por ejemplo, para sus tierras, y sin ellos no pueden introducirlos en el sistema económico.[7] La defensa de la propiedad está ligada a la defensa de la libertad.

Un ejemplo de experiencia histórica

Una de las tesis de la Ciencia de la Evolución de las Culturas es que se puede contemplar la historia como un gran argumento práctico, en el que la experiencia va aceptando unas razones y rechazando otras. Richard Pipes ha llevado a cabo un sugestivo estudio sobre la influencia que la idea de propiedad ha tenido en la historia rusa. Durante dos siglos y medio (de 1600 a 1861), la inmensa mayoría de los rusos vivió como siervos del Estado o de los terratenientes, atados al suelo y sin recursos legales para protegerse de ellos. La duración del absolutismo y la ausencia de derechos y libertades, que se prolongó durante el Régimen soviético, lo atribuye a la erradicación de la propiedad sobre la tierra en el Gran Ducado de Moscú que acabó conquistando toda Rusia. Era un «Estado patrimonial», que dejaba todos los derechos sobre la tierra en manos del monarca, lo que le permitía exigir servicios ilimitados a sus siervos, nobles o plebeyos. La ausencia de propiedad —comenta Pipes— privó a los rusos de los mecanismos mediante los cuales los ingleses lograron limitar el poder de sus reyes. Al no requerir impuestos, dado que toda la tierra les proporcionaba rentas y estaba a su servicio, los zares no necesitaban convocar parlamentos. La noción de derechos estaba totalmente anulada por la noción de deberes hacia el monarca. Hubo que esperar a 1905 para que se otorgaran derechos civiles a los súbditos, por miedo a que se rebelaran.

Catalina II fue la primera en introducir la propiedad de la tierra en el código, convencida de que era la única manera de aumentar la prosperidad de su país. Pero el reconocimiento de la propiedad privada tuvo un efecto demoledor sobre los siervos, ya que, como estaban atados a la tierra, se convirtieron en propiedad privada de sus dueños. Catalina, conversando con Diderot, se refirió a ellos como «súbditos de sus amos». El poder de estos sobre los siervos era absoluto: solo se les prohibía matarlos o torturarlos. Hubo que esperar a mitad del XIX para que los siervos pudieran adquirir propiedades. En 1861 se los emancipó: Alejandro II dijo a sus nobles que era mejor resolver el problema de la servidumbre pacíficamente, desde arriba, que dejar que se resolviera con violencia desde abajo.[8]

Lenin emprendió la expropiación de la propiedad privada entre 1917 y 1920, con resultados trágicos. En 1920 la producción industrial —comparada con la de 1913— se desplomó en un 82 por ciento; la producción de granos disminuyó un 40 por ciento, y, a pesar de la persecución realizada por la Policía política, florecía el mercado negro. La caída del Imperio soviético tuvo muchas causas, pero una de ellas fue la débil economía provocada por la eliminación de la propiedad. Se cumplió la profecía de David Hume a finales del siglo XVIII, cuando auguró los negativos efectos de querer imponer una igualdad perfecta:

> Distribuyan posesiones para una total igualdad y los diversos grados del arte, cuidado e industria de los hombres romperán inmediatamente esa equidad, o si ponéis freno a esas virtudes, reduciréis a la sociedad a la más extrema indigencia; y en lugar de evitar la miseria y la mendicidad en unos pocos, las distribuiréis inevitablemente a toda la comunidad.

Una alternativa

Al parecer, ninguna de las dos posiciones —derecho de propiedad absoluto o no reconocimiento del derecho de propiedad— supera el test de la ergometría de las soluciones. Cada argumento a favor provoca un argumento en contra. Los partidarios de la propiedad dicen que promueve la estabilidad, hace posible la libertad personal y limita el poder del Gobierno. Sus opositores, que es la desigualdad que produce la causa de la intranquilidad social. Los partidarios, que la propiedad es legítima porque todo el mundo tiene derecho a los frutos de su trabajo, a lo que sus oponentes replican que no todos los propietarios han trabajado. Por último, los defensores de la propiedad la defienden como el modo más eficiente de producir riqueza y de fortalecer la identidad del individuo, mientras que sus detractores afirman que la lucha por los beneficios conduce a una competencia destructiva y que corrompe el carácter fomentando la avaricia.

A principios del siglo XX comienza a esbozarse otra solución. La Declaración de los Derechos del Hombre y del Ciudadano de 1789 en su artículo 17 declaraba que las propiedades son «un derecho inviolable y sagrado»; el Código Napoleónico, llamado coloquialmente «código del propietario», defiende el derecho del propietario incluso a degradar o destruir la cosa poseída. Pero el interés por la «cuestión social» anima a reformular el derecho de propiedad. En 1911, un famoso jurista francés, Léon Duguit, lanza la idea de que se debía dejar de considerarlo como un derecho para considerarlo una «función social». Piensa que todo derecho se funda en la «interdependencia social» y que la propiedad debe atender a ese origen y no refugiarse en un individualismo insolidario. Estoy de acuerdo. La idea de la función social de la propiedad fue calando, a mi juicio, porque resolvía más problemas que sus competidoras. Permitía un juego de suma positiva, porque alcanzar la felicidad pública beneficia también a los ricos. La Iglesia católica se alineó con esta idea. En 1967, Pablo VI publica la encíclica *Populorum progressio*, en la que se lee:

> La propiedad privada no constituye para nadie un derecho incondicional y absoluto. No hay ninguna razón para reservarse en uso exclusivo lo que supera a la propia necesidad, cuando a los demás les falta lo necesario. En una palabra: el dere-

cho de la propiedad no debe jamás ejercitarse con detrimento de la utilidad común, según la doctrina tradicional de los Padres de la Iglesia y de los grandes teólogos.

La Constitución española reconoció que la propiedad era un derecho subjetivo individual, pero que estaba limitado por su función social:

> Artículo 33
> 1. Se reconoce el derecho a la propiedad privada y a la herencia.
> 2. La función social de estos derechos delimitará su contenido, de acuerdo con las leyes.

Ensayo de axiomática moral

Podemos construir nuestro sistema político y ético sobre uno de los siguientes axiomas:

- Axioma A: El derecho a la propiedad es un derecho absoluto, sin límites.
- Axioma B: No hay derecho a la propiedad.

Del axioma A se derivan los siguientes teoremas: la propiedad privada y su protección como derecho satisface las aspiraciones de los ciudadanos. Tanto la evolución de la humanidad como las evaluaciones hechas bajo el velo de la ignorancia confirman la conveniencia de reconocer el derecho de propiedad. Hace posible la libertad y la defensa frente al poder. Sin embargo, no acaba de superar el test de reducción al horror. Mucha gente piensa que el derecho de propiedad ha aumentado la riqueza, pero la ha distribuido mal, con lo que las desigualdades sociales se han disparado, y, como señala Thomas Piketty, el capitalismo produce desigualdades a un ritmo acelerado. El poder económico muestra las mismas características que el poder político: es expansivo, no tiene sistemas internos de frenado y solo puede limitarse desde el exterior. Además, como sucedió en la política, se ha excluido de la moral. Hay una «economía real» paralela a la *realpolitik*. Su patrón podría ser Milton Friedman, que defendió que la única obligación de las empresas era ganar dinero, y que buscar otras finalidades sociales era un gravísimo atentado contra la libertad.

Del axioma B se desprenden los teoremas: todas las propiedades pertenecen al Estado, que puede administrarlas a voluntad. Esto limita dramáticamente la libertad de los ciudadanos, sin recursos para oponerse al poder de la Nación. Además, al no poder contar con la información proporcionada por un mercado libre tiene que confiar en una planificación centralizada que resulta ineficaz.

Los inconvenientes provocados por los sistemas fundados en esos axiomas condujeron a la enunciación de un tercer axioma:

- Axioma C: Se reconoce el derecho de propiedad individual, al mismo tiempo que la función social de la propiedad.

La propiedad es inviolable, pero el Estado puede intervenir en ella si se puede demostrar que es necesario para el bien público, y previa indemnización. Los procedimientos para realizar estas actuaciones deberán ser señalados por la ley.

Creo que este axioma encaja mejor en la Gran Política, porque favorece la felicidad pública sin desentenderse de la felicidad individual.

Quinto problema

El sexo, la procreación y la familia

Planteamiento del problema: ¿debe haber una regulación jurídica, política o ética de las relaciones sexuales? ¿Cuál es el modo más valioso de organizar la familia? ¿Los matrimonios deben ser indisolubles? ¿Tienen una dimensión pública o debe ser un asunto puramente privado? ¿Qué sucede con las herencias? ¿Cómo se distribuye el poder dentro de la familia?

¿Por qué aparecen los problemas? La complejidad de los temas vinculados a la sexualidad y los deseos, expectativas e intereses relacionados con ella, son tan amplios que la probabilidad de que aparezca algún obstáculo que origine conflictos es muy alta. La variadísima casuística y los vaivenes en la legislación y en la moral son prueba de la pluralidad de obstáculos. Los problemas pueden provenir del deseo sexual, de su orientación o de su identidad, como hemos visto en los últimos tiempos; de los compromisos matrimoniales; de la procreación, dentro y fuera del matrimonio; de la organización de las familias; de los derechos de sus miembros; de la patria potestad; de las herencias. Es decir, de todos los temas que trata el derecho de familia. La variedad, cantidad y complejidad de los problemas es tal que en algunos países el derecho de familia se ha segregado del derecho civil, en el que estaba incluido tradicionalmente, para constituir una rama independiente. Sobre el tema, James A. Brundage escribe:

> Toda sociedad intenta controlar la conducta sexual, ya que el sexo representa una rica fuente de conflictos que puede perturbar los procesos sociales ordenados. No resulta sorprendente que la regulación de la sexualidad haya sido un rasgo fundamental de virtualmente todo sistema jurídico que conozcamos.[1]

Es un dominio donde los sentimientos más generosos se mezclan con los intereses más prosaicos. Desde el derecho romano, la *affectus maritalis* coexistía con el reparto de las herencias. La proximidad de estos problemas a la moral ha hecho que las religiones hayan sido reacias a que estos temas pasen a la legislación civil. Así sucede, por ejemplo, en el matrimonio musulmán, en el que se admite la diferencia de estatus de la mujer, permitiendo la poliginia, imponiendo la obediencia de la esposa al marido, prohibiéndole casarse con un no musulmán, o, como en Mauritania, autorizando el matrimonio de niñas sin su consentimiento. Por otra parte, la obligación para el hombre de casarse es también una limitación de su libertad.

En todas las culturas se ha regulado la sexualidad. Más aún, algunos autores importantes —Freud y Lévi-Strauss entre ellos— consideran que la cultura humana comienza precisamente con la aparición de una norma sexual: la prohibición del incesto.

Solo voy a ocuparme, a modo de ejemplo, de dos problemas claramente relacionados con la ética y la política: el consentimiento en el matrimonio y la obediencia de la esposa.

El consentimiento

Una antiquísima tradición considera las nupcias como una compraventa donde la mujer era un mero objeto contractual que debía entrar en la esfera de dominio del adquirente. Los juristas romanos —que eran grandes solucionadores— distinguieron dos tipos de matrimonio: *cum manu* y *sine manu*. *Manus* en su origen significaba «poder absoluto sobre seres y cosas». De ahí derivaba *mancipium* (de *manu capere*) o *manumissio*, que indicaban el señorío del padre de familia o del dueño de esclavos. En el *matrimonio cum manu*, la mujer se sometía al *manus* del marido y pasaba a formar parte de la familia de su cónyuge, es decir, a estar bajo la potestad del *pater familias*. En el matrimonio *sine manu*, la mujer no formaba parte de la familia del marido.

El tema del consentimiento es esencial para comprender la evolución de los sistemas normativos. En las culturas comunitarias, el matrimonio no es un asunto individual, sino social. Es un acto que afecta a la familia entera y que, por lo tanto, debe ser decidido por ella, o por su jefe, el patriarca. La voluntad de los contrayentes no existía. Esto suponía que la relación con la felicidad privada no era importante. Hasta finales del siglo XVIII, la mayor parte de las sociedades del mundo juzgaba que el matrimonio era una institución económica y política demasiado importante como para basar su decisión en algo tan irracional y aleatorio como el amor. Aunque era un acto que afectaba a los novios, no afectaba a ellos solos, sino a todo el grupo; por eso la elección se dejaba en manos de otras personas, parientes o vecinos. En la antigua India, enamorarse antes de casarse era una conducta juzgada rebelde, casi antisocial. Esta idea no ha desaparecido. En una época relativamente reciente (1975), un estudio realizado por estudiantes universitarios en el estado indio de Karnataka comprobó que solo el 18 por ciento de la población aprobaba «decididamente» el matrimonio por amor, y que el 32 por ciento lo censuraba completamente. En China, el amor excesivo entre esposo y esposa se consideraba una amenaza a la solidaridad debida a la familia extensa. En otras culturas, por ejemplo, entre los fulbes de África, se estima que demasiado amor entre los esposos es peligroso porque alienta a la pareja a separarse de la red de dependencia más amplia, que hace que la sociedad marche como corresponde.

La buena marcha de los matrimonios se consideraba una cuestión de Estado. En el siglo v a. C. un furioso marido ateniense, Eufileto, mató a Eratóstenes, amante de su mujer. Fue acusado de asesinato, pero lo defendió Lisias, que convenció al tribunal de que su cliente no solo había actuado en defensa de sus intereses, sino también de los del Estado ateniense, pues si no se castigaba ejemplarmente el adulterio, este podía minar los cimientos mismos del orden social.

¿Qué problema intentaban resolver con tantas cautelas? En primer lugar, que un casamiento por amor se enfrentaba a la autoridad patriarcal que quería decidir sobre la suerte de sus hijos, en especial de sus hijas. Este no es un comportamiento arcaico, sino que todavía se mantiene en muchas culturas. Theodore Zeldin, en su libro sobre las pasiones francesas, señala que hasta el siglo XIX las familias consideraban el matrimonio de sus hijos una manera de afirmar su posición social. «Por eso —escribe— el amor era el gran enemigo de la autoridad parental, susceptible de arruinar todos sus proyectos.»[2]

El rompeolas de las tensiones entre el deseo de los novios de decidir sobre su propia felicidad y el deseo de los padres de decidir sobre el futuro de sus hijos es la cuestión del consentimiento. Allí chocan. Henry Sumner Maine, historiador del derecho, sostuvo una teoría que me parece muy sugestiva. Las sociedades tendían a pasar de un régimen de *estatus* a un régimen de *contrato*. En el régimen de estatus, las decisiones se tomaban por quien ocupaba la posición de poder. Todo el mundo sabía cuál era su estatus. Los hombres eran tratados no como individuos, sino como miembros de un grupo particular. Eso permitía afirmar que la ley antigua no se ocupaba de individuos, sino de familias.[3] En cambio, el contrato era una decisión personal de los contratantes. Fue evolucionando hacia un acto de la voluntad individual, en el que, para que fuera válido el consentimiento, tenía que ser dado por las partes interesadas. La Iglesia católica reconoció pronto esta condición indispensable, pero las legislaciones civiles se mantuvieron titubeantes durante siglos. En la legislación española, el Fuero Real de 1255 subordinaba el consentimiento familiar al de la hija, que no podía ser obligada a casarse por sus padres o parientes, pero eso no significaba que disfrutase de plena libertad. Las doncellas contraían unión legítima siempre que el pretendiente fuera «convenible para ella o su linaje» y contara con la aquiescencia del padre o en su defecto de la madre y hermanos. Los Borbones fortalecieron la patria potestad. Según la norma de 1776, todos los menores de veinticinco años estaban obligados a recabar el consentimiento paterno, de acuerdo con el derecho natural y divino. Sin embargo, los tiempos ilustrados soplaban en otra dirección. La valoración de la libertad de los cónyuges era parte de un movimiento mayor que incluía el cambio de modelo político, otro de los afluentes de la corriente ilustrada. Hasta finales del siglo XVII, la familia se concebía como una monarquía en miniatura, pero la democratización fue un auténtico cataclismo para la justificación tradicional de la autoridad patriarcal. La escritora inglesa Mary Astell expresó las consecuencias:

> Si la soberanía absoluta no es necesaria en un Estado, ¿por qué habría de serlo en la familia? El absolutismo es más dañino en las familias que en los Estados, por la misma razón que cien mil tiranos son más peligrosos que uno.[4]

El tema de la obediencia

El tema de la obediencia me interesa mucho, y me extraña que no haya una historia de la obediencia adecuada a la importancia del asunto.[5] Acabaré por intentarlo yo. En el mundo musulmán, como he comentado, la obediencia de la esposa está legalmente ordenada. En España también figuró en el Código Civil hasta 1975. Durante la Edad Media y el Renacimiento, era un tema reiterado en los tratados de moral o en los libros de consejo para los matrimonios. El éxito del personaje de Griselda, recogido por Boccaccio en 1353 —la esposa que acepta durante años el comportamiento cruel de su esposo, pero cuya paciencia consigue al final que puedan vivir en amor, paz y armonía—, demuestra lo extendido de la situación. Geoffrey Chaucer aporta una visión más irónica: «Una palabra más, señores míos, antes de irme. En los tiempos que corren no es tarea fácil encontrar Griseldas en la ciudad que conocemos». Cuando una esposa no se sometía al marido por propia voluntad, la cultura popular y la propia ley permitían al marido que la hiciera obedecer a la fuerza. Los charivaris —las comparsas organizadas para humillar a una persona—, aunque a veces reprochaban a algún marido que se le hubiera ido la mano en el castigo, lo más frecuente era que se burlaran de su mansedumbre. En el siglo XVI, una ley londinense prohibía pegar a las esposas después de las nueve de la noche, pero solo porque el ruido «molestaría el sueño de los vecinos».[6]

Por diversos caminos y con diversas motivaciones, la era de la obediencia fue debilitándose para ir dejando paso a la era de la autonomía, basada también en el reconocimiento de los derechos subjetivos. El tránsito exigió una actitud de rebeldía. Era una reclamación de libertad.

Un caso de psicohistoria

Joseph Henrich, a quien ya hemos mencionado anteriormente, es un psicólogo evolucionista que estudia cómo ha ido cambiando la inteligencia humana. En su último libro investiga precisamente si podemos hablar de una mentalidad universal.[7] Piensa que los datos que maneja la psicología están sesgados porque no corresponden a la especie humana, sino a lo que denomina «su parte más rara». Como ya hemos visto, define con el acrónimo WEIRD a las personas occidentales, educadas, industrializadas, ricas y democráticas, las cuales se comportan de manera distinta al resto de los humanos. Por ejemplo, tienen una «visión rara». Tal vez la ilusión óptica más conocida sea la de Müller-Lyer, en la que dos líneas que objetivamente son igual de largas parecen tener longitudes distintas cuando se les añaden en sus extremos puntas con forma de flecha que señalan hacia dentro o hacia fuera. La sorpresa llegó cuando se comprobó que poblaciones africanas no perciben esa ilusión. Las personas «raras» piensan, sienten y viven de manera distinta, cuentan con otros valores y son, por lo general, un caso especial estadísticamente hablando. Si se les pide que nombren objetos, dicen «árbol» o «pájaro», en vez de «abedul» o «golondrina». Es decir, pasan al nivel abstracto, mientras que los «no-raros» enfocan lo específico. Por otro lado, los «raros» habitan en las democracias modernas occidentales, por lo que en lo que se distinguen más del resto de la humanidad es en su comportamiento moral. Uno de los aspectos más importantes es su acusada tendencia al universalismo moral: según ellos, las normas deben afectar a todo el mundo. Los valores especiales de las comunidades sociales o la amistad o la familia no influyen en la validez de dichas reglas.

Así pues, Sauer lo resume como sigue:

> Las personas raras tienen una psicología moral atípica: son universalistas morales que (en términos comparativos) colaboran con desconocidos sin importarles las relaciones personales, entienden el individuo como la unidad moral fundamental que establece por propia voluntad relaciones de cooperación con los demás y valora las acciones de una persona según sus intenciones. Vinculan la identidad de una persona a sus logros particulares y sus rasgos de carácter en lugar de la pertenencia a una familia, clan o tribu, y son más pacientes a la hora de obtener recompensas.[8]

Aunque nos resulten rasgos muy conocidos, estadísticamente son una excepción, y muy reciente, en la historia.

Según Henrich, el cambio más trascendental que provocaron estas personas «raras» fueron los mercados y la creciente protección de los derechos individuales de un grupo cada vez mayor de ciudadanos, que exigían libertad y participación. Pero esto fue posible porque antes las estructuras de parentesco y dominio sobre las que se habían construido las sociedades se habían erosionado. La conclusión a la que llega es que la moral universalista y el estilo de pensamiento analítico de las poblaciones «raras» son el fruto de un proceso que duró más de mil años, durante el cual la Iglesia católica destruyó las estructuras tradicionales de la familia extensa que había en Europa, dificultando las uniones entre primos y prohibiendo el levirato, entre otras medidas. Desde el Concilio de Elvira (en el año 300) hasta el IV Concilio de Letrán (en 1315) se llevó a cabo una transformación absoluta de las estructuras de matrimonio.

Los avances que acabamos de mencionar son tan novedosos e imprevisibles que no pudieron producirse de manera deliberada. Al éxito de este modelo contribuyeron en buena medida las innovadoras normas de propiedad y herencia, con las cuales el clero consiguió concentrar una enorme riqueza. Los ricos podían encontrar la salvación si al morir dejaban los bienes a la Iglesia. La ruptura de la familia extensa obligó a inventar otras formas de socialización no basadas en la consanguineidad, que abrieron el camino a la colaboración de los individuos sobre la base de la adhesión voluntaria de acuerdos contractuales y de reglas codificadas de forma explícita. Las comunidades políticas se vieron sometidas también a la nueva lógica moral del individualismo y al consentimiento voluntario. El Estado pasó de ser un instrumento de Dios a un objeto contractual. Me detengo en estos detalles porque son ejemplos de esas confluencias independientes que van engrosando un mismo caudal, que conduce a la felicidad pública.

La obra de Henrich corrobora la potencia de lo que he llamado «el bucle prodigioso»: las creaciones de la inteligencia —en su caso, los programas familiares y matrimoniales— acaban cambiando la propia inteligencia que las ha creado. Esto confirma la ley del progreso ético de la humanidad. Poco a poco, la búsqueda de soluciones compartidas va configurando instituciones que revierten sobre los individuos y aumentan su capacidad. Cambiando el entorno —física o culturalmente—, acabamos cambiándonos a nosotros mismos. La creación de las ciudades supuso empezar a vivir en un nicho distinto, y lo mismo sucedió cuando se pensó que habitábamos un mundo en que un Dios omnipotente nos observaba y conocía lo que sucedía en lo profundo de nuestros corazones. O cuando aparecieron las grandes máquinas y la industrialización. O cuando las revoluciones quisieron reiniciar el mundo, colocando los derechos antes que los deberes. La inteligencia que creó las normas morales se recreó, pues, a sí misma.

Ensayo de axiomática moral

Podemos construir nuestro sistema político y ético sobre uno de los siguientes axiomas:

- Axioma A: Los matrimonios son contratos entre dos personas, que deben poder consentir voluntariamente.
- Axioma B: Los matrimonios son contratos que afectan a la sociedad entera y que no pueden ser decididos solo por la voluntad de los contrayentes.

Del axioma A se derivan los siguientes teoremas: el matrimonio afecta a la vida privada; tiene como objetivo la felicidad subjetiva, que no puede ser conocida más que por el sujeto que la siente; el derecho a la búsqueda de la felicidad incluye la búsqueda de la persona con quien se va a compartir la vida. Eso introduce el consentimiento como parte esencial de la unión, lo que excluye el matrimonio forzado.

Del axioma B se derivan los siguientes teoremas: los matrimonios no viven en una burbuja autónoma de modo que lo que suceda dentro de ella no afecta a su entorno, sino que se dan siempre en una relación social más amplia. Un ejemplo: la decisión de tener más o menos hijos depende de la pareja, pero su decisión afecta a la sociedad entera. Estamos incluidos en una tupida red de responsabilidades compartidas, basada en el reconocimiento de los derechos. Cada persona es libre de hacer con su vida lo que quiera, por ejemplo, hacerse adicta a las drogas. Está disponiendo de su vida, por lo que ¿quién puede opinar sobre ello? Sucede, sin embargo, que en los países moralmente desarrollados los sistemas de sanidad pública tendrán que hacerse cargo de esas personas cuando sean incapaces de valerse por ellas mismas. Por ende, algunas decisiones privadas afectan al conjunto de la sociedad.

¿Cómo soportan esos dos axiomas el test de ergometría? La experiencia de la humanidad ha ido dirigiendo la evolución hacia el reconocimiento del derecho individual a elegir. El argumento de la coherencia nos dice que eso forma parte de la defensa de la libertad y de la autonomía. El depender de la decisión de otras personas es una manifestación más de la lógica del poder, y cada vez que esta lógica se impone las víctimas aumentan.

Mucha gente puede pensar que, desde el punto de vista práctico, no es evidente que la capacidad de decisión de dos personas enamoradas sea más perspicaz que la consideración externa. El papel de los consejeros matrimoniales en las aldeas campesinas era importante. Según la historiadora Shannon McSheffrey, era un deber de los hombres mayores asegurar que se celebraran matrimonios convenientes e impedir que se realizaran los inconvenientes.[9] Pero se trata de dos asuntos diferentes. La elección de pareja con vistas a la felicidad privada pertenece al campo de la psicología de la felicidad, en el que cada uno puede buscar el asesoramiento o consejo que prefiera. En el nivel ético estamos hablando de la obligatoriedad de seguir el consejo de otro. La obediencia ciega, sin posibilidad de crítica, no pasa la prueba de la reducción al horror.

Sexto problema

El trato a los enfermos, incapaces, ancianos, pobres, huérfanos

Planteamiento del problema: ¿hay obligación de atender a los débiles? En caso de que exista, ¿a quién correspondería ese deber? ¿Tienen algún derecho los pobres por el hecho de serlo? ¿Debe el Estado obligar mediante los impuestos a ayudar a los débiles? ¿Los subsidios crean vagos?

¿Por qué aparecen los problemas? Bajo la categoría general de «necesitados de ayuda» pueden incluirse casos muy diferentes: enfermedad, incapacidad, ancianidad, paro, pobreza, viudedad, infancia. Todos se enfrentan al problema de salir adelante. Es un problema suyo, o en todo caso de sus familias, pero las situaciones que se derivan afectan al derecho a buscar la felicidad, el cual puede quedar bloqueado por la obligación de cuidar de unos padres enfermos o de un hijo discapacitado. Es un terreno delicado donde entran en colisión distintos sufrimientos. Nos enfrentamos con una aporía, un problema sin solución definitiva, pero que nos sirve para descubrir una de las grandes creaciones de la competencia heurística: los sistemas públicos de ayuda, la seguridad social, los sistemas de pensiones, la sanidad y la educación pública. Si me preguntaran de qué logros debería sentirse orgullosa la especie humana, señalaría cuatro: la democracia, la protección jurídica, la educación pública y la seguridad social. ¿Cómo llegamos a esta última?

Una de las características del ser humano es la compasión. Posiblemente, la doble evolución —individual y grupal— nos haya dotado de impulsos agresivos, pero también de sentimientos que incentivan la cooperación. Ampliando tal vez esos impulsos sociales, la evolución ha alumbrado una emoción y un comportamiento que han ido expandiéndose en los humanos y haciéndose reflexivos y voluntarios: la compasión y el altruismo. La primera nos hace sentirnos afectados por el sufrimiento de otros, y el segundo nos impulsa a ayudar, aunque sea con un coste para nosotros. Hemos dado un paso más, que aparece repetidamente en nuestra historia. Lo que surge como un deseo intentamos convertirlo en un derecho: el deseo o la necesidad de ser ayudado aspira a convertirse en un derecho, y las emociones espontáneas de compasión y generosidad tienden a convertirse en una obligación. En esto consiste el progreso.

Es posible que la compasión sea la emoción más específicamente humana. Hasta tal punto la consideramos importante que llamamos «inhumano» al que carece de ella. Dirigida en principio a los más próximos, se fue ampliando a círculos cada vez más externos, aunque de manera tan frágil que algunas religiones tuvieron que intentar que la compasión dejara de ser una emoción espontánea para convertirse en una virtud adquirida. Desde la Ciencia de la Evolución de las Culturas, este nos parece un momento estelar de la humanidad.

Denominamos «altruismo» a las conductas de ayuda que no suponen un beneficio (al menos directo) para quien las realiza. Este concepto ha sido siempre un problema desde el marco de la teoría darwiniana. Si la evolución es una lucha por la supervivencia, ¿por qué no ha eliminado a los altruistas, que parecen incrementar la perspectiva de supervivencia de los otros al coste de la propia? ¿Por qué no ha eliminado la compasión, que permite la supervivencia de individuos incapaces de valerse por sí mismos? Se han propuesto tres posibles respuestas. La primera, la selección de parentesco, es decir, ayudamos a nuestros parientes, en proporción a su proximidad, para aumentar la transmisión de nuestros genes. Esto encierra el altruismo en el círculo familiar. En cambio, la segunda respuesta lo amplía. Es el «altruismo recíproco»: conviene ayudar para que te ayuden. Como dice un proverbio esquimal: «Donde mejor está la comida que no puedo aprovechar es en el estómago de mi vecino». El tercer mecanismo es la «selección de grupo»: el altruismo puede ser perjudicial para el individuo, pero es beneficioso para el grupo, por lo que este se aprestará a fomentarlo.

Este complejo «compasión + conductas de ayuda + altruismo» ha sido laboriosamente protegido, expandido y educado por los *sapiens*. Cuando Penny Spikins titula su libro *How Compassion Made Us Human* [Cómo la compasión nos hizo humanos] no está exagerando.[1] En el yacimiento de Dmanisi, en Georgia, de 1,8 millones de años de antigüedad, se conservan los restos de un adulto que había perdido todos los dientes menos uno muchos años antes de morir. Eso significa que otros miembros del grupo tuvieron que proporcionarle alimento, un fenómeno inexistente en el mundo animal fuera de la infancia. En Atapuerca también se han encontrado restos que demuestran la ayuda a los débiles.

Las grandes religiones se han esforzado en generalizar estos sentimientos, por eso merecen ser consideradas fuerzas humanizadoras. ¿Por qué lo hicieron? Creo que los grandes maestros espirituales tuvieron una experiencia extrema de nuestra realidad. Fueron exageradamente hipersensibles. Zoroastro tuvo la experiencia de que el mundo era la feroz lucha del bien y del mal. Buda, los confucianos, los profetas de Israel, Jesús y Mahoma insistieron en la necesidad de la compasión, que es la conciencia de la vulnerabilidad humana compartida. Y, como gran utopía, pensaron que Dios era compasivo, porque nos salvaría. «Dios tiene entrañas de misericordia», dice la Biblia. «Dios es compasivo», afirma san Pablo (Rom. 9,11). «Di a mis siervos que soy indulgente y misericordioso», se lee en el Corán. Nuestra compasión es una leve participación en la divinidad. En uno de los libros de la primera generación de cristianos, *El pastor de*

Hermas, que estuvo a punto de entrar en el canon de libros inspirados, se lee: «Somos la Providencia de Dios». Es decir, la misericordia de Dios actuaba a través de sus fieles. ¡Qué cambio tan radical impone esto a las religiones! En la tradición judeocristiana la preocupación por el desvalido es constante. Basta oír al profeta Isaías:

> El sacrificio que yo escogí es desatar las ligaduras de impiedad, soltar las cargas de opresión, dejar ir libres a los quebrantados, y que rompáis todo yugo. Que partas tu pan con el hambriento, y a los pobres errantes albergues en casa; que cuando veas al desnudo, lo cubras, y no te escondas de tu hermano. Entonces nacerá tu luz como el alba, y tu salvación se dejará ver pronto; e irá tu justicia delante de ti, y la gloria de Jehová será tu retaguardia. [...] Y si dieres tu pan al hambriento, y saciares al alma afligida, en las tinieblas nacerá tu luz, y tu oscuridad será como el mediodía [Isaías 58, 6-10].

En Europa, la influencia cristiana fue poderosísima. Las bienaventuranzas predicadas por Jesús de Nazaret son una exaltación de los pobres y desdichados, y un rechazo de los ricos: «Y alzando los ojos hacia sus discípulos, decía: "Bienaventurados vosotros los pobres, porque vuestro es el reino de Dios. Bienaventurados los que ahora tenéis hambre, porque seréis saciados" [Lucas 6, 20-21]». En el año 500, no menos de 41 concilios o sínodos, de los cuales 18 se celebraron en Francia, se ocuparon de los pobres; por ejemplo, en 585 el Concilio de Mâcon prohibió a «algunos obispos rodearse de perros a fin de no impedir que los pobres se les acercaran en busca de ayuda». Así pues, Oriente y Occidente mostraron una actitud solidaria ante el sufrimiento por medio de la práctica caritativa, la cual funcionó como un vínculo «entre el Cielo y la Tierra».

En estos casos, la ayuda a los pobres se hace por caridad y, como escribe Juan Luis Vives en su obra *El socorro de los pobres*, «para que nadie ignore que nada le ha sido dado para su uso exclusivo y para su sola comodidad, ni su cuerpo ni su alma ni su vida ni su dinero, sino que es administrador de todas esas cosas y no con otro fin las ha recibido de Dios».[2]

Paulatinamente, esa tarea fue compartida por las autoridades civiles, lo que abrió otros canales de protección. Por ejemplo, Pedro IV el Ceremonioso, rey de Aragón, creó una limosnería que se hizo presente en monasterios y hospitales. Simultáneamente, fueron instauradas las figuras jurídicas de un «procurador del miserable» y un «padre de los huérfanos»: el primero tenía por obligación visitar y atender las cárceles, llevando alimentos y vigilando que un médico visitase a los presos semanalmente; el segundo era el encargado de la juventud abandonada, dotando a las muchachas y procurando trabajo a los aprendices. Asimismo, sobresale la presencia de un «abogado de los pobres». Instituciones como las Hijas de la Caridad, creada por san Vicente de Paúl, son ejemplares. En uno de sus sermones dijo: «Los pobres son nuestros señores y maestros. Maestros de vida y pensamiento. Junto a ellos la inteligencia se esclarece, el pensamiento se rectifica, la acción se ajusta, la vida se modela desde el interior». En 1648, la guerra de la Fronda devasta regiones de Francia. Las cartas que le dirigen sus discípulos son estremecedoras:

> Acabamos de visitar 35 aldeas del decanato en Guisa, donde encontramos cerca de 600 personas, cuya miseria es tan grande que se lanzan sobre perros y caballos muertos, después incluso de que los lobos hayan saciado el hambre. Solamente en Guisa hay más de 500 enfermos resguardados en huecos y en cavernas, lugares más apropiados para albergar animales que personas humanas.

Movida por la sensibilidad religiosa, o por la compasión, o para evitar revueltas, en 1601 Isabel I de Inglaterra promulgó la primera Ley de Pobres, que regulaba la ayuda legal a los pobres, con las siguientes características: (a) la parroquia era la unidad básica de aplicación; (b) las ayudas se financiaban fundamentalmente a través de impuestos sobre las propiedades locales; (c) la gestión corría a cargo de funcionarios nombrados por los jueces locales; y (d) las ayudas variaban dependiendo del tipo de pobre: limosnas y asilos para los pobres incapacitados (ancianos y enfermos), aprendizaje de oficios para los niños, trabajo para los pobres capacitados, y castigo o prisión para los que podían y no querían trabajar.[3]

En 1795, la mala cosecha en Inglaterra, así como las penalidades producidas a consecuencia de las guerras napoleónicas, llevaron a que se aumentara ampliamente la ayuda a los pobres y se instituyeran nuevos tipos de subsidios. El más novedoso fue el que se fijó en los Acuerdos de Speenhamland, porque se institucionalizó una nueva categoría de pobres: la de los trabajadores que, a pesar de tener un empleo, no ganaban un salario suficiente para mantener a su familia. Durante el periodo que va desde Waterloo a 1834, se gastó en beneficencia en Inglaterra y Gales aproximadamente el 80 por ciento de los ingresos procedentes de los impuestos locales.[4]

Pero en el París revolucionario, durante la discusión sobre los derechos humanos, se produce un cambio que me parece relevante. Los miembros de la Asamblea Nacional discuten sobre la ayuda a los necesitados. Las declaraciones americanas, hechas por personas pragmáticas y desconfiadas, estaban dirigidas a neutralizar el mal, no a promover el bien. Los revolucionarios franceses son más ambiciosos: quieren conseguir la felicidad de todos. La Constitución de 1793 comienza diciendo: «El fin de la sociedad es la felicidad común». En su artículo 21 se ordena algo novedoso:

> Las ayudas públicas son una deuda sagrada. La sociedad debe la subsistencia a los ciudadanos desgraciados, bien procurándoles trabajo, bien asegurándoles los medios para sobrevivir a los que no lo puedan hacer.

Thomas Paine, un personaje singular que participó en las revoluciones inglesa, americana y francesa, y fue defensor radical de los derechos humanos, propuso, entre otras reformas sociales, un «salario mínimo garantizado» (es decir, incluso para aquellos en desempleo).[5] El comentario de Bertrand Russell muestra que resultó un personaje incómodo:

> Para nuestros tatarabuelos era una especie de Satán terrenal, un infiel subversivo, rebelde contra su Dios y contra su rey. Se ganó la hostilidad de tres hombres a quienes no se suele relacionar: Pitt, Robespierre y Washington. De estos, los dos primeros trataron de matarle, mientras el tercero se abstuvo cuidadosamente de salvar su vida. Pitt y Washington lo odiaban porque era demócrata; Robespierre, porque se opuso a su régimen del Terror. Su destino fue siempre ser honrado por los pueblos y odiado por los gobiernos.[6]

El movimiento en contra de un «derecho de subsistencia» aumenta a lo largo del siglo XIX. En Inglaterra, el *Informe de la Comisión de los Pobres*, de 1834, que provocó la drástica reducción de la asistencia tradicional, afirmaba que las leyes de pobres no podían alcanzar su propósito porque se enfrentaban «con aquella ley de la naturaleza en virtud de la cual los efectos de la falta de previsión y la mala conducta de los hombres recaen sobre ellos mismos y sus familias».[7] Los pobres eran responsables de su situación. Un influyente periódico de mediados de la era victoriana afirmaba: «La propiedad no tiene ningún deber intrínseco de caridad. Son los pobres los que tienen deberes, no los ricos, y el primer deber de un pobre que sea trabajador es no ser pobre».[8] Esta desvinculación de la propiedad de cualquier responsabilidad social continúa vigente, sobre todo en Estados Unidos. Su gran defensor fue Milton Friedman, que afirmó que la única obligación de una empresa era ganar dinero. El presidente demócrata Grover Cleveland rehusó firmar un decreto que concedía ayuda de emergencia a los granjeros de Texas afectados por la sequía.

> Yo no creo que el poder y el deber del Gobierno general deba dedicarse a remediar los sufrimientos individuales, lo cual de ninguna manera está relacionado con el servicio o beneficio público. Es preciso recalcar constantemente la lección de que, aunque el pueblo apoye al Gobierno, el Gobierno no debe apoyar al pueblo.[9]

Ahora nos llama la atención la insensibilidad social de épocas pasadas. Cuando en 1890 Cánovas del Castillo quiso limitar las horas de trabajo, el diputado Alberto Bosch se manifestó en contra:

> Limitar el trabajo es la más odiosa y la más extraña de las tiranías. Limitar el trabajo del niño es entorpecer la educación tecnológica y el aprendizaje; limitar el trabajo de las mujeres [...] es hasta impedir que la madre realice el más hermoso de los sacrificios [...], el sacrificio indispensable en algunas ocasiones para mantener el hogar de la familia.

En Europa, en la década de 1880, las cosas habían empezado a cambiar. Los gobiernos llegaron gradualmente a reconocer que en gran medida la pobreza era generada por causas que escapaban al control de sus víctimas y que el ejercicio sin trabas del derecho de propiedad permitía a los ricos oprimir a los pobres. Alarmado por la influencia que estaba adquiriendo entre los trabajadores el proscrito Partido Socialdemócrata, Bismarck estableció programas de aseguramiento social contra la enfermedad y los accidentes laborales para zanjar las disputas salariales. Esta legislación culmina con la Ley Nacional de Seguros de 1911, que protegía contra la enfermedad y el desempleo, financiada por las contribuciones de los empresarios, los empleados y el Estado. En 1912 Gran Bretaña adoptó una ley de salario mínimo. Se iba así configurando la idea del estado del bienestar.

Durante la Gran Depresión, se amplió lo que se consideraban necesidades básicas. De los seguros ante las calamidades se pasó a asegurar lo que Roosevelt llamó «una vida cómoda». Estos planes requirieron recaudar más impuestos y convertir al Estado en un gigantesco mecanismo de redistribución del capital privado. Ya no se aspiraba a la igualdad de oportunidades, sino a la igualdad de resultados. En 1942, lord Beveridge publicó en el Reino Unido su informe sobre la Seguridad Social. El éxito fue tal que solo en seis meses se vendieron 250.000 ejemplares del informe completo y 350.000 de la versión abreviada. En el informe se reclamaba

> la construcción de un sistema de beneficios sociales que fuera capaz de proteger a los ciudadanos desde la cuna hasta la tumba y que atacara los cinco males gigantes de las sociedades modernas: la indigencia, las enfermedades, la ignorancia, la suciedad y la ociosidad.

El presidente Johnson, uno de los grandes arquitectos del estado del bienestar de la posguerra, en un comunicado a la Universidad de Harvard de 1965 dijo: «La libertad no es suficiente. No solo procuraremos la libertad sino la oportunidad. No solo la igualdad como un derecho y una teoría, sino la igualdad como un hecho y un resultado».

En 1966, en el Pacto Internacional de Derechos Económicos, Sociales y Culturales, las Naciones Unidas reconocieron finalmente el derecho para disponer de las condiciones económicas y de acceso a bienes necesarios para una vida digna.

¿ES BUENA SOLUCIÓN EL RECONOCIMIENTO DE LOS DERECHOS SOCIALES?

Toda la argumentación que estoy haciendo sobre los derechos subjetivos se basa en la idea de que su reconocimiento nos permite resolver serios problemas en nuestro camino hacia la felicidad privada, mediante el desvío por la felicidad pública. La tenaz convergencia hacia un modelo de ayuda a los desvalidos da una nota muy alta en la ergometría de las soluciones. El juicio de un observador imparcial o de un observador bajo el velo de la ignorancia corrobora esa evaluación. Si en ese experimento mental no supiéramos si íbamos a ser Rothschild o Oliver Twist, sin duda preferiríamos contar con un sistema de protección social. Por otra parte, estos derechos humanos —llamados de «segunda generación»— son necesarios para poder ejercer los derechos civiles y políticos previos. Por último, basta pensar en la gigantesca cantidad de sufrimiento que se padecería si esos sistemas desaparecieran. Al estudiar la historia del reconocimiento de los derechos, nos damos cuenta de que se fueron consiguiendo por el efecto concertado de personas que pensaban que era lo más justo (y la solución más universal), así como por el de las víctimas que pedían una solución para su desdichada situación.

Sin embargo, los sistemas de ayuda pública han sido y son duramente criticados. Los economistas clásicos se mostraron, en general, críticos con el sistema de ayuda legal establecido. Thomas Malthus fue un encarnizado enemigo de esta idea. David Ricardo se refirió a la «perniciosa tendencia de las leyes de pobres» en el capítulo que dedicó a los salarios en su obra *Principios de economía política y tributación*. Pero el economista clásico que analizó con más detalle la cuestión de las leyes de los pobres fue Nassau William Senior, quien desempeñó un papel decisivo en el cambio de la Ley de Pobres del Reino Unido. Los economistas liberales, en especial Friedrich Hayek, han criticado la idea de «justicia social» o de «estado del bienestar» porque consideran que si el Estado se encarga de esas tareas tiene forzosamente que hacerlo a costa de limitar la libertad de los ciudadanos.[10]

Este enfoque muestra de nuevo lo conectado que está todo el sistema de los derechos. Hemos visto en el tratamiento de varios problemas que la idea de libertad defendida por el neoliberalismo es una «libertad negativa» (consiste en que nadie se inmiscuya en mis decisiones). Pero si el liberalismo piensa que ese deseo de independencia solitaria y autosuficiente puede ampararse en un derecho, no ha comprendido lo que un derecho significa: es una relación social de cooperación. Y si prescindo de esa relación, me quedo sin derechos. Es posible que un liberal acepte el refrán «El buey suelto bien se lame», pero no puede pretender que ese lamido esté protegido por un derecho. Ni el lamido ni el buey. De modo que ese animal tan libre puede terminar en el matadero.[11]

En cambio, el sistema de los derechos subjetivos defiende una «libertad positiva». Los derechos aumentan la capacidad real de acción, porque suplementan nuestros recursos individuales con recursos simbólicos.

Ensayo de axiomática moral

Podemos construir nuestro sistema político y ético sobre uno de los siguientes axiomas:

- Axioma A: Los desvalidos (enfermos, ancianos en mala situación, niños, pobres) tienen derecho a ser asistidos por la sociedad para poder llevar una vida digna.
- Axioma B: Los desvalidos no tienen derechos que obliguen a los ciudadanos a socorrerlos. De ello debe encargarse la benevolencia voluntaria, vía fundaciones, ONG o instituciones de caridad.

Del axioma A se derivan los siguientes teoremas: los Estados deben arbitrar los sistemas de seguridad social y educativos necesarios para poder llevar a la práctica esos derechos. Los ciudadanos tienen la obligación de cooperar, a través de impuestos, a la financiación de esos sistemas. Para evitar que se den abusos, el sistema de ayudas debe ser estrechamente auditado.

Del axioma B se derivan los siguientes teoremas: obligar a ayudar forzosamente a los desvalidos limita la libertad de los ciudadanos. Las necesidades pueden ser inagotables, lo que llevaría a un sistema expropiatorio por parte del Estado. Los sistemas de Seguridad Social son un peligro para la libertad.

Creo que el sistema que deriva del axioma A supera las pruebas de la ergometría de las soluciones. Por otra parte, del axioma B podrían en teoría derivarse consecuencias aceptables, si la buena voluntad fuera una facultad universal. En un «pueblo de ángeles» no harían falta los derechos, ni los jueces, ni los notarios, ni los policías. Pero estamos hablando de un pueblo de humanos.

Séptimo problema

El trato con los extranjeros

Planteamiento del problema: ¿por qué la xenofobia es tan frecuente? ¿Tenemos alguna obligación hacia los extranjeros o las obligaciones se limitan al ámbito nacional o familiar? ¿Hay un deber de hospitalidad? ¿Cómo se puede resolver el problema de las migraciones? ¿Son los derechos humanos transnacionales? ¿Hay un derecho de intervención cuando en una nación se violan los derechos humanos o la soberanía está por encima de ellos?

¿Por qué aparecen los problemas? La relación con los otros plantea siempre conflictos y problemas. Cada Estado ha establecido normas políticas, jurídicas y éticas para resolverlos. El capital heurístico de una sociedad facilita o dificulta las soluciones. Las naciones han hecho un ingente esfuerzo intelectual para afinar los códigos, las instituciones, los sentimientos y mejorar las soluciones, es decir, para ser más justas. Esta justicia es el hilo de oro que enlaza la búsqueda de la felicidad privada con la creación de la felicidad pública.

Pero el panorama cambia de fronteras afuera. Allí están «los otros» por antonomasia. Los *sapiens*, que necesitamos vivir en sociedad, necesitamos también limitarla. Aparecen así tres universales culturales: el umbral, la muralla, la frontera. Tres modos de separar lo nuestro y lo de otros, en tres escalas diferentes: el hogar, la ciudad, el Estado.

Estos tres límites definen también la identidad del *sapiens*. Se siente miembro de una familia, de una ciudad y de una nación. En las culturas comunitarias, estas son las fuentes de la identidad, pero hemos asistido a un doble empeño que las debilita. Por una parte, el deseo de conseguir la autonomía personal; por otra, la tendencia a la globalización. De la defensa y protección de la autonomía individual se encargan los derechos subjetivos, que son potencialmente universales pero que no acaban de globalizarse. Lo ha hecho la economía y la tecnología, aunque no los sistemas normativos. Es más difícil conseguir una felicidad pública global que nacional. Deberá, pues, ser una de las tareas de la Gran Política.

La universalidad de los derechos se basa en la unicidad de la especie humana. Sin embargo, los *sapiens* se dispersaron por el planeta, formaron sociedades separadas y, cuando volvieron a encontrarse, no se reconocieron. El descubrimiento del Nuevo Mundo fue una clara demostración. Se discutió intensamente si aquellos seres podían considerarse humanos, es decir, si tenían derechos. La idea de que todos los pueblos formamos una humanidad única —escribe Alain Finkielkraut— no es, ciertamente, consustancial al género humano. Es más, lo que ha distinguido durante mucho tiempo a los *sapiens* de las demás especies es precisamente que no se reconocían unos a otros.[1] Lo propio del hombre era, en los inicios, reservar celosamente el título de hombre en exclusiva para su comunidad. Los antropólogos nos proporcionan innumerables ejemplos.

Sin embargo, las llamadas a la unidad marcan una de las líneas evolutivas, que considero de progreso. Los estoicos griegos defendieron un cosmopolitismo avanzado, el derecho de gentes romano amplió las fronteras, los imperios quisieron integrar a los humanos, las grandes religiones tuvieron ansias de universalidad, pero la reflexión más profunda sobre la unidad del género humano coincidió significativamente con la investigación sobre los derechos subjetivos admitidos «por el consentimiento de la mayor parte del orbe». Protagonista importante de esta historia es Francisco de Vitoria, que en su *Relección de la potestad civil* ya había enunciado su avanzada concepción del derecho de gentes:

> Tiene todo el orbe, que en cierto modo forma una república, potestad de promulgar leyes justas y convenientes a todos, cuales son las del derecho de gentes. [...] Ningún reino tiene poder de rehusar sus disposiciones porque está dado por autoridad de todo el orbe.[2]

He aquí plasmada la antigua idea de unidad del género humano del pensamiento estoico, complementada y enriquecida con el aporte del cristianismo y su prédica de igualdad universal. Vitoria ha dado un paso más: la ha convertido en legislador universal. No efectúa discriminación alguna. Puesto que los indios son hombres, tienen derechos y obligaciones iguales a las de los demás hombres. Los principios que enuncia tienen validez universal: no dependen de la raza ni de la cultura. Más adelante, haciéndose eco de estas afirmaciones, escribiría el teólogo Francisco Suárez: «Pues aunque el género humano se halla dividido en varios pueblos y reinos, siempre conserva, no obstante, cierta unidad que no solo estriba en la igualdad específica de los hombres, sino que es también en cierto modo política y moral».[3]

Pero esa unidad político-moral no acaba de darse. Choca, por de pronto, con las diferencias nacionales y culturales. ¿No resolvería los problemas ir hacia un gobierno mundial y una única cultura, mundial también? Me anima a negarlo la misma razón que legitima el derecho de propiedad: una sociedad sin propiedad no tendría medios para resistir al poder. Un universo con un poder único y una cultura única podría convertirse en un Estado totalitario, sin recursos para liberarse de él. Las culturas pueden ser acumulaciones de recursos, intelectuales y emocionales. El escritor y economista catalán Antonio de Capmany, diputado en las Cortes de Cádiz en 1812, da una visión precoz de esa posibilidad, espoleada por su inquina contra los franceses.

Quería hacer compatibles la «gran nación» y las «pequeñas naciones». Criticaba la homogeneidad francesa:

> En la Francia organizada, que quiere decir aherrojada, no hay más que una ley, un pastor y un rebaño destinado por constitución al matadero. En Francia no hay provincias, ni naciones, no hay Provenza ni provenzales, Normandía ni normandos, se borraron del mapa del territorio y hasta sus nombres, como ovejas que no tienen nombre individual, sino la marca común del dueño. Aquí no hay patria señalada por los franceses, todos se llaman franceses al montón, como quien dice carneros.

En esta línea, defiende la diversidad española frente al Napoleón invasor:

> ¿Qué sería ya de los españoles si no hubiera habido aragoneses, valencianos, murcianos, andaluces, asturianos, gallegos, extremeños, catalanes, castellanos...? Cada uno de esos nombres inflama y envanece y de estas pequeñas naciones se compone la masa de la gran nación, que no conocía nuestro conquistador, a pesar de tener sobre el bufete abierto el mapa de España a todas horas.[4]

Uno de los retos de la Unión Europea es saber unificar sin uniformar, permitiendo que las mejores soluciones se alimenten de la creatividad de culturas diferentes. Hará falta el talento de la Gran Política para conseguirlo, porque no es tarea fácil. La universalidad de los derechos humanos choca contra la parcelación nacional. La «nostalgia de la tribu» está presente en muchos movimientos identitarios, porque la identidad personal se alcanza mediante la pertenencia a un grupo. Los derechos humanos son universales, pero son gestionados por los Estados, que protegen a sus nacionales. La Declaración de los Derechos Humanos de 1789 planteaba una contradicción. Había combinado los derechos universales con la soberanía nacional, y eso suponía que la Nación estaría simultáneamente sujeta a leyes universales pero, al ser soberana, no se sometería a nada superior a sí misma. El resultado, según dice Hannah Arendt, es que los derechos humanos fueron reconocidos o implementados solo como derechos nacionales, por lo que «en el momento en que los seres humanos carecían de su propio gobierno y tenían que recurrir a sus mínimos derechos, no quedaba ninguna autoridad para protegerles ni ninguna institución para garantizarlos».[5] Arendt considera una tragedia que la Nación se situase por encima del Estado. La soberanía nacional, en consecuencia, perdió su connotación original de libertad del pueblo y se vio rodeada de un aura pseudomística de arbitrariedad ilegal.

Esta contradicción se convierte en tragedia cuando aparece lo que Samuel P. Huntington consideró el máximo problema del siglo XXI: las migraciones masivas. Un gigantesco problema que nadie sabe cómo resolver. Aunque en la Declaración de 1948 está reconocido el «derecho de libre circulación» y de poder residir en cualquier Estado, las restricciones son dramáticas. Conforme a la DUDH y los pactos internacionales que la desarrollan:

> Existe un derecho de salida del propio país, pero, en realidad, nada se dice acerca del de entrada en otro, salvo en los casos de persecución, ya sea política, étnica o religiosa, en los que es de aplicación el derecho de asilo. [...] La legislación internacional afirma, es verdad, el *derecho a emigrar*, pero ignora su contrapartida lógica, el *derecho a inmigrar*, de modo que al final se acaba conculcando el primero de esos derechos. [...] Se reconoce un derecho individual, pero no se señalan obligaciones específicas para los posibles destinatarios implicados en su satisfacción.[6]

Los derechos de los extranjeros habían sido ya reconocidos por los teólogos juristas españoles. De nuevo hay que mencionar a Francisco de Vitoria. Como explica Antonio

Truyol y Serra, para Vitoria el *ius gentium* (derecho de gentes) «abarca los derechos de los ciudadanos de cualquier estado en sus relaciones y trato con los países extranjeros, en cuando miembros de la comunidad universal (*communitas totius orbis*)». Estos son alguno de los derechos reconocidos: (1) Todos los hombres tienen derecho a recorrer libremente los territorios y a relacionarse con los hombres de estos lugares. (2) Debe respetarse al peregrino y al extranjero. (3) Debe reconocerse el derecho de los extranjeros a avecindarse en el país, casarse con mujeres del lugar y adquirir ciudadanía.[7]

Pero las desigualdades entre países, no solo económicas, sino sociales y políticas, produce un constante flujo migratorio hacia las naciones desarrolladas y prósperas. La pobreza, el miedo, la desesperación empuja a miles de personas a unos viajes con frecuencia mortales y siempre dramáticos y dolorosos.

Nos encontramos con una aporía política, que ha señalado Derrida: la hospitalidad absoluta nunca podrá instituirse, porque la política tiene que establecer leyes y limitaciones, mientras que la hospitalidad absoluta es universal. Así, concluye Derrida, la hospitalidad es imposible. Y, no obstante, la hospitalidad absoluta es la condición de posibilidad de un concepto más restringido de hospitalidad, como el derecho a la inmigración, el derecho de asilo o los derechos de ciudadanía. Los derechos humanos permiten a una persona enfrentarse con su Estado, pero no contra un Estado al que no pertenece.[8]

Nos enfrentamos a una situación análoga a la que encontramos al tratar el tema de la propiedad: dos derechos que colisionan. En un caso, el derecho universal a la propiedad choca con los derechos adquiridos de los propietarios. La historia, al revisar los intentos revolucionarios de querer comenzar de cero, nos indica que es un camino cerrado. En el caso de los migrantes, el derecho de libre asentamiento choca con el derecho de los ya asentados. Sin explorar el tema a fondo, voy a admitir que la nación

—el territorio, la cultura, el Estado— es propiedad del conjunto de sus nacionales.

Pero de la misma manera que admitíamos como buena solución —es decir, como solución justa— afirmar una función social de la propiedad individual, así también podríamos declarar una «función supranacional» de los derechos nacionales. Eso supondría una reformulación del concepto de soberanía, algo que está siendo reclamado insistentemente desde muchas instancias, incluso por la vía práctica en la Unión Europea, pero que tendrá que esperar a que lleguen los nuevos políticos para emprenderla.

Ensayo de axiomática moral

Podemos construir nuestro sistema político y ético sobre uno de los siguientes axiomas:

- Axioma A: Los derechos humanos son universales y la legislación nacional debe respetarlos absolutamente.
- Axioma B: Una nación es propiedad de sus nacionales, que la han ido construyendo a lo largo de los siglos. Nadie tiene derecho a hacerse con parte de esa propiedad sin permiso de sus dueños. Los derechos humanos solo son principios orientadores no exigibles. Solo se hacen efectivos cuando se incorporan a las legislaciones estatales.

Del axioma A se desprende como teorema que todos los derechos humanos son exigibles en cualquier nación. Eso exigiría abrir las fronteras a quienes desearan ejercer ese derecho. Sería la postura correspondiente a la comunista en lo referente al derecho de propiedad.

Del axioma B se deriva la negación de cualquier obligación de una nación respecto de los migrantes que quieran acceder a ella. Se equipara a la concepción absoluta del derecho de propiedad.

Como solución respetuosa con los derechos de los migrantes y de los nacionales se podría ensayar un tercer axioma:

- Axioma C: Una nación es propiedad de sus nacionales, pero como todas las propiedades tiene una función social más amplia.

En este caso sería la de colaborar con nacionales extranjeros para buscar la felicidad pública universal, que consiguiera evitar la ingente cantidad de sufrimiento que la humanidad tiene que soportar. Es una solución que aceptaría cualquier observador tras el velo de la ignorancia y cuya ausencia abre la puerta al horror, como vemos en las incesantes muertes en el Mediterráneo o las columnas de desheredados que atraviesan África o Iberoamérica en busca de un futuro mejor. Los nuevos políticos tendrán el talento suficiente para convertir las enormes cantidades de dinero que gastan las naciones desarrolladas en ayuda humanitaria —en cuidados paliativos— en un instrumento de extensión de los derechos, que es una solución de suma positiva, *win-win*. Algo semejante a lo que supuso el Plan Marshall para una Europa destrozada.[9]

Octavo problema

La religión, la muerte y el más allá

Planteamiento del problema: la religión es un fenómeno universal y ambiguo. Ha sido una fuerza humanizadora y una fuerza agresiva. ¿Es posible que las religiones convivan y que colaboren a la felicidad pública universal? Esta felicidad pública, ¿puede darse en este mundo o habrá que esperarla al otro? Dicho en términos cristianos: el reino de Dios, que según Jesús de Nazaret ha llegado ya, ¿habrá que sustituirlo por un reino de los cielos? Y la pregunta más trascendental: ¿deben someterse las religiones a la ética, o están por encima de ella, gozando de la misma soberanía absoluta que tiene Dios? ¿Puede la ética juzgar a las religiones?

¿Por qué aparecen los problemas? Los seres humanos, enfrentados siempre con el misterio, han intentado dar sentido a su vida, a su muerte y a lo que podía venir después. Todas las sociedades que conocemos han inventado religiones y los enterramientos rituales son de una asombrosa antigüedad. Ya he mencionado los posibles motivos que llevan a los humanos a crear y aceptar religiones: explicar, unir, ordenar, salvar. En su drama perdido *Sísifo*, Critias sostuvo que los dioses se inventaron para contener la quiebra de las leyes, favorecida por opiniones como la de Trasímaco, que identificaba la justicia con la ley del más fuerte. Critias opinaba que los dioses eran testigos ocultos de los actos hechos en privado por los humanos, proporcionando así una coerción interna favorable al mantenimiento de la moral pública.

En el origen de las culturas, la religión lo penetraba todo. Propongo llamarla «concepción totalitaria de la religión» (de hecho, en los Estados totalitarios la política adquiere un aura religiosa). Por eso, el poder político y religioso se entremezclaban. El caso más exagerado se dio en Egipto, donde el emperador era un dios. Una de las funciones de la divinidad era cohesionar a un pueblo. Los dioses eran, pues, dioses nacionales. Cada ciudad gozaba de su propia deidad personal y era gobernada como la hacienda de ese dios.[1] Los dioses competían entre sí de la misma manera que lo hacían los pueblos que apacentaban. Los dioses eran alimentados, vestidos y agasajados en elaborados rituales y cada templo poseía enormes fincas y rebaños de ganado en su nombre. Yahvé, por ejemplo, era el dios del antiguo Israel y Judá durante la Edad del Hierro. Tenía que competir con otros dioses, como Astarot o Baal. Los israelitas empezaron a ser monoteístas en el siglo VI a. C.[2] Incluso el primero de los diez mandamientos daba por hecho la existencia de deidades rivales, y tan solo prohibía a Israel que las adorase: «No tendrás dioses ajenos delante de mí». En la antigüedad, la religión era una experiencia comunitaria y la idea de una religiosidad privada no tenía sentido. Por eso, nadie se escandalizó cuando en 1555 el emperador Carlos V y los príncipes alemanes firmaron la Paz de Augsburgo, que ponía fin a la guerra contra la Reforma, acordando que los soberanos podían elegir la religión de sus reinos, y que quien no quisiera aceptarlo solo podía emigrar. El ya mencionado principio *cuius regio, eius religio* demuestra que la conciencia privada no era tenida en cuenta.

Las religiones, a través de sus castas sacerdotales, intervinieron en el poder político de diferentes maneras: legitimándolo y limitándolo, poniendo freno a la arbitrariedad, defendiendo al pobre, o excomulgando al gobernante. Por ello, siempre hubo una tensión entre religión y política. Unas veces —como en las polémicas papales con el imperio— por cuestiones de poder, otras porque la política quería verse libre de la moral. Esto no fue un descubrimiento de Maquiavelo. El emperador Shang separó la religión de la política no por la violencia inherente a la religión, sino porque la religión era demasiado humanitaria. «Un Estado que utiliza a los buenos para gobernar a los perversos será asolado por el desorden y destronado —insistía Shang—. Un Estado que utiliza a los perversos para gobernar a los buenos disfrutará de una paz duradera y se hará fuerte.»[3]

Las interferencias entre política y religión son persistentes. Constantino se convirtió en supervisor de la Iglesia, interviniendo en asuntos dogmáticos, que no eran solamente teológicos, sino políticos. «Resultó más fácil imperializar la fe que cristianizar el imperio», escribe Armstrong. San Agustín legitimó la violencia. Según él, lo que hacía que la violencia fuera perversa no era el acto de matar, sino las pasiones de la avaricia, el odio y la ambición que lo desencadenaban. En cambio, era legítima si la inspiraba la caridad. El poder siempre ha estado presente. En el siglo V, hubo un enfrentamiento entre dos obispos, Nestorio y Cirilo. Se acusaron de herejía o de violencia fanática. Los historiadores contemporáneos no respetaron a ninguno de los dos bandos, despreciando a Nestorio por «agitador» y a Cirilo por su sed de poder. No había un conflicto doctrinal grave, afirma Paladio. Estos hombres «hacían pedazos la Iglesia» simplemente para satisfacer su deseo de poder episcopal o incluso por la primacía del episcopado.[4]

Las religiones han tenido siempre un impulso expansivo, proselitista. Buda manda a sus discípulos para enseñar a los hombres el camino de la felicidad. Jesús de Nazaret, para predicar la «buena nueva». Mahoma para expandir la fe en Alá. Esto justifica la imposición de las creencias, incluso por la fuerza, y la negación de la libertad de conciencia. Este es el tema que quiero analizar y voy a hacerlo centrándome en la cristiandad europea porque su evolución puede resultarnos instructiva.

El largo camino hacia la libertad de conciencia

Después de haber sido aceptada como religión oficial del Imperio romano, los cristianos se olvidan del tiempo en que eran perseguidos y se convierten en perseguidores. Viven apasionadamente la urgencia de predicar porque tienen la convicción de que «fuera de la Iglesia no hay salvación» (*extra ecclesiam nulla salus*). Esta expresión, acuñada por san Cipriano de Cartago en el siglo III, es en este momento un quebradero de cabeza para los teólogos católicos, ya que no pueden rechazarla, porque sigue siendo un dogma, pero tienen reparo en utilizarla porque supone rechazar el valor salvífico de otras religiones.[5]

El Concilio Vaticano II, en su documento *Lumen gentium*, da una versión que me parece ambigua: «Por lo cual no podrían salvarse aquellos hombres que, conociendo que la Iglesia católica fue instituida por Dios a través de Jesucristo como necesaria, sin embargo, se negasen a entrar o a perseverar en ella». La ambigüedad deriva de la palabra «conocer». Cualquiera que lea un catecismo católico sabe que la Iglesia fue fundada por Dios, de la misma manera que puede saber que para el hinduismo las almas se reencarnan hasta alcanzar la liberación final o que Alá dictó a Mahoma el Corán. Una cosa es «saberlo» y otra «creerlo». La teología cristiana ha analizado el «acto de fe», un enrevesado acto que no depende de la voluntad del sujeto (porque es una gracia divina), pero cuya ausencia puede dejarle fuera de la Iglesia y, por lo tanto, de la salvación. Para orillar esta flagrante injusticia la solución fue o apelar a la ignorancia insalvable (la de alguien que no ha oído hablar de Cristo) o sentenciar la culpabilidad del que no ha permitido germinar en su corazón la semilla de la predicación, como dice la parábola del sembrador. Esta vinculación de la salvación a la fe, que es esencial en el pensamiento de los reformadores, es amortiguada en la teología católica por una concepción material de la verdad. En ese caso, la verdad es algo objetivo, no es un estado mental del sujeto, y su aceptación no exige ni conocimiento ni consentimiento. Basta un acto ritual de incorporación a la Iglesia. Por eso se aceptó el bautismo de los niños, que ni tienen conocimiento ni pueden dar consentimiento alguno.

Si queremos que alguien esté en la verdad, podemos pegársela en la frente con engrudo. Da lo mismo. Los israelitas llevaban fragmentos de las Escrituras guardados en una cajita de badana, y atados al brazo o a la frente. Esas filacterias conseguían que el piadoso estuviera siempre en contacto con la verdad. Hay que decir en su honor que los cristianos rechazaron esa costumbre, incluso prohibieron que se escribiera el símbolo de la fe. Había que aprenderlo de memoria para que de esa forma fuera palabra viva y no palabra muerta. En efecto, frente a la cosificación de la verdad se alza la verdad como función vital. Lo importante no es el contenido sino el modo en que cada sujeto llega a él, se lo apropia y es capaz de justificarlo. Sin embargo, para el creyente la objetividad de la verdad revelada es tal que puede no encontrar dificultad en expandirla por la fuerza.

En este sistema de adoctrinamiento tiene un protagonismo especial la obediencia. Es el mito de la obediencia como perfección. Una de sus características esenciales es la sumisión al argumento de autoridad. En el catecismo que estudié en la escuela, a la pregunta «¿Por qué hemos de creer la Sagrada Escritura?» la respuesta era «Porque es palabra de Dios, quien no puede ni engañarse ni engañarnos». Esa sumisión impide todo pensamiento crítico. Era un *obsequium intellectus,* un sacrificio del intelecto, una oblación que dudo que el mismo Dios pudiera pedir.

En este círculo cerrado en que el acto de fe exige la obediencia y el obsequio del pensamiento crítico, la libertad de conciencia no tiene cabida. Tampoco le conviene al poder político. Una de las razones de las guerras de religión que terminaron con la Paz de Augsburgo es que no era bueno para la salud de la nación la diferencia de religiones. Las sociedades temen despeñarse en un politeísmo de los valores, en una dispersión de las creencias. El cuerpo de la nación se descompondría si le faltase un espíritu unificador. Robespierre, defensor de un laicismo absoluto, cuando llega al poder quiere reinstaurar el culto para cohesionar la nación.

España es un ejemplo cercano y claro de las cautelas ante la libertad religiosa. Incluso una constitución tan liberal como la de 1812 decía en su artículo 12: «La religión de la nación española es y será perpetuamente la católica, apostólica y romana». El segundo de los principios de la Ley de Principios del Movimiento Nacional, promulgada en 1958, decía así: «La nación española considera como timbre de honor el acatamiento de la ley de Dios, según la doctrina de la Santa Iglesia Católica Apostólica y Romana, única verdadera y fe inseparable de la conciencia nacional, que inspirara su legislación».

España no había hecho más que seguir la doctrina tradicional de la Iglesia. La Inquisición fue un ejemplo de ese bloqueo. Empezó a existir formalmente durante el pontificado de Gregorio IX, entre 1227 y 1241, cuando publicó su *Excommunicamus*, un texto que establecía con detalle las leyes para perseguir herejes, a los que se les privaba de toda garantía procesal. Más cruel fue la bula *Ad extirpanda*, de Inocencio IV, en 1252, que autorizaba el uso de la tortura para la obtención de confesiones, la quema de los condenados en la hoguera y una fuerza policial al servicio del Santo Oficio. En 1832, Gregorio XVI llamó «delirio» a la libertad de conciencia y, en 1874, Pío IX la condena en el ya mencionado *Syllabus errorum*.

Sin embargo, el aire de los tiempos había cambiado, y el Concilio Vaticano II, dando un notable giro, admitió la libertad religiosa. Es sorprendente el comienzo de la declaración *Dignitatis humanae*:

> La dignidad de la persona humana se hace cada vez más clara en la conciencia de los hombres de nuestro tiempo, y aumenta el número de quienes exigen que los hombres en su actuación gocen y usen de su propio criterio y de una libertad responsable, no movidos por coacción sino guiados por la conciencia del deber.

Es el fin de una larga lucha, el resultado de presiones de todo tipo, de la experiencia de la humanidad, que el Concilio acepta «saludando con alegría los venturosos signos de este tiempo».[6]

La prohibición de la libertad religiosa chocaba con deseos y valores que ya hemos estudiado. La afirmación del valor de la individualidad es condición indispensable para reclamar la libertad de conciencia. Y esta creencia es muy reciente. Las creencias se articulan en sistemas: la prelación de la comunidad extiende redes que la relacionan con el respeto a la tradición, la aceptación del argumento de autoridad, la devaluación del pensamiento crítico, la desconfianza hacia la libertad, la aceptación del poder autoritario o incluso absoluto, la demolición de los derechos individuales innatos. Muchas culturas africanas y asiáticas consideran la independencia como un peligro o una perversión. Sudhir Kakar escribe a propósito de la crianza de los niños indios: «El anhelo de la presencia confirmatoria del ser amado es la modalidad dominante de las relaciones sociales en la India, especialmente en la familia extensa».[7] Consecuencia de esta necesidad es la dificultad para tomar decisiones por sí solos. «A lo largo de sus vidas, los hindúes normalmente dependen del apoyo ajeno por solventar las exigencias que impone el mundo exterior.» Consideran por ello que la cultura occidental, incluido el sistema de derechos humanos, es insolidaria. Como ya hemos visto, cuando el grupo es más importante que el individuo, cuando el individuo se salva por su pertenencia al grupo y alcanza a través de él la seguridad y el bienestar, no existe una razón para aferrarse a la autonomía. La salvación está en la comunidad. Apartarse de ella es *hybris*, soberbia.

Este sistema comunitario fue debilitándose a lo largo de los siglos. Tomemos como ejemplo lo ocurrido en la Europa cristiana y la teoría de Henrich sobre la influencia de la política matrimonial de la Iglesia. Suponía una crisis del sistema de autoridad patriarcal y un deseo de independencia, es decir, una crítica al sistema del poder en general. El sistema dogmático fue, también, debilitándose. La teología comenzó a valorar la razón. En el siglo XII se produjo la polémica entre san Bernardo, representante de la teología espiritual y monástica, y Pedro Abelardo, teólogo racional y universitario. Bernardo acusó a Abelardo de soberbia, por querer dar razón de todo. Un siglo después, Tomás de Aquino se convirtió en gran defensor de la razón, marcando con claridad la diferencia entre teología y ciencia: aquella se basa en la fe; esta, en la experiencia. Empezó también a resquebrajarse la obediencia: hay que atender a la propia conciencia.

La Reforma protestante produjo un cambio importante. La relación con Dios no necesitaba intermediarios. La Iglesia dejaba de ser imprescindible. La experiencia privada, las evidencias individuales, eran la referencia fundamental. Lutero, Copérnico y Descartes fueron tres poderosos afluentes que engrosaron el río de la modernidad. Cuando Lutero, el 31 de octubre de 1517, clavó en la puerta de la iglesia del castillo de Wittenberg *Las noventa y cinco tesis*, estaba proclamando el derecho inalienable de la criatura humana al libre examen en materia de religión. En 1530, Copérnico terminó su tratado *Sobre las revoluciones de los cuerpos celestes*, destrozando la autoridad de Aristóteles y de santo Tomás. También Descartes, con su *Discurso del método* (1637), expulsó de la filosofía el argumento de autoridad. Solo podemos fiarnos de la evidencia, de la claridad y distinción de las ideas. Es el primer principio del conocimiento del que he hablado en páginas anteriores. La verdad se va confirmando en la mente del sujeto, mediante la humilde y constante corroboración de la experiencia.

Parece que se enfrentan dos concepciones de la religión. Una, la totalitaria: solo una es verdadera y debe ocupar la jerarquía absoluta. Ni la política ni el derecho ni la ciencia ni la razón tienen sentido fuera de ella. Otra, la relativista: ninguna de las religiones es verdadera. Hay que separar la religión de la política, el derecho o la ciencia para evitar el sometimiento a una autoridad absoluta, que exige una obediencia absoluta también. Hay que ir hacia un «laicismo totalitario» que excluya dotar de un significado religioso las actividades humanas, ante el peligro de terminar cayendo en el totalitarismo religioso.

De nuevo vamos a comprobar que el reconocimiento de los derechos subjetivos nos permite avanzar en la solución.

El derecho a la religión

En el centro del problema está la idea de verdad. Si una religión es verdadera, la inteligencia tiene el deber de aceptarla. Lo he explicado al estudiar el significado de verdad: es el resultado de una verificación permanente. Es una evidencia personal universal y extensamente corroborada. Como decían los teólogos a partir del siglo xiv, la verdad se da dentro del sujeto; es inmanente, íntima. Los nuevos datos captados en la realidad entran también en la intimidad y van confirmando o desconfirmando la representación que teníamos. El conocimiento se parece al juego de las adivinanzas. El jugador tiene que adivinar qué es un objeto oculto a partir de los datos que el otro jugador va diciendo. El adivinador coteja cada nueva información con la suposición que ha hecho, para comprobar si la corrobora o la descarta.

Para aclarar el tema religioso voy a prescindir de la aceptación cultural pasiva de una creencia. Incluso santo Tomás afirma que tendemos a considerar verdadero aquello que nos han enseñado desde la infancia. Quiero referirme a las personas que aseguran tener una experiencia directa de la divinidad, es decir, los místicos o los profetas. Tienen una evidencia para ellos incontestable. Moisés habló con Dios en el Sinaí, Buda alcanzó la iluminación, Jesús tenía comunicación con el Padre eterno, Mahoma recibió la visita del ángel que le aterrorizó. La historia de las experiencias místicas muestra semejanzas notables en todo tiempo y lugar. No podemos decir que esos personajes mientan, ni que sufran alucinaciones, porque no tenemos forma de comprobarlo. Este asunto preocupó sobremanera a Teresa de Jesús, empeñada en saber si sus experiencias eran verdaderas o sugestiones demoníacas. Con un recio realismo castellano, de tierras de pan llevar, concluye que toda experiencia espiritual que no perfeccione radicalmente el comportamiento de una persona, no es verdadera. La acción era la corroboración del éxtasis.

No puedo negar el valor de esa experiencia, pero tampoco puedo aceptarla porque no tengo medios para verificarla. Para designar esta respetuosa actitud he utilizado la expresión «verdad privada». El creyente puede experimentar a las claras la verdad de sus creencias, mantenerlas a lo largo de su vida, corroborarlas con nuevas experiencias, ponerlas en práctica. Lo que no sabe es cómo convertir esa evidencia privada en una evidencia universal. He intentado seguir el proceso estudiando los métodos apologéticos y la historia de las conversiones, sin encontrar un paso transitable. Para explicar la situación suelo utilizar una parábola. Un grupo de turistas llega a ver la catedral de León. Una parte entra en el templo y otra se queda fuera. Se comunican con el móvil. «¿Qué veis?», preguntan los de fuera. «Unas vidrieras maravillosamente coloreadas», responden. «Os equivocáis. Nosotros vemos que las vidrieras son grises.» Los dos tienen razón. La solución es que los de fuera entren y los de dentro salgan. Pero ninguna de las dos cosas es sencilla.

Ante esa dificultad es cuando se pueden activar las posturas totalitarias. Es aquí donde entra en juego la energía de la Gran Política. Puesto que no puedo demostrar la falsedad de las creencias, debo respetarlas; proteger con un derecho la libertad de creencias y la libertad de dirigir por ella el comportamiento individual. Sin embargo, ese comportamiento puede afectar a la vida de otras personas, y entonces ese derecho debe someterse a un límite. Una verdad privada puede dirigir el comportamiento de quien la mantiene, pero no puede justificar una acción que afecte a otra persona. Un judío ortodoxo puede someter su conducta a las normas de la Torá, pero no puede obligar a otros a que las cumplan.

Esto significa que las religiones, que como todo poder tienden a expandirse, tienen que someterse a normas laicas, cosa que suele parecer ofensiva a los creyentes. Espero que todo lo dicho en este libro les tranquilice. Hans Küng y los participantes en el Parlamento de las Religiones del Mundo pensaban que, a pesar de los desacuerdos, las religiones podían colaborar para elaborar una moral transreligiosa, una ética universal.[8] Creo que sí, pero tendrían que aumentar su capital heurístico para encontrar esa solución que pacificaría el mundo. En el centro volveríamos a encontrar el reconocimiento de los derechos. Cada religión podría fundamentarlos a su manera, con tal de que esa fundamentación no interviniera en su aplicación. Al someter esta solución a la ergometría, veríamos que todos los fieles de cualquier religión que conocieran la cruel historia de las persecuciones, y de las «limpiezas» étnicas o religiosas, desearían estar protegidos por el derecho a profesar su fe. La reducción al horror funciona también porque, cuando se ha negado la libertad religiosa con mucha facilidad, se ha acabado en guerras de religión.[9]

Me gustaría dar una prueba adicional, aplicable a las religiones del libro (cristianismo, judaísmo e islam).

Como he dicho, el paso del descreimiento a la creencia es

difícil de dar. Tradicionalmente se ha conseguido por transmisión cultural, como el idioma. Esta vía no tranquiliza a nadie. El catolicismo, sobre todo a partir del siglo XIX, intentó por todos los medios elaborar una apologética que hiciera «razonable» la aceptación de la fe. Uno de los intentos más poderosos que he estudiado es el de Maurice Blondel, el filósofo autor de *La acción*, un importante tratado de filosofía. El optimismo con que se emprendió esa apologética se perdió poco a poco, y ahora ha quedado olvidado. Sin embargo, en la Biblia se indica un camino de ingreso en la fe, designado con la metáfora «entrar en el monte de Yahvé». ¿Cuál es ese camino? La justicia. El hombre justo entrará. Es decir, la gran propedéutica sería cumplir esa moral transcultural, colaborar a implantar la felicidad pública, que es la descrita por los profetas. El Evangelio dice lo mismo: ¿quiénes verán a Dios?, es decir, ¿quiénes tendrán la verdadera experiencia religiosa? Los limpios de corazón, dicen las bienaventuranzas. Este razonamiento está basado en textos bíblicos y por eso solo vale para quienes crean en ellos. Simplemente quería apuntar que someterse a una ética laica no es una traición religiosa, sino tal vez una profundización de la religión.

Ensayo de axiomática moral

Podemos construir nuestro sistema político y ético sobre uno de los siguientes axiomas:

- Axioma A: Hay una sola religión verdadera, que debe penetrar toda la actividad humana. A través de ella, Dios impone normas y confiere derechos.
- Axioma B: Ninguna religión es verdadera. Todo intento de aceptar una lleva al deseo de imponerla a los demás.
- Axioma C: Los fieles viven su religión como verdad privada, a partir de la cual pueden orientar su vida.

Tienen el derecho de hacerlo con libertad, siempre que no pretendan imponer esa forma de vida a todo el mundo.

Del axioma A se derivan los siguientes teoremas: Dios es el gran legislador y el creyente debe ser la sumisión absoluta. La relación directa con Dios no está al alcance de todos los fieles, que necesitan intermediarios (los sacerdotes o el soberano). La verdad no es opcional, no depende del capricho personal, por eso debe imponerse por la fuerza si es necesario.

Del axioma B se deriva un laicismo totalitario. La religión es un peligro y debe expulsarse de la ciudad. Solo así los ciudadanos podrán ser libres.

Sin embargo, la tercera opción puede alcanzar un amplio consenso, porque protege a los creyentes y a los no creyentes. Su negación abre la puerta al totalitarismo religioso o al totalitarismo laico.

¿Qué hemos conseguido con este rápido recorrido por las soluciones morales? En primer lugar, mostrar la posibilidad de fundamentar una «moral universal», una ética, siguiendo nuestro impulso hacia la felicidad, el cual —como paso previo— nos encamina hacia la felicidad pública. La teleología de la inteligencia nos guía cuando nos desembarazamos de los obstáculos que la bloquean.

Para muchas personas, esta reducción de la moral al resultado de una búsqueda heurística resulta profundamente insatisfactoria, porque piensan que solo a partir de valores absolutos podemos dirigir nuestro comportamiento (y, frecuentemente, los buscan en la religión). Nuestra situación es, por desgracia, más precaria. No tenemos más remedio que aprovechar los recursos de que disponemos, los de nuestra inteligencia portentosa pero limitada, que progresa lentamente superando los errores. Tenía razón Sartre cuando dijo: «Si un ángel viniera a revelarme todo el conocimiento, yo tendría que decidir si fiarme de mi visión del ángel». Ese lento, cauteloso, tenaz trabajo de ir buscando evidencias cada vez más fuertes, más intersubjetivas, más satisfactorias, es nuestra salvación.

Los filósofos griegos atribuían a la filosofía una función terapéutica: debía curar alguna enfermedad del alma. Tenía, pues, una función heurística. La ética también la tiene. Lo importante es despertar en los pacientes —que en realidad somos todos— el deseo de curación.

Epílogo

En la vida no hay soluciones. Solo hay fuerzas en marcha: es preciso crearlas, y entonces vendrán las soluciones.

Antoine de Saint-Exupéry

Vivere risolutamente.

Lema de Pietro Aretino

Paul Valéry decía que cuando un poeta termina un poema es cuando está en condiciones para empezar a escribirlo, porque su trabajo anterior le habrá familiarizado con el tema, descubriéndole sus posibilidades ocultas, y además su sensibilidad se habrá fortalecido con el esfuerzo. Creo que tiene razón porque es ahora cuando veo con claridad lo que al principio del proyecto era solo una hipótesis esperanzada: la historia de las soluciones es la historia de las culturas, y, puesto que la cultura forma parte integrante de la naturaleza humana, es a la vez la historia de la humanidad. El *sapiens* es un buscador consciente y tenaz de soluciones.

Este libro es una proclamación de confianza en la inteligencia, a pesar de su vulnerabilidad, de sus equivocaciones y soberbias. Precisamente en reconocer su vulnerabilidad estriba su potencia, porque le permite corregirla. Nada nos ha ayudado tanto a progresar como nuestra capacidad de detectar los errores.

Acuciados por problemas planteados por la naturaleza, por la sociedad o por nuestra propia intimidad, los humanos hemos ido inventando soluciones para sobrevivir y ampliar nuestras posibilidades. Solo recordando nuestros humildes orígenes podemos valorar lo que hemos conseguido. Somos un ejemplo vivo de lo que es la creatividad: hacer mucho con muy poco. ¿No les parece maravilloso lo que un artista consigue con un papel y un lápiz? Pues la misma admiración siento yo al ver lo que la inteligencia ha hecho con unos simios desorientados que acababan de bajar de los árboles.

Sin embargo, aunque hay cosas magníficas en el activo de la humanidad, también tenemos que anotar en su pasivo cosas horribles. Nos despeñamos con facilidad, porque abrimos el camino al avanzar en la niebla y podemos encontrarnos de repente al borde del precipicio. Con espantosa reiteración nuestros logros colapsan, destrozando la vida de millones de personas. Hasta ahora, nos hemos repuesto, pero sin saber si la próxima vez sabremos hacerlo. Necesitamos desarrollar nuestra inteligencia política para evitar tanto sufrimiento inútil. Hablo de «inteligencia política» porque es la que nos corresponde desarrollar a seres como nosotros, que necesitamos encontrar nuestra felicidad en la polis. La psicología prefiere hablar de «inteligencia colectiva», capaz de paliar los riesgos de la razón egocéntrica.

Contemplar la historia como el permanente esfuerzo por identificar problemas y resolverlos nos desvela el gran mecanismo de nuestra evolución cultural. Tres ejemplos. Los griegos, según dice Tucídides al comienzo de *La guerra del Peloponeso*, elogiaban a las ciudades que cuando eran apremiadas por los problemas procuraban «inventar novedades», porque «inevitablemente lo nuevo vencerá a lo viejo». Hablando del poderío romano, Montesquieu lo atribuye a que «siempre estuvieron dispuestos a abandonar sus propias prácticas en cuanto encontraban otras mejores». A mediados del siglo XIX, en Japón, la Revolución Meiji se basó también en el aprendizaje. El modelo inglés sirvió de guía en cuanto al ferrocarril, el telégrafo y la industria textil. El patrón francés inspiró la reforma legal y, hasta que se impuso el modelo prusiano, la organización del Ejército. Las universidades siguieron el ejemplo alemán y norteamericano, y la educación primaria, la innovación agrícola y el correo se tomaron de Estados Unidos. En 1889 se promulgó la Constitución, según el modelo prusiano. Esa capacidad de aprender hace posible la «perfectibilidad humana» de la que hablaban los ilustrados.

La ley del progreso ético de la humanidad a la que me he referido varias veces expresa claramente la confianza en la inteligencia colectiva, cuando se libera de los grandes obstáculos que la hacen fracasar: la miseria, la ignorancia, el fanatismo, el miedo al poder y la insensibilidad hacia el dolor ajeno. Para ir ajustando los multitudinarios proyectos privados de felicidad, va dibujando los planos de la ciudad en la que queremos vivir, las mejores soluciones para hacerlo, la felicidad pública. Uno de sus descubrimientos es la ventaja de plantear los inevitables enfrentamientos en formato problema en vez de en formato conflicto. Los aficionados a la filosofía reconocerán en esta confianza la voz de Edmund Husserl, mi viejo maestro, que también confiaba en la inteligencia cuando es capaz de liberarse de los prejuicios, de poner entre paréntesis (*epojé*) todas nuestras manías, odios y egoísmos, cuando se empeña en alcanzar evidencias universales.

Para desarrollar el talento político que necesitamos debemos comprender cómo funciona, conocer nuestros recursos y nuestras limitaciones. Para eso he escrito este libro. Durante su elaboración me he tropezado con varias sorpresas. El «hilo de oro» que enlaza nuestra personal búsqueda de la felicidad con la felicidad pública es la justicia, que no hace referencia a una situación ideal, a un patrón recibido, sino a la mejor manera de resolver los conflictos sociales. Es, por lo tanto, una actividad continua, perfectible, que se va definiendo en su propio acontecer, como todas las actividades creadoras. Sin embargo, no basta con conocer la solución si no la ponemos en práctica. Nuestra situación es la de un enfermo que, teniendo a su alcance el medicamento salvador, decide no querer curarse. Eso nos sucede a los humanos. Detestamos la droga que ansiamos. Lo hemos visto en el capítulo dedicado a la guerra y la paz. Tememos la excitación, pero la calma nos aburre, por eso necesitamos encontrar alguna actividad intensa que no nos angustie.

Otra sorpresa ha sido la necesidad de cambiar la posición de la política respecto de la ética. Tradicionalmente se ha dicho que aquella debía estar sometida a esta. Maquiavelo resultó tan deletéreo porque denunció la irrealidad de esa propuesta. Política y moral, afirmó, son dos dominios separados. No se pueden aplicar a la política los criterios morales. Solo podrían unificarse si los hombres fueran buenos, pero no lo son. El florentino no inventó la *realpolitik*. Se limitó a reconocer lo que siempre había existido. No se puede hacer política sin mancharse las manos. Suele hablarse de la «herida maquiaveliana» para designar la conciencia de esta incompatibilidad. Prefiero hablar de la «equivocación maquiaveliana», que hemos aceptado con demasiada precipitación. Maquiavelo no está hablando de política: está hablando de poder. Confundir ambas cosas falsea nuestra percepción de la cosa pública. La política es algo más grande, más noble, más abarcador, más creador. Para distinguirla del mero ejercicio del poder la he denominado en este libro la Gran Política. ¿Y qué crea la Gran Política? El campo de juego para la búsqueda de la felicidad privada. Los sistemas normativos que amplían la libertad. La moral hizo al hombre, es decir, la búsqueda de las mejores soluciones, es decir, la justicia.

La moral no es un código impreso en la naturaleza, no es una revelación divina, sino una creación social. Todas las comunidades tienen que fijar reglas de comportamiento de sus miembros. Y también las comunidades han de fijar normas entre ellas, si quieren convivir y no estar en permanente gresca. Por eso, necesitamos un sistema normativo transcultural, de una moral universal, a la que llamamos «ética» y que debe ser una de las creaciones del talento político. Podemos seguir su evolución desde el impulso universalista de las religiones de la época axial, el *ius gentium* romano, el descubrimiento de los derechos subjetivos, hasta la aparición de la democracia y la Declaración de los Derechos Humanos.

A pesar de mi confianza en que ese progreso se irá imponiendo, he de reconocer que resulta difícil. Uno de los elementos perturbadores es la pasión por el poder, que lleva a algunas personas a desarrollar una formidable energía para saciarla. Y en ningún puesto alcanzarán tanto poder, y en consecuencia tanta satisfacción, como en la gobernación de los Estados. Su influencia puede ser tan colosal que durante siglos se ha considerado que eran ellos los que dirigían la historia.

El ejercicio del poder público absorbió la política entera, por eso la palabra «político» ha llegado a ser sinónimo de profesional del Gobierno. Es un error que aceptamos con gran irresponsabilidad. Política no es el ejercicio del poder, sino la totalidad de la cosa pública, y políticos (*zoon politikon*) son todos los habitantes de la ciudad, no solo los gobernantes. Es en todos donde reside la potencia heurística. La separación entre «sociedad civil» y «sociedad política» es una aceptación tácita de la dominación. La sociedad entera es política, y la división se da entre gobernantes y gobernados. Los romanos comprendieron bien que la ciudad era una energía creadora que desbordaba sus murallas, por ello, en un arranque de genialidad, ampliaron la ciudadanía romana a todo el Imperio. Crearon una sociedad política cosmopolita. (Lo he estudiado en «Roma, una lección de psicohistoria», en joseantoniomarina.net.)

Para confundir aún más las cosas, el poder político, encarnado en personas poseídas por la pasión del poder, se confundió con la dominación. El poder dominador supo rodearse de un aura que fascinó a los dominados. Se convirtió en un *misterium tremendum*. Los antropólogos indican que la experiencia del poder de lo real fue la primera aparición de lo divino, la primera hierofanía. En un mundo secularizado, llamamos «carisma» a esa influencia casi mágica. Tendemos a pensar que el poder es omnipotente y ubicuo. Lo ocupa todo, lo maneja todo. Ocurre como con la energía en el plano físico. Todo puede al final reducirse a ella. Ni siquiera el conocimiento parece librarse del poder. Esa es al menos la tesis de Michel Foucault: para comprender el conocimiento, «debemos aproximarnos a él no como filósofos, sino como políticos; debemos comprender cuáles son las relaciones de lucha y poder. Solamente en esas relaciones comprenderemos en qué consiste el conocimiento». Esta gigantesca «divinización del poder», con sus sistemas de adoctrinamiento, su capacidad de crear fervorosos fieles, sus rituales y liturgias, debe ser desmitologizada. Eso es lo que he intentado transmitir al explicar los automatismos perversos del poder.

Sin embargo, no podemos menospreciar su importancia. Es el impulso esencial de todos los seres vivos. La energía que los hace crecer, reproducirse, protegerse de los enemigos, adaptarse, colonizar espacios nuevos. Ese impulso a veces se convierte en afán de dominación, un modo de afirmación del yo mediante la sumisión de otros. Pero no es la única posibilidad de desarrollar ese primigenio impulso expansivo. Hay otra posibilidad: la creación, que, como ya hemos visto, tiene que ver con la capacidad de resolver problemas. El poder creador no necesita dominar. Puede ser esa experiencia intensa, pero libre de angustia, que buscábamos. Disfruta con la propia constatación de su capacidad. En todo caso, necesita de la admiración, que no es un sentimiento de sumisión, sino de reconocimiento de la excelencia. La creación no limita las posibilidades del espectador, sino que las amplía. Si tuviéramos la suficiente perspicacia reconoceríamos que son los creadores los que han impulsado la historia. No solo los famosos, sino todos los que, en su entorno, en el círculo de sus competencias, en el ámbito familiar, vecinal, laboral, han buscado solucionar de la mejor manera los problemas. Al terminar *Biografía de la inhumanidad*, tras haber descrito la acción de grandes destructores, pensé que era necesario escribir su contrahistoria: la biografía de los justos. No me decidí a intentarlo porque no sabía cómo acotar un tema tan amplio. Ahora, tras la experiencia de escribir este libro, lo veo con más claridad. Sería la historia de las personas —de toda posición social— que han «hecho la justicia», es decir, que han puesto en práctica las mejores soluciones. Frente al talento destructivo, hay que fomentar el talento para la creación. Debemos expresar nuestra admiración y gratitud a todos aquellos que, como dijo el poeta,

> *se liberaron de lo acostumbrado,*
> *y en lo bueno, bello y noble*
> *vivieron resueltamente.*

Notas

Introducción

1. Otte, Marcel (1997), *Préhistoire des religions*, Elsevier Masson, París.
2. Bruno, Giordano (2011), *Expulsión de la bestia triunfante*, Siruela, Madrid.
3. Popper, Karl (1993), *El yo y su cerebro*, Editorial Labor, Barcelona.
4. Homer-Dixon, Thomas (2003), *El vacío de ingenio*, Espasa Calpe, Madrid. Thomas Homer-Dixon es director del Cascade Institute en la Royal Roads University, en Victoria (Canadá), dedicado a estudiar «cómo la gente, las organizaciones y las empresas pueden resolver mejor sus conflictos e innovar en respuesta a problemas complejos».

Capítulo primero

1. Hawkins, Jeff (2005), *On Intelligence*, St. Martin's Griffin: «La inteligencia se valora por la capacidad para recordar y predecir patrones en el mundo»; Fuster, Joaquín M. (2020), *El telar mágico de la mente*, Ariel, Barcelona.
2. Gregersen, Hal (2018), *Questions Are the Answer*, Harpers Business, Nueva York. El trabajo difícil no es la respuesta acertada: es hacer la pregunta acertada; Marquardt, Michael J. (2014), *Leading with Questions*, Jossey-Bass, San Francisco. Estudia el poder de las preguntas en el liderazgo.
3. Marina, José Antonio (2022), «Ha llegado el tiempo de la psicohistoria», *El Panóptico*. Disponible en: <https://www.joseantoniomarina.net/categoria-blog/ha-llegado-el-momento-de-la-psicohistoria/>.
4. Küng, Hans (1999), *Una ética mundial para la economía y la política*, Trotta, Madrid, p. 116.

5. Acemoglu, Daron y Simon Johnson (2023), *Poder y progreso*, Deusto, Barcelona, p. 318.

6. Popper, Karl R. (2001), *All Life Is Problem Solving*, Routledge, Reino Unido. [Hay trad. cast.: Popper, Karl R. (2012), *La responsabilidad de vivir*, Ediciones Paidós, Barcelona.]

7. Marina, José Antonio (2022), *El deseo interminable: las claves emocionales de la historia*, Ariel, Barcelona.

8. Dunning, E. y Mennell, S. (1995), «Elias on Germany, Nazism, and the Holocaust: On the Balance between "Civilizing" and "Decivilizing". Trends in the Social Development of Western Europe», *British Journal of Sociology*, vol. 45, n.º 3, pp. 339-357; Marina, José Antonio (2021), *Biografía de la inhumanidad*, Ariel, Barcelona, p. 30.

9. Elsen, J. et al. (2013), «Lessons from a lost technology: The secret of Roman concrete», *American Mineralogist*, vol. 98, n.º 11-12, pp. 1917-1918.

10. Last, Jonathan V. (18 de mayo de 2009), «The Fog of War: Forgetting what we once knew», *The Weekly Standard*, 14 (33).

11. Nader, L. y Harry F. Todd (eds.) (1978), *The Disputing Process: Law in Ten Societies*, Columbia University Press, Nueva York.

12. Marina, José Antonio (8 de diciembre de 2019), «Las sardinas y el síndrome de inmunodeficiencia social», *El Mundo*. Disponible en: <https://www.elmundo.es/cronica/2019/12/08/5dea4f18fdddfffd648b4575.html>.

13. Diamond, Jared (2012), *Colapso: por qué unas sociedades perduran y otras desaparecen*, Debate, Barcelona.

14. Rozin, Paul (1997), «Moralization», en A. M. Brandt y P. Rozin, (eds.) *Morality and Health*, Taylor & Frances/Routledge; Rozin, Paul (1999), «The Process of Moralization», *Psychological Science*, vol. 10, n.º 3, pp. 218-221.

15. Malo, Pablo (2021), *Los peligros de la moralidad*, Deusto, Barcelona.

16. Sauer, Hanno (2023), *La invención del bien y del mal*, Paidós, Barcelona, p. 305.

17. Noveck, Beth Simone (2021), *Cómo resolver problemas públicos*, Galaxia Gutenberg, Barcelona.

18. Pólya, George (1945), *How to Solve It*, Princeton University Press, Princeton. [Hay trad. cast.: *Cómo plantear y resolver problemas*, Editorial Trillas, 1998 (republicado en 2021).]

19. Bansford, John D. y Barry S. Stein (1988), *Solución ideal de problemas*, Labor, Barcelona; Guzman, Miguel de (1991), *Para pensar mejor*, Labor, Barcelona; Nishiyama, J. C.; Zagorodnova, T.; y Requena, C. (2013), *Teoría de resolución de problemas inventivos*, Universidad Tecnológica Nacional y Facultad Regional General Pacheco.

20. BARELL, John (2007), *El aprendizaje basado en problemas: un enfoque investigativo*, Manantial, Buenos Aires, p. 21; POZO MUNICIO, J. I. et al. (1994), *La solución del problema*, Santillana, Madrid; SHURE, M. B. (2001), «I Can Problem Solve (ICPS): An Interpersonal Cognitive Problem-Solving Program», *Residential Treatment For Children & Youth*, 18:3, pp. 3-14, DOI: 10.1300/J007v18n03_02.

21. NORBERG, Johan (2021), *Abierto: la historia del progreso humano*, Deusto, Barcelona, p. 481.

22. MARTÍNEZ PEÑAS, Leandro (2022), «El tormento como instrumento jurídico del Santo Oficio», *Revista de la Inquisición*, n.° 26, pp. 159-176; TOMÁS Y VALIENTE, Francisco (2000), *La tortura judicial en España*, Ariel, Barcelona.

23. NOVECK, B. S., *op. cit.*, p. 297.

24. NOVECK, B. S., *op. cit.*, p. 127.

25. STERN, Y. (2012), «Cognitive reserve in ageing and Alzheimer's disease», *Lancet Neurol.*, 11, pp. 1006-1012.

26. MARINA, José Antonio (2022), «Ha llegado el tiempo de la psicohistoria», *El Panóptico*. Disponible en: <https://www.joseantoniomarina.net/categoria-blog/ha-llegado-el-momento-de-la-psicohistoria/>.

27. TOYNBEE, Arnold J. (1970), *Estudio de la Historia*, Alianza, Madrid.

28. MASSICOTTE, G. (1981), *L'histoire problème: la méthode de Lucien Febvre*, Edisem, St-Hyacinthe (Quebec) y Maloine, París, p. 103.

29. GEERTZ, C. (1998), *La interpretación de las culturas*, Gedisa, Barcelona, p. 301.

30. SPENGLER, O. (2006), *La decadencia de Occidente*, Espasa Calpe, Madrid, p. 29.

31. DUCH, B. (1991), «Problems: A Key Factor in PBL», Centre For Teaching Effectiveness, University of Delaware; BARROWS H. S.; y R. TAMBLYN (1980), *Problem-Based Learning: An Approach to Medical Education*, Springer, Nueva York.

32. NUSSBAUM, Martha (2005), *El cultivo de la humanidad*, Planeta, Barcelona, p. 185.

33. NOVECK, B. S. (2022), *Cómo resolver problemas públicos*, Galaxia Gutenberg, Barcelona, p. 467; DONG, J. y C. VANDERVOORDE (18 de mayo de 2020), «NYU Prepares the Next Generation of Public Problem Solvers», *Technology and Social Change*; NOVECK, B. S. y D. CANTU (2016), *Training the Next Generation of Public Leaders and Problem Solvers*, Medium; FUKUYAMA, Francis (2018), «What's Wrong with Public Policy Education», *The American Interest*. Disponible en: <https://www.the-american-interest.com/2018/08/01/whats-wrong-with-public-policy-education/>.

34. HARTMANN, N. (1957), «Diesseits von Idealismus und Realismus», recogido en Kleinere Schriften, De Gruyter, Berlín, pp. 278-322.

35. VIEHWEG, Theodor (1964), *Tópica y jurisprudencia*, Editorial Civitas, Madrid, pp. 53-54, 56-57 y 62.

36. RESCHERM, Nicholas (1995), *La lucha de los sistemas: un ensayo sobre los fundamentos e implicaciones de la diversidad filosófica*, UNAM, pp. 36 y 38.

37. DERRIDA, Jacques (1992), «Fuerza de ley: el fundamento místico de la autoridad», *Cuadernos de Filosofía del Derecho*, n.º 11, pp. 129-191.

38. ELSTER, Jon (2007), *Rendición de cuentas: la justicia transicional en perspectiva histórica*, Katz Editores.

Capítulo segundo

1. MALINOWSKI, B. (1984), *Una teoría científica de la cultura*, Sarpe, Barcelona, p. 57.

2. CHRISTIAN, D. (2007), *Mapas del tiempo*, Crítica, Barcelona, p. 322.

3. GOMBRICH, E. (2008), *La historia del arte*, Phaidon Press, Londres, p. 33.

4. GETZELS, Jacob W.; y M. CSIKSZENTMIHALYI (1976), *The Creative Vision: A longitudinal Study of Problem Finding in Art*, John Wiley & Sons.

5. BAXANDALL, M. (1989), *Modelos de intención*, Hermann Blume, Madrid.

6. *Ibid.*, pp. 84-85.

7. GARCÍA MÁRQUEZ, Gabriel y Plinio APULEYO MENDOZA (1994), *El olor de la guayaba*, Random House, Barcelona.

8. VALÉRY, Paul (1999), *El cementerio marino*, Alianza, Madrid, p. 202.

9. POPPER, Karl (1974), *Conocimiento objetivo: un enfoque evolucionista*, Tecnos, Madrid, p. 241; POPPER, Karl (1972), *Conjeturas y refutaciones*, Paidós, Barcelona: Consideraba que la ciencia avanzaba enfrentándose con problemas, mediante el juego de conjeturas y refutaciones.

10. POPPER, Karl (2010), *La sociedad abierta y sus enemigos*, Paidós, Barcelona.

11. PIRES, F. (2022), *Ordenar el mundo: cómo 4.000 años de leyes dieron forma a la civilización*, Crítica, Barcelona.

12. IHERING, Rudolf von (2011), *El fin en el derecho*, Comares, p. 360.

13. VIEHWEG, Theodor (1953), *Tópica y jurisprudencia*, Civitas, Madrid.

14. MARINA, José Antonio y Javier RAMBAUD (2018), *Biografía de la humanidad*, Ariel, Barcelona.

15. MARINA, José Antonio (2011), *Dictamen sobre Dios*, Anagrama, Barcelona.

16. FUKUYAMA, F. (2016), *Los orígenes del orden político*, Deusto, Barcelona, p. 739.

17. WILSON, D. S. (2003), *Darwin's Cathedral: Evolution, Religion, and the Nature of Society*, University of Chicago Press.

18. La religión es un entrenamiento, un «*spirituelle Übungssysteme*» ('sistema de ejercitación espiritual'). «Defino como ejercicio cualquier operación mediante la cual se obtiene o se mejora la cualificación del que actúa para la siguiente ejecución de la misma operación»: SLOTERDIJK, P. (2012), *Has de cambiar tu vida*, Pre-Textos, Valencia, p. 17.

19. HENRICH, Joseph (2015), *The Secret of Our Success: How Culture Is Driving Human Evolution, Domesticating Our Specie, and Making Us Smarter*, Princeton University Press. Joseph Henrich forma parte de un grupo de especialistas en «evolución de las culturas» que he utilizado profusamente en mis libros. Después de estudiarles durante años, estoy seguro de que en muchas ocasiones habré tomado ideas suyas sin mencionarles. Como reparación quiero ahora reconocer mi deuda con ellos. Joseph Henrich ha estudiado la evolución de la cooperación humana en HENRICH, J. y HENRICH, N. (2007), *Why Humans Cooperate: A Cultural and Evolutionary Explanation*, Oxford, y el modo en que la cultura cambia las estructuras mentales en HENRICH, J. (2020), *The WEIRDest People in the World: How the West Became Psychologically Peculiar and Particularly Prosperous*, Farrar, Straus and Giroux, Nueva York. Michael Tomasello ha trabajado sobre la «evolución cultural acumulativa» en (1999), *The Cultural Origins of Human Cognition*, Harvard University Press. Peter J. Richerson y Robert Boyd estudian la cultura como directora de la evolución humana en (2005), *Not by Genes Alone: How Culture Transformed Human Evolution*, The University of Chicago Press y en (2005), *The Origin and Evolution of Cultures*, Oxford University Press. Lanzaron una idea que yo he aprovechado: la existencia de una doble herencia. Cada uno de nosotros tenemos un genoma biológico y un genoma cultural, que estamos empezando a descifrar ahora. En esta misma línea se mueve Kevin N. Laland y su (2017), *Darwin's Unfinished Symphony*, Princeton University Press: «La cultura no es solo un producto, sino además un codirector de la evolución humana» (p. 209). En (2012), *Wired for Culture*, W. W. Norton, Nueva York, el biólogo Mark Pagel sostuvo que «tener cultura significa que somos la única especie que adquiere las reglas de su vida diaria desde el conocimiento acumulado de nuestros antepasados y no de los genes que nos transmiten» (p. 3). El trabajo de estos investigadores confirma mi idea de que la psicohistoria no solo resulta provechosa para el conocimiento histórico, sino también para la psicología, como muestran MUTHUKRISHNA, M., HENRICH, J. y SLINGERLAND, E. (2021), «Psychology as a historical science», *Annual Review of Psychology*, 72, pp. 717-749. Un buen resumen de la situación en Morales, S. (2021), «¿Cómo la cultura moldeó la mente humana?», en *Ciencia del Sur*. Disponible en: <https://cienciasdelsur.com/2021/03/09/como-la-cultura-moldeo-la-mente-humana/>.

20. HARARI, Y. (2015), *Sapiens: de animales a dioses*, Debate, Barcelona.

21. Editorial (2018), «Religion, Conflict, and Conflict Resolution»,

The Dispute Resolution Magazine; DEUTSCH, M.; P. T. COLEMAN; y E. C. MARCUS (eds.) (2006), *The Handbook of Conflict Resolution: Theory and Practice*, Wiley Publishing, pp. 582-600.
22. WATTS, D. J. (2017), «Should Social Science be More Solution-Oriented?», *Nature Human Behaviour*, n.º 1. DOI: https://doi.org/10.1038/s41562-016-0015
23. PRASAD, M. (2018), «Problem-solving Sociology», *Contemporary Sociology*, 47, 4.

CAPÍTULO TERCERO

1. MARINA, José Antonio (1993), *Teoría de la inteligencia creadora*, Anagrama, Barcelona.
2. D'ZURILLA, T. J. (1993), *Terapia de resolución de conflictos*, Desclée de Brouwer, Bilbao; D'ZURILLA, T. J. y A. M. NEZU (2007), *Problem-solving Sherapy: A Positive Approach to Clinical Intervention*, Springer, Nueva York.
3. KUHL, J. y J. BECKMANN (1994), *Volition and Personality: Action versus State Orientation*, Hogrefe & Huber Publishers.
4. MARINA, José Antonio (1997), *El misterio de la voluntad perdida*, Anagrama, Barcelona.
5. SPARROW, B.; J. LIU; y D. M. WEGNER (2011), «Google effects on memory: cognitive consequences on having information on our fingertips», *Science*. Disponible en: <https://www.science.org/doi/10.1126/science.1207745>; BOHANNON, J. (2011), «Searching for the Google effect on people's memory», *Science*, 333 (6040). Disponible en: <https://www.science.org/doi/abs/10.1126/science.333.6040.277?sid=3bbab91d-4b6c-40f5-afeb-befc7a50d72b>.
6. SELIGMAN, M. E. (1975), *Helplessness: On Depression, Development and Death*, W. H. Freeman, San Francisco.
7. DWECK, C. S. (2006), *Mindset: The New Psychology of Success*, Random House, Nueva York; DWECK, C. S. (2012), *Mindset: How You Can Fulfill Your Potential*, Constable & Robinson Limited.
8. BECK, A. (1990), *Con el amor no basta*, Paidós, Barcelona; BECK, J. S. y Beck, A. (2020), *Cognitive Behavior Therapy: Basics and Beyond*, The Guilford Press.
9. DIAMOND, J. (2019), *Crisis*, Debate, Barcelona, p. 448. Diamond es un geógrafo metido a antropólogo. Saltó a la fama en 1997 con su libro *Guns, Germs, and Steel: The Fates of Human Societies*, W. W. Norton & Co. Ha escrito varios libros tratando el modo —bueno o malo— de enfrentarse a los problemas en (2006), *Colapso: por qué unas sociedades perduran y otras desaparecen*, Debate, Barcelona, y (2013), *El mundo hasta ayer*, Debate, Barcelona.
10. Desde hace años llevo a cabo una campaña de reivindicación de la memoria, la gran olvidada o calumniada. MARINA, José Antonio

(2006), *Teoría de la inteligencia creadora*, Anagrama, Barcelona; RUIZ VARGAS, J. M. (ed.) (1997), *Las claves de la memoria*, Trotta, Madrid; FUSTER, J. M. (1995), *Memory in the Cerebral Cortex*, The MIT Press, Cambridge; Sobre la «memoria ejecutiva», MIYAKE A.; y SHAH P. (1999), *Models of Working Memory: Mechanism of Active Maintenance and Executive Control*, Cambridge University Press, Cambridge; MARINA, José Antonio y C. PELLICER (2018), *La inteligencia que aprende*, Santillana, Madrid. Sobre «metamemoria», METCALFE, J. (2000), «Metamemory: Theory and data», en E. TULVING y F. I. M. CRAIK (eds.), *The Oxford Handbook of Memory*, Oxford University Press, Nueva York, pp. 197-211.

11. Paul Valéry fue un incansable analizador del proceso creativo y crítico de la inspiración. Para él, lo importante en poesía procedía del trabajo, como muestran sus (1973 y 1974) *Cahiers*, I y II, Gallimard, París.

12. BOHMAN, J. (1998), «The coming of age of deliberative democracy», *Journal of Political Philosophy*, vol. 6; BRIGGS, X. (2008), *Democracy as Problem-Solving: Civic Capacity in Communities Across the Globe*, The MIT Press.

13. HOFSTEDE, G. H. (2001), *Culture's Consequences: Comparing Values Behaviours, Institutions and Organisations across Nations*, Sage, Thousand Oaks (California).

14. WERNER, E.; y R. SMITH (1982), *Vulnerable but Invincible: A Longitudinal Study of Resilient Children and Youth*, McGraw Hill, Nueva York; RUTTER, M. (1990), «Psychosocial resilience and protective mechanisms», en Rolf J.; A. Masten; D. Cicchetti, *et al.* (eds.), *Risk and Protective Factors in the Development of Psychopathology*, Cambridge University Press, Nueva York, pp. 181-214; CHMITORZA, A.; A. KUNZLERA; I. HELMREICHA, *et al.* (2018), «Intervention studies to foster resilience. A systematic review and proposal for a resilience framework in future intervention studies», *Clin. Psychol. Rev.*, n.º 59, pp. 78-100.

15. CYRULNIK, B., y M. ANAUT (2018), *¿Por qué la resiliencia?: lo que nos permite reanudar la vida*, Gedisa, Barcelona.

CAPÍTULO CUARTO

1. DEUTSCH, D. (2011), *The Beginning of Infinity: Explanation That Transform the World*, Viking, Nueva York, p. 321.

2. He estudiado los mecanismos de la decisión en MARINA, José Antonio (1997), *El misterio de la voluntad perdida*, Anagrama, Barcelona, y en (2020), *Proyecto Centauro*, KHAF-Edelvives, Madrid

Para el sesgo irracional de muchas de nuestras decisiones, ARIELY, D. (2009), *Predictably Irrational: The Hidden Forces That Shape Our Decisions*, Harper Collins Publishers. Nueva York, p. XV.

En economía durante mucho tiempo estuvo vigente el modelo de

Homo economicus, caracterizado por (a) ser un agente racional, (b) que busca la maximización de su propio beneficio y (c) que posee información perfecta. Ninguna de estas condiciones suele cumplirse, por lo que el modelo está siendo sustituido por el de la «economía del comportamiento», que (a) tiene como protagonista un agente con racionalidad acotada, (b) tiende a la mera satisfacción de sus necesidades, (c) puede estar movido por impulsos altruistas y (d) no cuenta con toda la información relevante para la toma de decisiones o no la usa.

La noción de «racionalidad acotada» la acuñó el premio Nobel Simon, H. B. (1955), «A behavioral model of rational choice», *Quarterly Journal of Economics*, vol 69, n.º 1; KAHNEMAN, D. (2003), «Maps of bounded rationality: Psychology for Behavioral Economics», *American Economic Review*, vol. 93. n.º 5, pp. 1449 y ss.

3. STIGLITZ, J. E. (2014), *El precio de la desigualdad*, Taurus, Barcelona.

4. THALER, R. (1988), «The winner's curse», *Journal of Economic Perspectives*, vol. 2, n.º 1, p. 191; THALER, R. H. y SUNSTEIN, Cass R. (2009), *Nudge: Improving Decisions about Health, Wealth, and Happiness*, Penguin Books, pp. 19-21.

5. AKERLOF, G. A. y SHILLER, R. J. (2009), *Animal Spirits: cómo influye la psicología humana en la economía*, Gestión 2000, Barcelona.

6. Sobre los sesgos emocionales y cognitivos en las orientaciones políticas, WESTEN, D. (2005), *The Political Brain: The Role of Emotion in Deciding the Fate of the Nation*, Public Affairs; LAKOFF, G. (2016), *Política moral: cómo piensan progresistas y conservadores*, Capitán Swing, Madrid; PINKER, S. (2018), *En defensa de la Ilustración*, Paidós, Barcelona; HAIDT, J. (2018), *La mente de los justos: por qué la política y la religión dividen a la gente sensata*, Deusto, Barcelona; HAIDT, J.; SEDER, J. P.; y S. KESEBIT (2008), «Hive Psychology, Happiness, and Public Policy», *Journal of Legal Studies*, 37; JOST, J. T.; FEDERICO, C. M. y J. L. NAPIER (2009), «Political Ideology: Its Structure, Functions and Elective Affinities», *Annual Review of Psychology*, 60, pp. 307-337.

Sobre la correlación entre rasgos de personalidad y elecciones políticas, HEAVEN, P. C. (1990), «Suggestion for Reducing Unemployment: A Study of Protestant Work Ethic and Economics Locus of Control Beliefs», *Social Psychology*, 29, 1, pp. 55-65; ROCATTO, M.; GATTINO, S.; y E. PATRIS (2000), «Personalidad, valores y orientación política», *Psicología Política*, n.º 21, pp. 73-97.

HATEMI y colegas, a partir del análisis del ADN de 12.000 personas, han creído descubrir un componente genético en esa elección. Hatemi, P. K., *et al.* (2011), «A Genome-Wide Analysis of Liberal and Conservative Political Attitudes», *The Journal of Politics*, 73 (1).

7. GOUBERT, Pierre (1987), *Historia de Francia*, Crítica, Barcelona.

8. CIPOLLA, C. M. (2013), *Allegro ma non troppo*, Crítica, Barcelona.

9. BUNGE, M. (2000), *La investigación científica: su estrategia y su filosofía*, Siglo XXI, Buenos Aires; POPPER, K. (1974), *Conocimiento objetivo: un enfoque evolucionista*, Tecnos, Madrid; HARTMANN, N. (1957), *Metafísica del conocimiento*, Tomo I y II, Losada, Buenos Aires.

10. HENRICH, J. (2022), *Las personas más raras del mundo*, Capitán Swing, Madrid.

11. He hablado de los dos tipos de felicidad en *Ética para náufragos* (MARINA, José Antonio [2006], Anagrama, Barcelona), *Proyecto Centauro* (MARINA, José Antonio [2020], Khaf-Edelvives, Madrid) y *El deseo interminable* (MARINA, José Antonio [2022], Ariel, Barcelona).

12. SINGER, Peter (2004), *Compendio de Ética*, Alianza, Madrid, p. 598.

13. NINO, Carlos S. (2007), *Ética y Derechos Humanos*, Astrea, Buenos Aires, p. 367.

14. SELIGMAN, M. E. P.; y M. CSIKSZENTMIHALYI (2000), «Positive psychology: An introduction», *American Psychologist*, 55 (1), pp. 5-14; LÓPEZ, S. J.; y C. R. SNYDER (2011), *Oxford Handbook of Positive Psychology*, Oxford University Press; AVIA, M. D. M.; y C. VÁZQUEZ (1998), *Optimismo inteligente: psicología de las emociones positivas*, Alianza, Madrid; VÁZQUEZ, C.; y G. HERVÁS (eds.) (2009), *La ciencia del bienestar: fundamentos para una psicología positiva*, Alianza, Madrid; PÉREZ-ÁLVAREZ, M.; y J. C. SÁNCHEZ (2018), *La vida real en tiempos de la felicidad: crítica de la psicología y la ideología positiva*, Alianza, Madrid; PÉREZ-ÁLVAREZ, M. (2012), «La psicología positiva: magia simpática», *Papeles del Psicólogo*, vol. 33(3), pp. 183-201; y (2013) «La psicología positiva y sus amigos: en evidencia», *Papeles del Psicólogo*, vol. 34(3); PRIETO-URSÚA, M. (2006), «Psicología positiva: una moda polémica», *Clínica y Salud*, vol. 17, n.º 3.

15. El concepto de «bien común» tiene un largo recorrido que abarca toda la historia de la filosofía social y política, pues no en vano ha sido concebido desde Aristóteles en el Libro IV de la *Política*, cuando señala que es el fin al que deben tender los regímenes políticos. Desde el siglo XVIII ha sido paulatinamente sustituido por otros conceptos: «interés general», «interés público», «felicidad pública», «justicia social». La Constitución española, por ejemplo, no menciona el bien común en su articulado, aunque alude en treinta y cinco ocasiones a la defensa del interés general, un concepto jurídico indeterminado, según GARCÍA DE ENTERRÍA (1996), «Una nota sobre el interés general como concepto jurídico indeterminado», *Revista Española de Derecho Administrativo*, n.º 89, pp. 69-89.

Según Alejandro Llano, eso ha supuesto el paso de un concepto ético a un concepto instrumental. LLANO, A. (1999), *Humanismo cívico*, Ariel, Barcelona, pp. 28 y ss.

He preferido utilizar el concepto de «felicidad pública», que tiene la ventaja de poder ser determinado y mensurable.

16. PINKER, S. (2021), *Racionalidad*, Paidós, Barcelona, p. 97. «La moralidad no permanece al margen de la razón, sino que dimana de

ella tan pronto como los miembros de una especie social que actúa en interés propio abordan imparcialmente los deseos que entran en conflicto y se solapan entre ellos»; SAUER, H. (2023), *La invención del bien y del mal*, Paidós, Barcelona.

17. MARINA, José Antonio (2006), *Ética para náufragos*, Anagrama, Barcelona.

18. MARITAIN, J. (1952), *El hombre y el Estado*, Kraft, Buenos Aires, pp. 94 y 97; PIKETTY, T. (2019), *Capital e ideología*, Deusto, Barcelona: toda trayectoria política e ideológica nacional puede verse como un gigantesco proceso de experimentación histórica y de aprendizaje colectivo. Insiste en lo mismo en (2021) *Breve historia de la desigualdad*, Deusto, Barcelona, advirtiendo que, por desgracia, el proceso de aprendizaje colectivo sobre instituciones justas se ve a menudo debilitado por la amnesia histórica, el nacionalismo intelectual y la fragmentación del conocimiento; PINKER, S. (2018), *En defensa de la Ilustración*, Paidós, Barcelona, p. 448. Pinker recomienda como aproximación racional a la política «tratar a las sociedades como experimentos en curso y aprender las mejores prácticas».

19. KÜNG, H. (1997), *Una ética mundial para la economía y la política*, Fondo de Cultura Económica, México, p. 116.

20. Küng afirma la posibilidad de un «criterio ecuménico», basado en la dignidad del hombre en KÜNG, H. (2006), *Proyecto para una ética mundial*, Trotta, Madrid, p. 111. Desarrollo este tema en MARINA, José Antonio y VÁLGOMA, M. de (2006), *La lucha por la dignidad*, Anagrama, Barcelona.

21. World Commission on Culture and Development (1995), *Our Creative Diversity*, París, p. 35.

22. *Ibid.*

23. *Ibid.*, p. 40.

24. *Ibid.*, p. 32.

25. HAYEK, F. (1978), *Derecho, legislación y libertad, Vol. I: Normas y orden*, Unión Editorial, Madrid.

26. ASCH, S. (1952), *Social Psychology*, Prentice Hall, Englewood Hills, p. 378.

27. PETERSON, Ch. y SELIGMAN, M. (2004), *Character Strengths and Virtues: A Handbook and Classification*, Oxford University Press.

28. DERSHOWITZ, A. (2004), *Rights from Wrongs: A Secular Theory of the Origin of Rights*, Basic Books, Nueva York.

29. RODRÍGUEZ ADRADOS, F. (1997), *Historia de la democracia*, Temas de Hoy, Madrid.

30. TOULMIN, S. (2007), *Los usos de la argumentación*, Península, Barcelona.

31. SMITH, Adam (2013), *Teoría de los sentimientos morales*, Alianza, Madrid.

32. RAWLS, J. (1999), *Teoría de la justicia*, Fondo de Cultura Económica, México.
33. Expusimos la ley del progreso ético en MARINA, José Antonio y VÁLGOMA, M. de (2006), *La lucha por la dignidad*, Anagrama, Barcelona, p. 27.
34. *Ibid.*, cap. 3.
35. CONFUCIO (1997), *Analectas*, versión y notas de Simon Leys.
36. KELSEN, H. (2008), *¿Qué es justicia?*, Ariel, Barcelona, p. 36.
37. BERGER, F. R. (1984), *Happiness, Justice, and Freedom: The Moral and Political Philosophy of John Stuart Mill*, University of California Press, Berkeley, Los Ángeles, Londres.

CAPÍTULO QUINTO

1. PINKER, S. (2018), *Los ángeles que llevamos dentro*, Paidós, Barcelona.
2. MARINA, José Antonio (2022), *El deseo interminable*, Ariel, Barcelona.
3. PIAGET, J. (1975), *La equilibración de las estructuras cognitivas: problema central del desarrollo*, Siglo XXI, Buenos Aires; BADAEE, H. y Y. KHOSHHAL (2017), «The Role of Equilibration in Piaget's Theory of Cognitive Development and Its Implication for Receptive Skills: Theoretical Study», *Journal of Language Teaching and Research*, vol. 8, n.º 5, pp. 996-1005.
4. Antonio Damasio ha elaborado el más completo modelo neurocientífico del sujeto humano, que resume en su obra (2018) *El extraño orden de las cosas: la vida, los sentimientos y la creación de las culturas*, Editorial Planeta, Barcelona.
5. BOULDING, K. E. (1962), *Conflict and Defense: A General Theory*, Harper, Universidad de California, p. 349.
6. BURTON, J. y F. DUKES (1990), *Conflict Practices in Management: Settlement and Resolution*, St. Martin's Press, Nueva York, p. 230; BURTON, J. (1990), *Conflict: Resolution and Prevention*, Macmillan, p. 295; BURTON, J. (1990), *Conflict: Human Needs Theory*, St. Martin's Press, Nueva York, p. 358.
7. XI, Jinping (2014), *The Governance of China*, Foreign Languages Press, Beijing, p. 70.
8. MARCHETTI, A. (2022), «¿Hacia una escuela china de relaciones internacionales? Enfoques predominantes y su concepción de la cooperación internacional», *Oasis*, n.º 36, pp. 225-242, Universidad Externado de Colombia.
9. FENG, Zhang (2010), «The Tianxia System: World Order in a Chinese Utopia», *China Heritage Quarterly*. Disponible en: <http://www.chinaheritagequarterly.org>.

10. Tingyang, Zhao (2021), *Tianxia: una filosofía para la gobernanza global*, Herder, Barcelona; Dupuy, H. A. y Margueliche, J. C. (2018), «El sistema de Tianxia como modelo de (nueva) globalización para revertir la idea del no mundo: el caso de la nueva ruta de la seda china», X Jornadas de Sociología de la Universidad Nacional de la Plata.

11. Rubin, J. Z.; D. G. Pruitt; y S. H. Kim (2006), *Handbook of Conflict Resolution: Theory and Practice*, Jossey-Bass, John Wiley & Sons, Estados Unidos, p. 180.

12. Figuras importantes son: Ridley, Matt (2011), *El optimista racional: ¿tiene límites la capacidad de progreso de la especie humana?*, Taurus, Madrid; Pinker, Steven (2018), *Los ángeles que llevamos dentro: el declive de la violencia y sus implicaciones*, Paidós, Barcelona; y (2018) *En defensa de la Ilustración: por la razón, la ciencia, el humanismo y el progreso*, Paidós, Barcelona, 2018; Roser, Max, director de la web Our World in Data, de la Universidad de Oxford; Norberg, Johan (2021), *Progreso: 10 razones para mirar al futuro con optimismo*, Instituto Juan de Mariana-Cobas-Deusto; (2021) *Abierto*, Deusto, Barcelona; y (2021) *La historia del progreso humano*, Deusto, Barcelona. Situaría en este grupo también a Fukuyama, Francis (1992), *El fin de la historia y el último hombre*, Planeta, Barcelona, y a alguno de los profetas del «transhumanismo» y de la «singularidad», convencidos de que nos dirigimos a una etapa en que seremos inmortales y felices. El grupo de los nuevos optimistas está compuesto fundamentalmente de conservadores políticos y de tecnooptimistas.

13. Davidai, S., y Ongis, M. (2019), «The Politics of Zero-Sum Thinking: The Relationship Between Political Ideology and the Belief That Life Is a Zero-Sum Game», *Science Advances*, 5, 3761.

14. He comentado mi extrañeza en (2022), «Los extremos se tocan en Carl Schmitt», *El Panóptico*. Disponible en: <https://www.joseantoniomarina.net/categoria-blog/diario-de-un-investigador-privado/1-12-2022-carl-schmitt-y-el-estado-total/>.

15. Citado por Norberg, J. (2021), *Abierto*, Deusto, Barcelona, p. 320.

16. Kriesberg, L. (1998), *Constructive Conflicts: From Escalation to Resolution*, Rowman & Littlefield, Lanham; Thompson, L., y D. Hrebec (1996), «Lose-lose agreements in interdependent decision making», *Psychological Bulletin*, 120(3), pp. 396-409.

17. Preston, P. (2019), *Un pueblo traicionado: España, 1874-2014*, Debate, Barcelona, p. 14.

18. Queipo de Llano Ruiz de Saravia, José María (1935), *Historia del levantamiento, guerra y revolución de España*, Imprenta de Tomás Jordán, Madrid, tomo I, doc. n.º 23, p. 460.

19. Laín Entralgo, Pedro (2006), *España como problema*, Galaxia Gutenberg, Barcelona, p. 42.

20. Costa, Joaquín (1902), *Oligarquía y caciquismo como forma actual de gobierno en España: urgencia y modo de cambiarla*, p. 86.
21. Maeztu, Ramiro (1899), *Hacia otra España*, Biblioteca Bascongada de Fermín Herranz, Bilbao, p. 161. Una arenga contra la decadencia y la debilidad, sobre todo los capítulos «Contra la noción de justicia» y «Cómo se hará la Nueva España».
22. *Ibid.*, p. 98
23. Tuchman, Barbara (1989), *La marcha de la locura: la sinrazón desde Troya hasta Vietnam*, Fondo de Cultura Económica, México, p. 21.
24. Klein, Ezra (2014), «Cómo la política nos hace estúpidos», *Vox*. Disponible en: <https://www.vox.com/2014/4/6/5556462/brain-dead-how-politics-makes-us-stupid>.
25. Kahan, D.; *et al.* (2017), «Motivated Numeracy and Enlightened Self-Government», *Behavioural Public Policy*, 1(01), pp. 54-86. Disponible en: <https://www.researchgate.net/journal/Behavioural-Public-Policy-2398-0648?_tp=eyJjb250ZXh0Ijp7ImZpcnN0UGFnZSI6InB1YmxpY2F0aW9uIiwicGFnZSI6InB1YmxpY2F0aW9uIn19>.
26. Haidt, Jonathan (2019), *La mente de los justos: por qué la política y la religión dividen a la gente sensata*, Deusto, Barcelona.

Capítulo sexto

1. Gracián, Baltasar (1993), «El político», en *Obras Completas*, Turner, Madrid, p. 59.
2. Zhang, Y. (2019), *El pensamiento político del confucianismo y la construcción del Régimen Tianxia-Imperio*, tesis doctoral presentada en la Universidad Complutense de Madrid.
3. Aquino, Tomás de, *Summa Theologica*, II-II, q. 47, a. 5; II-II, q. 50, a. 2. La prudencia corresponde al gobernante, pero también al gobernado II-II, q. 50, a. 2, ad 3.
4. Berlin, Isaiah (1996), *The Sense of Reality*, Farrar, Straus and Giroux, Nueva York.
5. Freedman, Lawrence (2016), *Estrategia: una historia*, La Esfera de los Libros, Madrid, p. 723.
6. Seligman, M. y Kahana, M. (2009), «Unpacking Intuition: A Conjecture», *Perspectives on Psychological Science*, vol. 4, n.º 4, pp. 399-402; Gigerenzer, G. (2009), *Decisiones intuitivas: la inteligencia del inconsciente*, Ariel, Barcelona; y, sobre todo, Kahneman, Daniel (2012), *Pensar rápido, pensar despacio*, Debate, Barcelona. Estas tres referencias relacionan la intuición con el procesamiento inconsciente de la información.
   Malcolm Gladwell, en su libro (2005) *Inteligencia intuitiva: ¿por qué sabemos la verdad en dos minutos?*, Taurus, Madrid, considera que la

intuición permite tomar decisiones acertadas utilizando menos cantidad de información.

Los estudios que he mencionado muestran que la intuición es un modo de manejar enormes cantidades de información «empaquetada», no consciente.

7. Michel Foucault tiene un concepto ubicuo y totalizador del poder: «El poder se produce a través de una transformación técnica de los individuos [...] El poder produce lo real». FOUCAULT, Michel (2001), *Un diálogo sobre el poder y otras conversaciones*, Alianza, Madrid.

«Todo esto constituye la fábula que Occidente se cuenta a sí mismo para enmascarar su sed, su gigantesco apetito de poder sirviéndose del saber.» FOUCAULT, Michel (1999), *Estrategias de poder*, Paidós Ibérica.

8. RUSSELL, Bertrand (1938), *Power: A New Social Analysis*, Allen & Unwin, Routledge Classics, Londres, p. 10.

9. ARON, Raymond (1967), «Max Weber et la politique de puissance», en *Les éapes de la pensée sociologique*, Gallimard, París, pp. 642-656.

10. MARINA, José Antonio (2009), *La pasión del poder*, Anagrama, Barcelona.

Sigo pensando que el mejor análisis del carácter expansivo del poder es el de JOUVENEL, Bertrand de (1972), *Du pouvoir: histoire naturelle de sa croissance*, Hachette, París.

11. NOVECK, Beth Simone y CANTU, Daniel (2016), «Training the Next Generation of Public Leaders and Problem Solvers», *Medium*.

12. Francis Fukuyama se queja de que hay un interés excesivo en temas económicos y se marginan los de educación, administración de justicia o política exterior. FUKUYAMA, Francis (2018), «What's Wrong with Public Policy Education», *American Interest*, 1, 8.

Buenas ideas fracasan por no saber ponerlas en práctica, por eso reclama dignificar la administración pública: (2012) «Why Public Administration Gets No Respect But Should», *The American Interest*. Disponible en: <https://www.the-american-interest.com/2012/01/01/why-public-administration-gets-no-respect-but-should/>.

Sobre la importancia de aprender a resolver problemas políticos, ANDREWS, M.; L. PRITCHETT; y M. WOOLCOCK (2012), «Escaping Capability Traps through Problem-Driven Iterative Adaptation (PDIA)», CGD Working Paper 299, Center for Global Development, Washington D. C.

13. GIMÉNEZ PÉREZ, F. (2011), «El Dictatus Papae de Gregorio VII de 1075 y el Ad Heinricum IV de Benzo de Alba», *El Catoblepas*, n.º 111. Disponible en: <https://www.nodulo.org/ec/2011/n111p10.htm>.

14. Carta de Thomas Jefferson a Tench Coxe, 1799, citada en TUCHMAN, Barbara W. (2013), *La marcha de la locura: de Troya a Vietnam*, RBA, Barcelona, p. 362.

15. NIXON, R. (1962), *Six Crises*, Doubleday.

16. La incompatibilidad de la política y la ética en WEBER, M.

(2005), *El político y el científico*, Alianza, Madrid, p. 174; KROCKOW, C. G. von (2017), *La decisión*, Tecnos, Madrid, p. 82.

17. ORTEGA Y GASSET, José (1927), *Mirabeau o el político*, Revista de Occidente, Madrid.

18. SCHUMPETER, J., *Capitalismo, socialismo y democracia*, Verbo Divino, 1996, p. 335.

19. BUENO DE MESQUITA, B. (2022), *El manual del dictador*, Siruela, Madrid, p. 23.

20. MCCLELLAND, D. C. (1987), *Human Motivation*, University of Cambridge, Nueva York.

21. KELTNER, D., D. H. GRUENFELD y C. ANDERSON (2003), «Power, Approach and Inhibition», *Psychological Review*, vol. 110, n.º 2, pp. 265-284.

22. OWEN, D. (2010), *En el poder y en la enfermedad*, Siruela, Madrid.

23. KIPNIS, D. (1972), «Does power corrupt?», *Journal of Personality and Social Psychology*, 24, pp. 33-41.

24. BARGH, John A. y J. ÁLVAREZ (2001), «The Road to Hell. God Intentions in the Face of Nononscious Tendencies to Misuse of Power», en Lee-Chai, A. Y. y José Antonio Bargh, *The Use and Abuse of Power*, Psychology Press, Filadelfia.

25. FITZGERALD, L. F. (1993), «Sexual Harassment. Violence against women in the workplace», *American Psychologist*, 48, pp. 1070-1076.

26. WILSON, T. D. y N. BREKKE (1994), «Mental contamination and mental correction: Unwanted influences on judgments and evaluations», *Psychological Bulletin*, 116(1), pp. 117-142.

27. CHEN, S. *et al.* (2001), «Relationship Orientation as a Moderator of the Effects of Social Power», *Journal of Personality and Social Psychology*, vol. 80, n.º 2, pp. 173-187.

28. KERSHAW, I. (2022), *Personalidad y poder*, Crítica, Barcelona, p. 326.

29. NUTTIN, J. (1980), *Théorie de la motivation humaine: du besoin au project d'action*, PUF, París; NUTTIN, J. (1964), *Motivation, Planning and Action: A Relational Theorie of Behavior Dynamics*, Leuven University Press.

30. CARO BAROJA, J. (1968), «Honor y vergüenza», en Peristany, J. G., *El concepto de honor en la sociedad mediterránea*, Labor, Barcelona.

31. SAN AGUSTÍN, *De Civitate Dei*, V, 12.

32. BETH, B. S. (2022), *Cómo resolver problemas públicos*, Galaxia Gutenberg, Barcelona, p. 435.

33. KATTEL, Rainer *et al.* (2018), «The Economics of Change: Policy Appraisal for Missions, Market Shaping and Public Purpose», Working Paper, UCL Institute for Innovation and Public Purpose.

34. NECKER, J. (1972), *Du pouvoir exécutif dans les grands États*, Plassan, París, p. 20.

35. ROUSSEAU, J.-J. (1991), *Contrato social*, Espasa Calpe, l.III, cap. VI.

36. FAIN, Baron (2001), *Mémoires*, Arléa, París, cap. IX.
37. ACEMOGLU, D. y S. JOHNSON (2023), *Poder y progreso*, Deusto, Barcelona, p. 79.
38. (1943) *Mémoires de Caulaincourt*, del extracto publicado por las ediciones de la Palatina, Ginebra, pp. 112-169.
39. PETITEAU, N. (1999), *Napoléon: de la mythologie a l'histoire*, Éditions du Seuil, París.
40. HEIFETZ, R. (1997), *Liderazgo sin respuestas fáciles*, Paidós, Barcelona, pp. 59-60 y 266-267.
41. *Ibid.*, p. 206.
42. KISSINGER, H. (2023), *Liderazgo*, Debate, Barcelona, p. 47.
43. *Ibid.*, p. 77.
44. BROWN, A. (2018), *El mito del líder fuerte*, Círculo de Tiza, Madrid.
45. GRACIA, J. (2006), *Estado y cultura*, Anagrama, Barcelona.
46. TIERNO GALVÁN, E. (1962), *Anatomía de la conspiración*, Taurus, Madrid.
47. PANDO BALLESTEROS, M. P. (2018), «Los derechos humanos como marco cultural legitimado o movilizador en el mesofranquismo: el vigésimo aniversario de la DUDH», *Cuadernos para el Diálogo*, Ediciones Universidad de Salamanca, 36, pp. 91-116.
48. PÉREZ DÍAZ, V. (1993), *La primacía de la sociedad civil*, Alianza Editorial, Madrid.
49. DE MIGUEL, A. (1987), *Ahora mismo: sociología de la vida cotidiana*, Espasa Calpe, Madrid.
50. MORÁN, G. (1991), *El precio de la transición*, Planeta, Barcelona.
51. BROWN, A. (2018), *El mito del líder fuerte*, Círculo de Tiza, Madrid, p. 257.
52. MANDELA, Nelson (2010), *El largo camino hacia la libertad*, Editorial Aguilar, Madrid, pp. 24-25 y 30-32.
53. CHAPAPRIETA, J. (1971), *La paz fue posible*, Ariel, Barcelona.
54. GIL ROBLES, J. M. (2006), *No fue posible la paz*, Ariel, Barcelona.
55. Azaña se sintió decepcionado no solo por el golpe de Estado sino también por el comportamiento de los políticos de la República. El 18 de julio de 1938 pronunció en el Ayuntamiento de Barcelona un discurso muy significativo: «Paz, piedad y perdón».
56. BRZEZINSKI, Z. (2007), *Tres presidentes: la segunda oportunidad para la gran potencia americana*, Paidós, Barcelona, p. 17.
57. FEDERICO II DE PRUSIA (1995), *Antimaquiavelo o refutación del príncipe de Maquiavelo*, CEC, Madrid; ÁGUILA, Rafael del (2000), *La senda del mal*, Taurus, Madrid, p. 153.
58. KISSINGER, H. (1994), *Diplomacy*, Simon & Schuster, pp. 67 y 58.
59. (2011) «Henry Kissinger talks to Simon Schama», *Financial Times*. Disponible en: <https://www.ft.com/content/83af62ac-80d3-11e0-8351-00144feabdc0>.

60. KISSINGER, H. (1994), *op. cit.*, p. 46.
61. KÜNG, H. (2000), *Una ética mundial para la economía y la política*, FCE, México, cap. 1.
62. KAGAN, R. (2003), *Poder y debilidad: Europa y Estados Unidos en el nuevo orden mundial*, Taurus, Madrid.
63. KRASNER, S. D. (2001), *Soberanía, hipocresía organizada*, Paidós, Barcelona.

CAPÍTULO SÉPTIMO

1. SAUER, H. (2013), *La invención del bien y del mal*, Paidós, Barcelona.
2. NONET, P. y P. Selznick (2001), *Law and Society in Transition*, Routledge.
3. INNERARITY, D. (2009), *El futuro y sus enemigos: una defensa de la esperanza política*, Paidós, Barcelona.
4. PIKETTY, T. (2021), *Una breve historia de la igualdad*, Deusto, Barcelona.
5. INNERARITY, D. (2020), *Una teoría de la democracia compleja*, Galaxia Gutenberg, Barcelona, p. 238.
6. ACEMOGLU, D. y James A. ROBINSON (2019), *El pasillo estrecho*, Deusto, Barcelona.
7. RIKLIN, Alois (2006), *Machtteilung: Geschichte der Mischverfassung*, Wissenschaftliche Buchgesellschaft, Darmstadt.
8. MAQUIAVELO (1987), *Discursos sobre la primera década de Tito Livio*, Alianza, Madrid.
9. ALINSKY, S. (2012), *Tratado para radicales*, Traficantes de Sueños, Madrid.
10. ACTON, lord (1999), *Ensayo sobre la libertad y el poder*, Unión Editorial, Madrid, p. 6.
11. Una de las herramientas del poder es la persuasión. ACEMOGLU, D. y S. JOHNSON (2023), *Poder y progreso*, Deusto, Barcelona, cap. 3; MARINA, José Antonio (2023), «La industria de la persuasión», *El Panóptico*. Disponible en: <https://www.joseantoniomarina.net/categoria-blog/6-3-2023-la-industria-de-la-persuasion/>.
12. BUENO DE MESQUITA, B. (2013), *Manual del dictador*, Siruela, Madrid, p. 137.
13. BUENO DE MESQUITA, B. *et al.* (2005), *The Logic of Political Survival*, The MIT Press; ESCRIBÀ FOLCH, A. (2007), «La economía política de la supervivencia de los dictadores», *Revista Española de Ciencia Política*, n.º 16, pp. 109-132.
14. PUTNAM, R. (1994), *Making Democracy Work: Civic Traditions in Modern Italy*, Princeton University Press.
15. FUKUYAMA, F. (1996), *Confianza*, Atlántida, Buenos Aires.

16. Víctor Pérez-Díaz utiliza el concepto de «capital social» para explicar el paso de la guerra civil a la dictadura, y de esta a la transición, en su colaboración en el libro dirigido por Robert E. Putnam (2003), *El declive del capital social*, Galaxia Gutenberg, Barcelona.

17. SAUER, H., *op. cit.*, p. 208.

18. HENRICH, J. (2022), *Las personas más raras del mundo*, Capitán Swing, Madrid, p. 41.

19. OSTROM, E. (2011), *El gobierno de los bienes comunes: la evolución de las instituciones de acción colectiva*, Fondo de Cultura Económica, México.

20. OSTROM, E. y T. K. AHN (2003), «Una perspectiva del capital social desde las ciencias sociales: capital social y acción colectiva», *Revista Mexicana de Sociología*, 65(1), pp. 155-233.

21. BOIX, C. y D. N. POSNER (1998), «Social Capital: Explaining its Origins and Effects on Government Performance», *British Journal of Political Science*, 28(4), pp. 686-693.

22. LURIA, A. R. (1980), *Los procesos cognitivos: análisis sociohistórico*, Fontanella, Barcelona.

23. LAZARUS, R. S. y S. FOLKMAN (1986), *Estrés y procesos cognitivos*, Martínez Roca, Barcelona.

24. TOCQUEVILLE, Alexis de, «De la Démocratie en Amérique, II». en (1951-2003) *Oeuvres complètes*, Gallimard, París, p. 324.

25. TARBELL, I. (1904), *The History of the Standard Oil Company*, Macmillan, Nueva York; SINCLAIR, U. (2012), *La jungla*, Capitán Swing, Madrid; LINCOLN, Steffens (1957), *The Shame of the Cities (1904)*, Sagamore Press, Nueva York; DOWNS, R. B. (1970), *Books that Changed America*, The Macmillan Company, Nueva York.

CAPÍTULO OCTAVO

1. (1978) *Himnos Homéricos*, Editorial Gredos, Madrid.

2. HALE, J. (1986), *War and Society in Renaissance Europe, 1450-1620*, Johns Hopkins University, Baltimore.

3. GILBERT, G. P. (2004), *Weapons, Warrior and Warfare in Early Egypt*, Archaeopress, Oxford.

4. KAHAN, D. (2009), *La guerra del Peloponeso*, Edhasa, Barcelona.

5. MARINA, José Antonio (2022), «Las cruzadas vistas con rayos gamma», *El Panóptico*. Disponible en: <https://www.joseantoniomarina.net/categoria-blog/revista-el-panoptico/numero-43/las-cruzadas-vistas-con-rayos-gamma/>.

6. GLOVER, J. (2013), *Humanidad e inhumanidad: una historia moral del siglo XX*, Cátedra, Madrid.

7. SCHUMPETER, J. (2007), *Imperialism and Social Classes*, Meridian

Books, Cleveland, p. 6; RAMOS GOROSTIZA, J. L. (2008), «Schumpeter y el imperialismo», *ICE*, n.º 845. Disponible en: <https://www.studocu.com/es/document/universidad-rey-juan-carlos/historia-de-las-relaciones-internacionales/schumpeter-y-el-imperialismo/10744322>.

8. HOCHSCHILD, A. (2020), *El fantasma del rey Leopoldo*, Península, Barcelona.

9. BRANDS, H. y J. SURI (eds.) (2016), *The Power of the Past*, Brooking Institution Press, Washington.

10. Citado por Steven PINKER en (2018) *Los ángeles que llevamos dentro*, Paidós, Barcelona.

11. NELL, V. (2006), «Cruelty's rewards: The gratifications of perpetrators and spectators», *Behavioral and Brain Sciences*, 29(3), pp. 211-224. Disponible en: <https://www.cambridge.org/core/journals/behavioral-and-brain-sciences/article/abs/crueltys-rewards-the-gratifications-of-perpetrators-and-spectators/BBB2016B85178179BAAD4A745956F909>.

12. ARMSTRONG, K. (2017), *Campos de sangre: la religión y la historia de la violencia*, Paidós, Barcelona.

13. POLANYI, K. (2016), *La gran transformación*, La Llevir-Virus, Barcelona.

14. HEDGES, C. (2003), *La guerra es la fuerza que nos da sentido*, Síntesis, Madrid.

15. NADELSON, T. (2005), *Trained to Kill: Soldier at War*, Baltimore, p. 68.

16. Estudiados por RUIZ-DOMÈNEC, J. E. (1981), «El sonido de la batalla en Bertran de Born», *Medievalia*, 2, pp. 77-100.

17. HARI, J. (2010), «The two Churchill», *The New York Times*; TOYE, R. (2010), *Churchill's Empire. The World That Made Him and the World He Made*, Henry Holt.

18. KROCKOW, C. G. von (2001), *La decisión*, Tecnos, Madrid. Un estudio sobre la fascinación del poder en Ernest Jünger, Cal Schmitt y Martin Heidegger.

19. MUELLER, J. (1989), *Retreat from Doomsday: The Obsolescence of Major War*, Basic Books, p. 39.

20. RAMÍREZ PATIÑO, M. (2017), *El valor de la guerra y la paz en el pensamiento fenomenológico de Max Scheler*, Universidad Veracruzana.

21. GONZÁLEZ RUIBAL, A. (2023), *Tierra arrasada*, Crítica, Barcelona.

22. DIXON, N. F. (2006), *Sobre la psicología de la incompetencia militar*, Anagrama, Barcelona.

23. ZELDIN, T. (1990), *Histoire des passions françaises*, La Recherche, París.

24. ÁLVAREZ JUNCO, J. (2016), *Dioses útiles*, Galaxia Gutenberg, Barcelona, p. 148.

25. ANDERSON, J. (1986), *The Rise of Modern State*, Harvester, Nueva York, p. 115.

26. GENTILE, E. (2007), *El culto del Littorio: la sacralización de la política en la Italia fascista*, Siglo XXI, Buenos Aires, p. 29.
27. ANSART, P. (1983), *La gestion des passions politiques*, L'Âge d'Homme, Lausana.
28. NAGLE, J. (1998), *La civilisation du coeur: histoire du sentiment politique en France du XIIe au XIXe siècle*, Fayard, París.
29. HANSON, V. D. (2011), *Guerra: el origen de todo*, Turner, Madrid, p. 49.
30. Debo a los magníficos estudios de José Antonio Jara Fuente información preciosa para entender las emociones políticas y, en especial, la que estoy mencionando ahora: el amor al rey. JARA FUENTE, José Antonio (2020), «Emociones políticas: un estado de la cuestión (con especial referencia a la Edad Media)», en *Las emociones en la historia: una propuesta de divulgación*, Universidad de Castilla-La Mancha, Cuenca; JARA FUENTE, José Antonio (2021), *Emociones políticas y políticas de la emoción: las sociedades urbanas en la Baja Edad Media*, Dykinson, Madrid.
31. ORTEGA Y GASSET, J. (1999), *La rebelión de las masas*, Espasa, Barcelona.
32. PARÍS ALBERT, S. (2005), *La transformación de los conflictos en la filosofía de la paz*, tesis doctoral presentada en la Universidad Jaume I de Castellón de la Plana; GALTUNG, J. (1978), *Peace and Social Structure*, Ejler, Copenhague.
33. COLEMAN, P. T. (2006), «Conflict, complexity, and change: A metaframework for addressing protracted, intractable conflicts», *Peace and Conflict: Journal of Peace Psychology*, 12(4), pp. 325-348; COLEMAN, P. T. (2012), «Conclusion: The essence of peace? Toward a comprehensive and parsimonious model of sustainable peace», en P. T. Coleman y M. Deutsch (eds.), *Psychological Components of Sustainable Peace*, Springer, Nueva York, pp. 353-369; MORIN, E. (1995), *Introducción al pensamiento complejo*, Gedisa, Barcelona.

CAPÍTULO NOVENO

1. En mi blog *El Panóptico* he publicado numerosos artículos sobre la situación política de Cataluña, enfocados todos a intentar transformar un conflicto en un problema. Disponibles en: <www.joseantoniomarina.net>.

Artículos publicados en el año 2021: «Cataluña, ¿conflicto o problema?»; «¿Es posible un "patriotismo dual"?»; «El bilingüismo catalán»; «Hecho diferencial, derecho a decidir, derecho a la autonomía, derecho a la independencia»; «El derecho a decidir»; «¿Está cambiando algo la opinión pública en Cataluña a propósito de la independencia?»; «Derecho de Autodeterminación de los pueblos»; «¿El derecho a la autodeterminación es colectivo o individual?»; «El caso Quebec»; «Nación de naciones»; «"Nación de naciones" y la Constitución del 78»; «Soberanía»; «Conclusiones provisionales»; y «Desobediencia civil».

Artículos publicados en el año 2022: «Cambio de prioridades»; «Catalunya y Ucrania»; «Formato problema»; y «Algo se mueve en Cataluña».

Artículos publicados en otros años: (2019) «La fórmula de Canadá»; (2019) «Identidades múltiples y el nuevo catalanismo»; (2020) «La polémica sobe el catalán en la escuela. Defensa del nominalismo político»; y (2023) «La memoria democrática en la escuela catalana».

2. Pujol, J. (2014), *Entre el dolor i l'esperança*, Proa, Barcelona.

3. Cassese, A. (1995), *Self-Determination of Peoples: A Legal Reappraisal*, Cambridge University Press, Nueva York; Obieta Chalbaud, José A. (1980), *El derecho de autodeterminación de los pueblos: un estudio interdisciplinar de derechos humanos*, Publicaciones de la Universidad de Deusto, Bilbao; Perea Unceta, José A. (2008), *El derecho internacional de secesión*, Facultad de Derecho UCM, Madrid; López Martín, Ana G. y José A. Perea Unceta (2018), *Creación de Estados, secesión y reconocimiento*, Tirant Lo Blanch, Valencia; Félix Ovejero, en (2022) *Secesionismo y democracia*, Pagina Indómita, Madrid, expone las razones por las que a su juicio un movimiento secesionista es incompatible con la democracia; Ballbé, Manuel y Roser Martínez (2003), *Soberanía dual y constitución integradora: la reciente doctrina federal de la Corte Suprema norteamericana*, Ariel Derecho, Barcelona, p. 239.

4. Vilaregut, Ricard (2011), *Memòria i emergència en l'independentisme català.: el cas de la Plataforma pel Dret de Decidir*, tesis doctoral publicada en la Universitat Autònoma de Barcelona. Disponible en: <https://dialnet.unirioja.es/servlet/tesis?codigo=92531>.

5. López, J. (2017), *El derecho a decidir: la vía catalana*, Txalaparta, Pamplona.

6. Pérez Royo, Javier (1998), «La antesala de la barbarie», *El País*. Disponible en: <https://elpais.com/diario/1998/12/17/opinion/913849203_850215.html>.

7. Barceló, M.; Corretja, M.; Gonzalez Bondia, A.; López, J.; y J. M. Vilajosana (2015), *El derecho a decidir: teoría y práctica de un nuevo derecho*, Atelier Libros.

8. Beran, H. (1984), «A Liberal Theory of Secession», *Political Studies*, 32.

9. Rodríguez Abascal, L. (2000), *Las fronteras del nacionalismo*, Centro de Estudios Políticos y Constitucionales, Madrid; Fontana, José (2020), *La formació d'una identitar*, Eumo Editorial. Fontana prefiere hablar de la «identidad de un pueblo», antes que de la «identidad de una nación», para ponerse a salvo de la ajetreada historia del concepto de nación. Sin embargo, el concepto de «pueblo» es también desde el punto de vista jurídico, sociológico y político un concepto indeterminado.

10. Rallo, J. R. (2019), *Liberalismo: los 10 principios básicos del orden político liberal*, Deusto, Barcelona.

11. Gusdorf, G. (2005), *Les Révolutions de France et d'Amérique*, La Table Ronde, París.

12. Muñoz Machado, S. (2014), *Cataluña y las demás Españas*, Crítica, Barcelona; Aja, E. (2014), *Estado autonómico y reforma federal*, Alianza, Madrid.

13. Mars, Amanda (2019), «Quebec, mucho nacionalismo y poca secesión», *El País*, Washington. Disponible en: <https://elpais.com/internacional/2019/10/25/estados_unidos/1572015187_121643.html>.

14. Pérez Francesch, J. L. (2020), «El dictamen sobre la secessió del Quebec: equilibri i orfebreria», *Eines per a l'esquerra nacional*, n.º 37, pp. 54-62.

15. Muñoz Machado, S. (2014), *op. cit.*; Muñoz Machado, S. (2016), *Vieja y nueva Constitución*, Crítica, Barcelona.

Primer problema. El valor de la vida humana

1. Hill, K.; y A. M. Hurtado (1996), *Ache Life History: The Ecology and Demography of a Foraging People*, Routledge, Nueva York, p. 194.

2. Platón (1988), *Fedón*, Gredos, Madrid, 62b.

3. Dworkin, R. (1994), *El dominio de la vida: una discusión sobre el aborto, la eutanasia y la libertad individual*, Ariel, Barcelona.

4. Singer, P. (2002), «¿Por qué es malo matar?», en *Una vida ética: escritos*, Taurus, Madrid, p. 159.

5. Harris, J. (2001), *The Value of Life: An Introduction to Medical Ethics*, Routledge.

6. El tema del carácter simbólico de los derechos lo he tratado en *Ética para náufragos, op. cit.*

7. El papel de las ficciones en el funcionamiento de nuestra inteligencia y en nuestra concepción de la ética, la política y el derecho lo he estudiado en (2016) *Tratado de filosofía zoom*, Ariel, Barcelona.

8. Marina, José Antonio (1995), *Ética para náufragos, op. cit.*, p. 86.

Segundo problema. La relación del individuo con la tribu

1. Salvioli, F. (1996), «La Conferencia de Viena de las Naciones Unidas: esperanzas y frustraciones en materia de derechos humanos», *Direitos Humanos, a promessa do século xxi*, Universidade Portucalense, Oporto, pp. 19-37.

2. Zarif, J. (1993), «Statement by H. E. M. Jabad Zarif, head of the delegation Islamic Republic of Iran, Permanent Mission to the UN and

others International Organizations», Viena. Disponible en: <https://www.legal-tools.org/doc/036269/pdf/>.

3. LALUMIERE, C. (1993), «Discours de Mme. C. Lalumiere, Secrétaire Général du Conseil de L'Europe», Viena.

4. (1994) Conferencia Mundial sobre Población y Desarrollo, El Cairo, Doc. A/CONF/17/1/13, p. 12.

5. MARINA, José Antonio (2021), «Valores orientales, valores occidentales», *El Panóptico*. Disponible en: <https://www.joseantoniomarina.net/categoria-blog/revista-el-panoptico/numero-32/valores-occidentales-versus-valores-orientales/>.

Chen Lai es uno de los más notables representantes del «nuevo confucianismo». (2009) *Tradition and Modernity: A Humanist View*, Brill, Leiden y Boston.

ESCALANTE, M. de J. (2023), «Tradición y modernidad: un estudio de la juventud china a través de sus valores y de su transformación a partir de 1990», en Uscanga Prieto, A. C. (coord.), *Temas contemporáneos sobre la sociedad y la política en el Asia del Este*, Teseo.

6. TOMMY, Koh (1993), «The 10 Values Which Undergird East Asian Strength and Success», *The International Herald Tribune*, p. 6; YEW, Lee Kuan (1993), «Society vs. the Individual», *Time*; ZAKARIA, Fareed (1994), «Culture Is Destiny: A Conversation with Lee Kuan Yew», *Foreign Affairs*, 73, n.º 2; INOGUCHI, Takashi (1995), «Human Rights and Democracy in Pacific Asia: Contention and Collaboration between the US and Japan», en Gourevitch, P.; Inoguchi, T.; y P. Courtney (eds.), *United States-Japan Relations and International Institutions after the Cold War*, University of California, San Diego.

7. INOGUCHI, T. (1996), «Asian Style Democracy», United Nations University Conference on the Changing Nature of Democracy, Oxford University.

8. WOLFEREN, K. van (1989), *The Enigma of Japanese Power: People and Politics in a Stateless Nation*, Macmillan, Londres.

9. ROBINSON, R. (1996), «The Politics of Asian Values», en Weiming T. (ed.), *Confucian Traditions in East Asian Modernity*, Harvard University Press, Cambridge; WEIMING, T.; HEJTMANEK, M.; y A. WACHMAN (eds.) (1992), *The Confucian World Observed: A Contemporary Discussion of Confucian humanism in East Asia*, East-West Center and University of Hawaii Press, Honolulu; DE BARRY, W. T; y T. WEIMING (eds.) (1998), *Confucianism and Human Rights*, Columbia University Press, Nueva York.

10. ALDEL-KARIM, G. (2003), «Reflexiones en torno al *iytihad* (esfuerzo personal para la libre interpretación) y su papel dentro del pensamiento musulmán», *Revista Española de Filosofía Medieval*, 10, pp. 87-97.

11. BAHLOUL, K. (2021), *Mon islam, ma liberté*, Albin Michel; MERNISSI, F. (1992), *El miedo a la modernidad: islam y democracia*, Ediciones del Oriente y del Mediterráneo.

12. Los principales autores considerados comunitaristas son Michael Sandel, Alasdair MacIntyre, Charles Taylor y Michael Walzer. O'NEILL, O. (2000), *Bounds of Justice*, Cambridge University Press, Cambridge, pp. 120 y 121.

13. Para el debate entre liberales y comunitaristas: MULHAL, S. y A. SWIFT (1996), *El individuo frente a la comunidad*, Temas de Hoy, Madrid; THIEBAUT, C. (1992), *Los límites de la comunidad*, Centro de Estudios Constitucionales, Madrid, p. 171.

14. RENAN, E. (1890), *L'Avenir de la Science*, Calmann-Lévy, p. 1030.

15. *Ibid.*, p. 1031; RENAN, E. (1891), *La Réforme intellectuel et morale*, Michel Lévy Frères, p. 93.

16. Citado por Ernesto GARZÓN VALDÉS en (1999) «Acerca de la universalidad de los derechos humanos y su posible fundamentación», en *Los derechos humanos en un mundo dividido*, Deusto, Barcelona, pp. 85-112.

17. TODOROV, T. (1998), *La conquista de América: el problema del otro*, Siglo XXI, p. 15.

18. Amnistía Internacional (1999), *La mutilación genital femenina y los derechos humanos*, Edai, Madrid. El obstáculo mayor para erradicarla es la ignorancia: «No sabía que no practicarle la ablación a mi hija era una posibilidad», Fondo de Población de las Naciones Unidas (UNFPA). El UNPRA y UNICEF lideran el Programa Conjunto sobre la Eliminación de la Mutilación Genital Femenina.

19. Textos tomados de una carta de lector publicada en *The New York Times*, recogida en STEINER, H. J. y P. ALSTON (1996), *International Human Rights in Context: Law, Politics, Morals*, Oxford University Press, p. 253.

TERCER PROBLEMA. EL PODER, SU TITULARIDAD Y SUS LÍMITES

1. LEE, R. (1979), *The !Kung San: Men. Women and Work in a Foraging Society*, Cambridge University Press, p. 246.

2. BOHANNAN. P. (1958), «Extra-Processual Events in Tiv Political Institutions», *American Anthropological*, 60, 1, pp. 1-12.

3. ACEMOGLU, D. y James A. ROBINSON (2019), *El pasillo estrecho*, Deusto, Barcelona, p. 93.

4. POLLARD, A. F. (1926), *The Evolution of Parliament*, Longmans, Green & Co, p. 3.

5. COLLINS, J. C. (1908), *Voltaire, Montesquieu and Rousseau in England*, General Books LLC.

6. ACEMOGLU, D. y James A. ROBINSON (2019), *El pasillo estrecho*, Deusto, Barcelona, p. 62; LANNI, A. (1916), *Law and Order in Ancient Athens*, Cambridge University Press, Nueva York.

7. ROUSSEAU, J. J. (1964), «Du contract social, I, 3», en *Oeuvres complètes*, Gallimard, París, p. 289. Mi idea del derecho como fuerza simbólica tiene en este texto —que me parece brillantísimo— su antecedente.
8. HAYEK, F. (1976), *Law, Legislation and Liberty*, University of Chicago Press, vol. I, p. 72. Quiero reconocer mi deuda con esta espléndida obra. La explicación que doy de la creación de normas está muy cerca del «orden espontáneo», descrito por Hayek.
9. ROUSSEAU, J.-J., *op. cit.*, V, 1, p. 437.

CUARTO PROBLEMA. LOS BIENES, LA PROPIEDAD Y SU DISTRIBUCIÓN

1. PIPES, R. (1999), *Propiedad y libertad*, Turner, Madrid, p. 114.
2. FUKUYAMA, F. (2016), *Los orígenes del orden político: desde la Prehistoria hasta la Revolución francesa*, Deusto, Barcelona, p. 39; JOHNSON, A. W. y T. EARLE (2003), *La evolución de las sociedades humanas*, Ariel, Barcelona, p. 88.
3. GERNET, L. (2001), *Recherches sur le développement de la pensée juridique et morale en Grèce*, Albin Michel, París.
4. NEU-WATKINS, R. (1969), *The Family in Renaissance Florence*, Columbia, p. 12.
5. LOCKYER, R. (1959), *The Trial of Charles I*, The Folio Society, Londres, p. 135.
6. NORTH, D. C. y R. P. THOMAS (1973), *The Rise of the Western World: A New Economic History*, Cambridge University Press, p. 8.
7. SOTO, H. de (2004), «La ley y la propiedad fuera de Occidente: algunas ideas para combatir la pobreza», *Themis: Revista de Derecho*, n.º 48, pp. 15-21; SOTO, Hernando de (2001), *El misterio del capital*, Diana, México.
8. PIPES, R. (1999), *Propiedad y libertad: dos conceptos inseparables a lo largo de la historia*, Turner, Madrid, p. 264.

QUINTO PROBLEMA. EL SEXO, LA PROCREACIÓN Y LA FAMILIA

1. BRUNDAGE, J. A. (2000), *La ley, el sexo y la sociedad cristiana en la Europa medieval*, FCE, México, p. 21.
2. ZELDIN T. (1994), *Histoire des passions françaises 1848-1945*, Payot, París, p. 333.
3. MAINE, H. S. (1861), *Ancient Law: Its Connection with the Early History of Society and Its Relation to Modern Ideas*, University of Arizona Press.
4. ASTELL, M. (1694), *A Serious Proposal to the Ladies, for the Advancement of Their True and Greatest Interest*, Alpha Editions.
5. MARINA, José Antonio (2022), *El deseo interminable*, Ariel, Barcelona, pp. 95-109; WEIL, S. (2007), «Meditaciones sobre la obediencia y la

libertad», en *Escritos históricos y políticos*, Trotta, Madrid; BOÉTIE, Ètienne de la (2008), *Discours sur la servitude volontaire*, Gallimard, París.
   6. FLETCHER, A. G. (1993), *Gender, Sex, and Subordination in England 1500-1800*, Yale University Press, New Haven, p. 192; DOBASH, R. y B. EMERSON DOBASH (1981), «Community Response to Violence against Wives», *Social Problems*, 28; MENDELSON, S. y P. CRAWFORS (1998), *Women in Early Modern England 1550-1720*, Clarendon Press, Oxford, Nueva York, p. 128.
   7. HEINRICH, J. (2022), *Las personas más raras del mundo*, Capitán Swing, Madrid.
   8. SAUER, H. (2023), *La invención del bien y del mal*, Paidós, Barcelona, p. 221.
   9. McSHEFFREY, Shanon (1999), «Men and Masculinity in Late Medieval London Civic Culture», en Murray, J., *Conflicted Identities and Multiple Masculinities: Men in Medieval West*, Galand Publishing, Nueva York, p. 245.

SEXTO PROBLEMA. EL TRATO A LOS ENFERMOS, INCAPACES, ANCIANOS, POBRES, HUÉRFANOS

   1. SPIKINS, P. (2015), *How Compassion Made Us Human*, Pen and Sword Archaeology.
   2. VIVES, L. (1997), *El socorro de los pobres*, Tecnos, Madrid, p. 53.
   3. SIDNEY y Beatrice WEBB (1927-1929), *English Poor Law History*, Longmans, Green, Londres (reeditado por Frank and Co., Londres, 1963); HIMMELFARB, Gertrude (1988), *La idea de la pobreza: Inglaterra a principios de la era industrial*, Fondo de Cultura Económica, México.
   4. GORDON, S. (1995), *Historia y filosofía de las ciencias sociales*, Ariel, Barcelona, p. 210.
   5. PAINE, T. (1984), *Derechos del hombre*, Alianza, Madrid.
   6. RUSSELL, B. (2007), «El destino de Thomas Paine», en *Por qué no soy cristiano*, Edhasa, Barcelona, p. 169.
   7. MENGE, A. (1998), *El derecho civil y los pobres*, Comes, Granada, p. 186.
   8. MOLLAT, M. (1988), *Pobres, humildes y miserables en la Edad Media: estudio social*, FCE, México, p. 12; HIMMELFARB, G. (1988), *La idea de la pobreza: Inglaterra a principios de la era industrial*, Fondo de Cultura Económica, México.
   9. ACEMOGLU, D. y A. JOHNSON (2023), *Poder y progreso*, Deusto, Barcelona, cap. 4 y cap. 6.
   10. HAYEK, F. (1976), «Social or Distributive Justice», en *Law, Legislation, and Liberty*, vol. 2, Routledge & Kegan Paul, Londres, pp. 62-106.
   11. DIERKSMEIER, C. (2019), *Libertad cualitativa: autodeterminación con responsabilidad mundial*, Herder, Barcelona.

SÉPTIMO PROBLEMA. EL TRATO CON LOS EXTRANJEROS

1. FINKIELKRAUT, A. (1998), *La humanidad perdida*, Anagrama, Barcelona, p. 13.
2. VICTORIA. F. (edición J. CORDERO PANDO) (2008), *Relectio de potestate civili*, CSIC, Madrid.
3. SUÁREZ, F., *De legibus*, en HOFFNER, J. (1957), *La ética colonial española del Siglo de Oro: cristianismo y dignidad humana*, Ediciones Cultura Hispánica, Madrid.
4. CAPMANY, A. de (2008), *Centinela contra franceses (1808)*, Encuentro, Madrid.
5. ARENDT, H. (2008), *Los orígenes del totalitarismo*, Alianza, Madrid, p. 243.
6. VELASCO, J. C. (2016), *El azar de las fronteras: políticas migratorias, justicia y ciudadanía*, FCE, México, pp. 293-294.
7. TRUYOL Y SERRA, A., «Vitoria en la perspectiva de nuestro tiempo», en Vitoria. F. de, *Relectio de indis*, Madrid (967 CXXXVII).
8. DERRIDA, J. y A. DUFOURMANTELLE (2000), *Of Hospitality*, Stanford University Press; DERRIDA, J. (2001), *On Cosmopolitanism and Forgiveness*, Routledge, Londres; HERRERO, M. (2018), «Políticas de la hospitalidad en el pensamiento de Jacques Derrida», *Revista de Estudios Políticos*, 180, pp. 77-103.
9. BRADFORD DELONG, J. y B. EICHENGREEN (1991), «The Marshall Plan: History's Most Successful Strutured Adjustment Program», Centre for Economic Performance and Landeszentralbank Hamburg conference on Post-World War II European Reconstruction, Hamburgo; GIMBEL, John (1976), *The Origins of the Marshall Plan*, Stanford University Press, Palo Alto.

OCTAVO PROBLEMA. LA RELIGIÓN, LA MUERTE Y EL MÁS ALLÁ

1. ARMSTRONG, K. (2015), *Campos de sangre: la religión y la historia de la violencia*, Paidós, Barcelona, p. 35.
2. SPERLING, S. D. (1998), *The Original Torah: The Political Intent of the Bible's Writers*, NYU Press, pp. 68-72.
3. GRAHAM, A. C. (1989), *Disputer of the Tao: Philosophical Argument in Ancient China*, La Salle, Cambridge University Press, p. 238.
4. SÓCRATES Escolástico, *Historia Eclesiástica*, 7,32, en Roberts, A.; Donaldson, J.; et al. (1903), *Nicene ad Postnicene Fatherm*, Scribner's Sons, Nueva York.
5. SESBOUÉ, Bernard (2006), *Fuera de la Iglesia no hay salvación*, Ediciones Mensajero, Bilbao; PHILIPS, Gérard (1968-1969), *La Iglesia y su misterio en el Concilio Vaticano, II: historia, texto y comentarios de la Constitu-*

ción «Lumen Gentium», t. I-II, Herder, Barcelona; LOURIMAR SIQUEIRA DE QUEIRÓS, A. (2021), «¿Extra ecclesiam nulla salus? Salvación de los no católicos y hermenéutica de la continuidad en la Lumen Gentium», *Isidorianum*, 30/2, pp. 33-62.

6. DÍAZ SANCHEZ, J. C. (2005), *La declaración conciliar «Dignitatis Humanae» sobre la libertad religiosa*, Instituto Social León XIII, Madrid.

7. KAKAR, S. (1988), *The Inner World: A Psychoanalytic Study of Childhood and Society in India*, Oxford University Press, Delhi.

8. KÜNG, H. y K. J. KUSCHEL (1994), *Hacia una ética mundia: declaración del Parlamento de las religiones del mundo*, Trotta, Madrid.

9. (1993) «Declaration towards a global ethic», ratificada por el Parliament of the World Religions en Chicago. Reproducida en Sullivan, W.; y W. Kymlicka (eds.) (2007), *The Globalization of Ethics*, Cambridge University Press, p. 238.